最高の
住まいをつくる

「リフォーム」の教科書

PHP
ビジュアル
実用BOOKS

一級建築士
佐川 旭 編著
住宅ジャーナリスト
林 直樹 著

はじめに

生きるための言葉をカタチに

かつて、さくらの咲く季節に東北の田舎に行ったことがあります。そこで出会ったおばあさんが「さくらの咲く季節を迎えると、秋の農作物の採り入れに念《おも》いを馳せながら、さくらを見るのですよ」と話していました。

その地域では、さくらの「さ」は前置きの言葉で「くら」は物を納めておく蔵ととらえているのです。農作業の始まりを誘うように咲く満開のさくらに、厳しい冬を越すために重要な蔵が秋の実りの作物で満たされてほしいという意味をもたせたのでしょう。

住まいにも同じような意味付けの言葉があります。

住まいの「す」という音は歯音《しおん》で、歯と歯を合わせて唇を少し尖らせて息を吐いて出します。これは五十音唯一であり、古代の人はこの「す」の音に特別の意味をもたせ、生命誕生のよりどころを見ていました。例えば、命を育《はぐく》む場所に「す」（巣）という言葉を用いたり、神がすむ神聖な場所である神社に「す」の付くすぎ（杉）を植えたりしたようにです。したがって「す」の付く住まいは明るく、清らかで健康的な

空間でなければならないのです。

住むことの意味がわかると、あらためて先人達が生きてきた生活哲学が見えてくる気がします。

住まいの新築とはかんたんにいえば、部屋の数を揃え、柱を立てて屋根をのせて、どういう仕上げをするかということです。

しかし、リフォームはそうはいきません。初めに生活の中身を知らなければデザインができないからです。さらに深く、生き方や家族関係、生活哲学まで想いを馳せることも出てきます。新築時と違ってリフォームの場合、施主の強い要望の中に、これまで暮らしてきた生活の言葉があるのです。

それらの言葉をどう料理して形や空間にしていくのか。竣工時の満足度が高いかどうかは、まさにここにあるのではないでしょうか。

本書は、はじめに建築家ならではの8つの視点を述べ、その後に「リフォームの基礎知識」から「こだわりリフォーム」までを図表やイラストを多く取り入れながら解説して、具体的にわかりやすくなるよう心がけました。

本書が、リフォームを考えている人のお役に立てれば幸いです。

佐川　旭

Contents

耐震診断
報告書

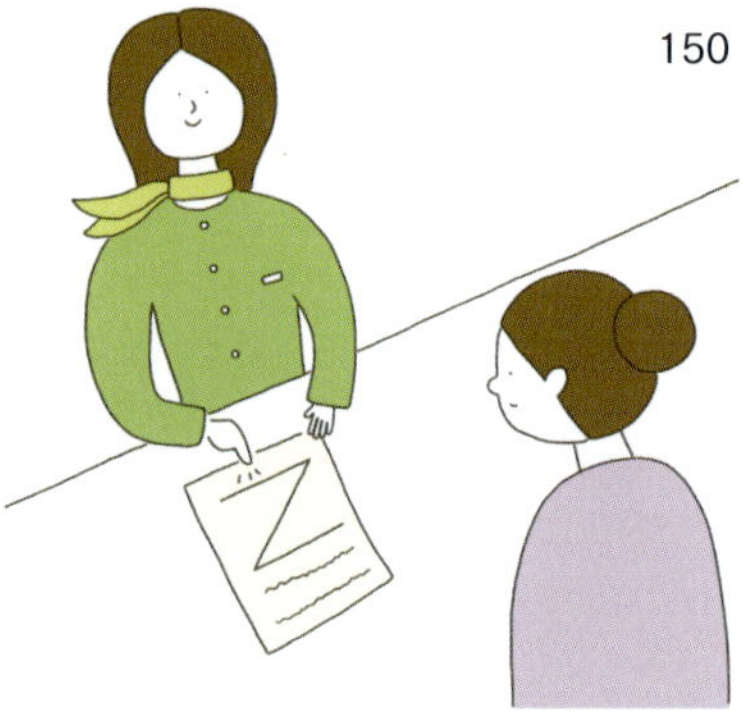

※本書掲載の内容は、2014年6月現在の情報を元に作成しています。

Chapter 1

建築家が教える
リフォームで大切な８つの視点

建築家ならではの目線から、
リフォームの前に知っておくと役立つ考え方を
８つにまとめました。

視点
1

日本の住まいについてどれくらい知っていますか？

あらためて日本の気候を知る

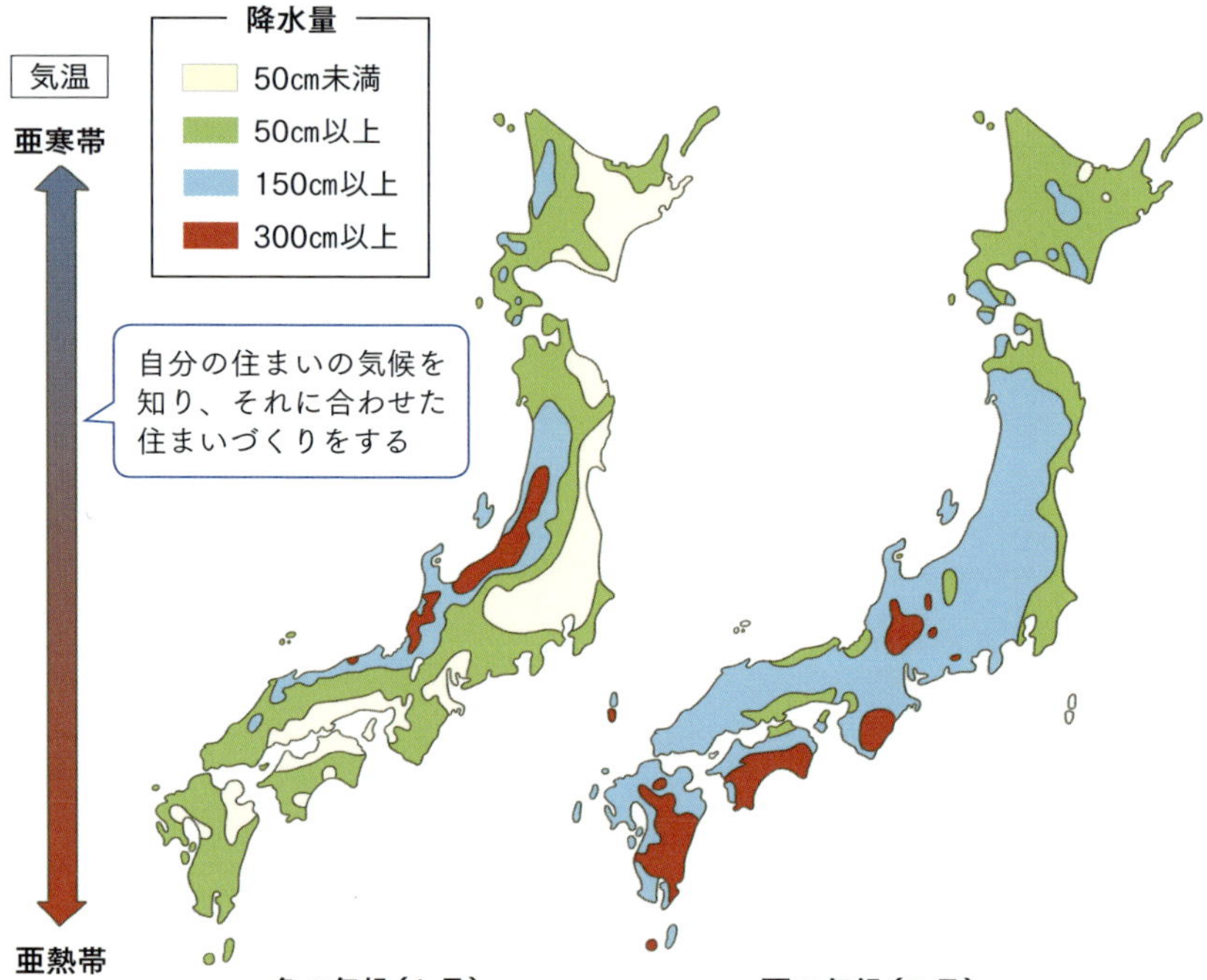
降水量
50cm未満
50cm以上
150cm以上
300cm以上
気温
亜寒帯
亜熱帯
自分の住まいの気候を知り、それに合わせた住まいづくりをする

冬の気候（1月）
冬の天気は北西の季節風が強く吹き、日本海側は雪が多くなる。

夏の気候（7月）
夏の天気は梅雨期と盛夏期に分けて考えられる。

あいまいな開口部で「開放」と「閉鎖」のある家に

縦に細長い日本は亜寒帯から亜熱帯に属し、列島の真ん中に山脈が位置するため、地域ごとに風土が存在します。日本の住まいはこれを上手に活かし、高温多湿の気候に合わせた風通しのよい住環境をつくってきました。

日本の住まいづくりの大きな特徴は外部と内部の境界、つまり開口部があいまいな空間であることです。「まど」は外と内の空間を仕切る「間の戸」（間戸《まど》）であり、外と内の風穴（window）が窓という欧州の考え方とは大きく異なります。日本の間戸は一部を開放することで

建築家直伝！

日本の気候に合わせた日本家屋

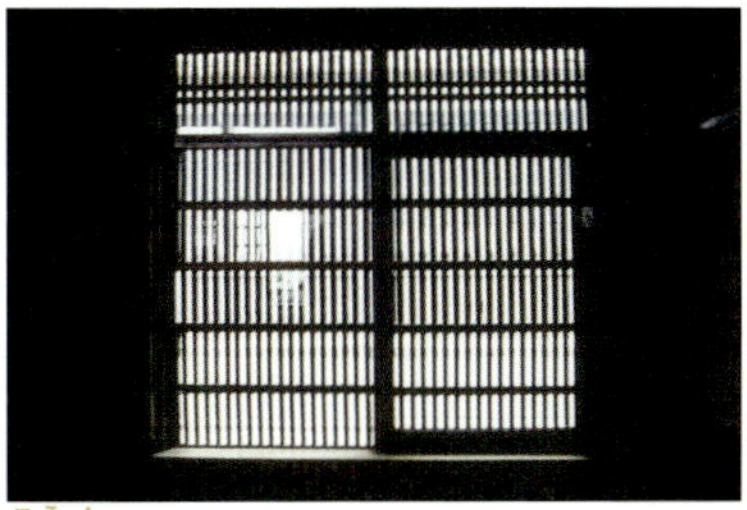

格子《こうし》戸

外と内を隔てながらも、採光と通風が確保できる。

町家

日本は雨が多いため、低くて深い軒《のき》が特徴的。

廊下

引き戸の建具《たてぐ》１枚で、自然との一体化を表現している。

いろり

暖をとるとともに、家族や人を集結させる場になる。

限られた空間に広がりをもたせ、機能を限定しない多用途な空間を生み出しました。まさに自然といかに折り合いを付けて共生するかを大切にしてきたのです。

夏の蒸し暑さに対処するなら風通しのよい開放的な空間（ひらく家）、冬の寒さをしのぐには閉鎖的な空間（とじる家）にします。開放と閉鎖の両極端な考え方は四季の変化で衝突しますが、この衝突するポイントをいかに工夫するかがデザインの鍵となります。例えば、廊下とデッキ、リビングとダイニングなど、一体感と区切り方を工夫してできた空間で、場面に応じたドラマチックなスペースを生み出すなどです。

現代の家は一般に南側の開口部を大きく、北側の開口部を小さくするだけで、あまり地域特性が感じられません。地域に合わせて風通しや北側の採光を考えれば、開口部をより大きくしたり、デザイン性をもたせたりできるのではないでしょうか。リフォームの際は、あらためて自分が住む自然環境、地域特性を読み解いて活かしていきたいものです。

視点2

なぜリフォームするのか 目的をはっきりさせましょう。

リフォームの基本的な考え方

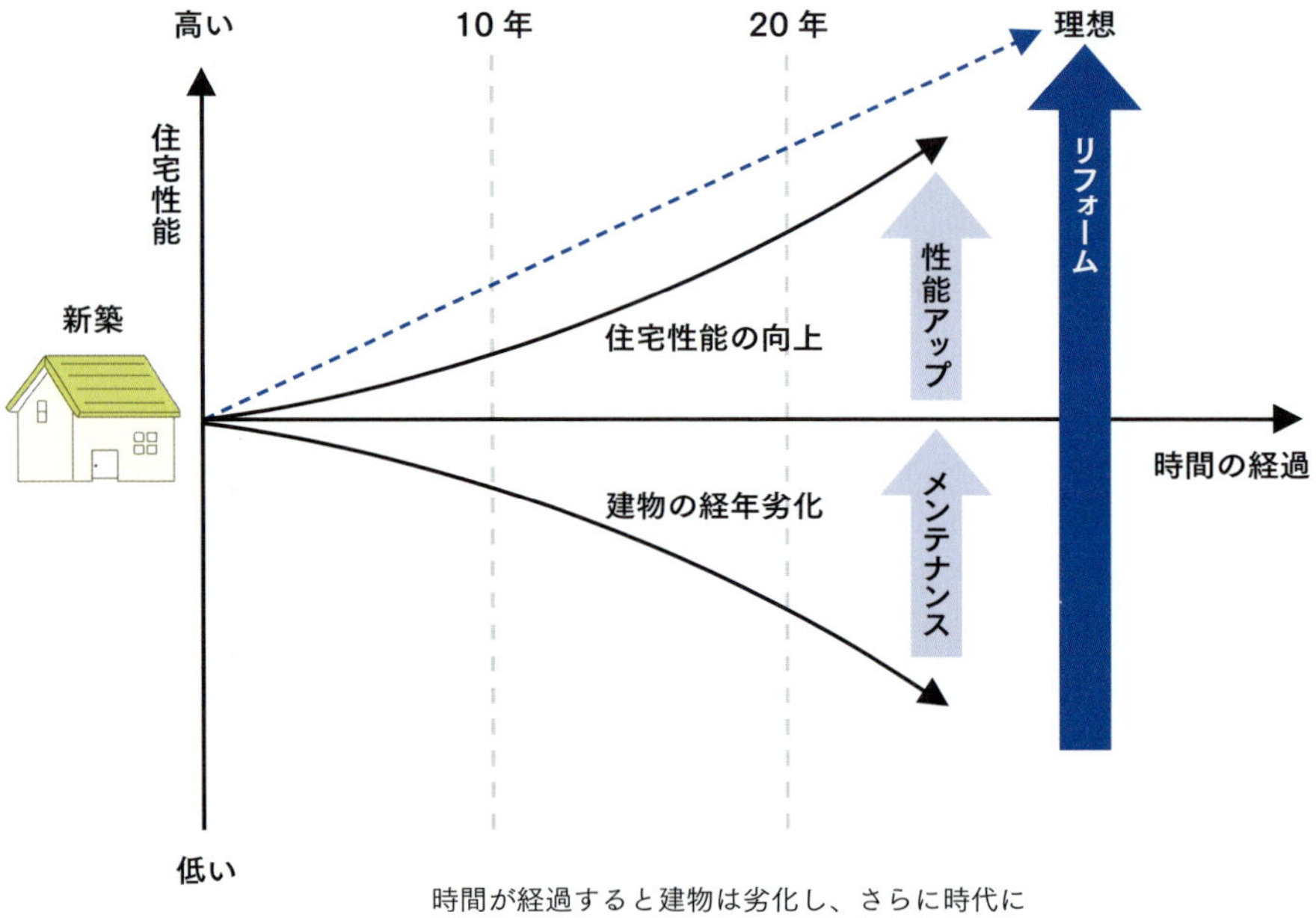
高い
10年
20年
理想
住宅性能
新築
住宅性能の向上
性能アップ
リフォーム
時間の経過
建物の経年劣化
メンテナンス
低い

時間が経過すると建物は劣化し、さらに時代に合わせた住宅性能が必要となる。メンテナンスをしながら、住まいの性能を上げるのがリフォーム。

建築家直伝！

リフォーム前の チェックポイントは5つ

建て替えかリフォームかの判断は建物の見た目だけではわかりづらいところがあります。設備機器の新調や生活の質を上げるリフォームであれば改修工事だけでよいのですが、建物の基本となる骨組みに問題があれば、まずこれを直さなければ改修費用が無駄になります。リフォーム前には、必ず建物の基本となる構造のチェックをしておきましょう。

チェックポイントは次の5項目です。①基礎補強②基礎＋土台緊結《きんけつ》③柱引き抜きの防止④架構《かこう》の新設⑤耐力壁の補強。この5項目をきちんと確認してからリフォームに入りましょう。

住宅を変化させる主な要因

リフォームしたいと思うときの要因は、大きく人的要因と物理的要因に分けられます。
「家族が減って、家が広すぎるようになった」など、両方の要因がからむこともあります。

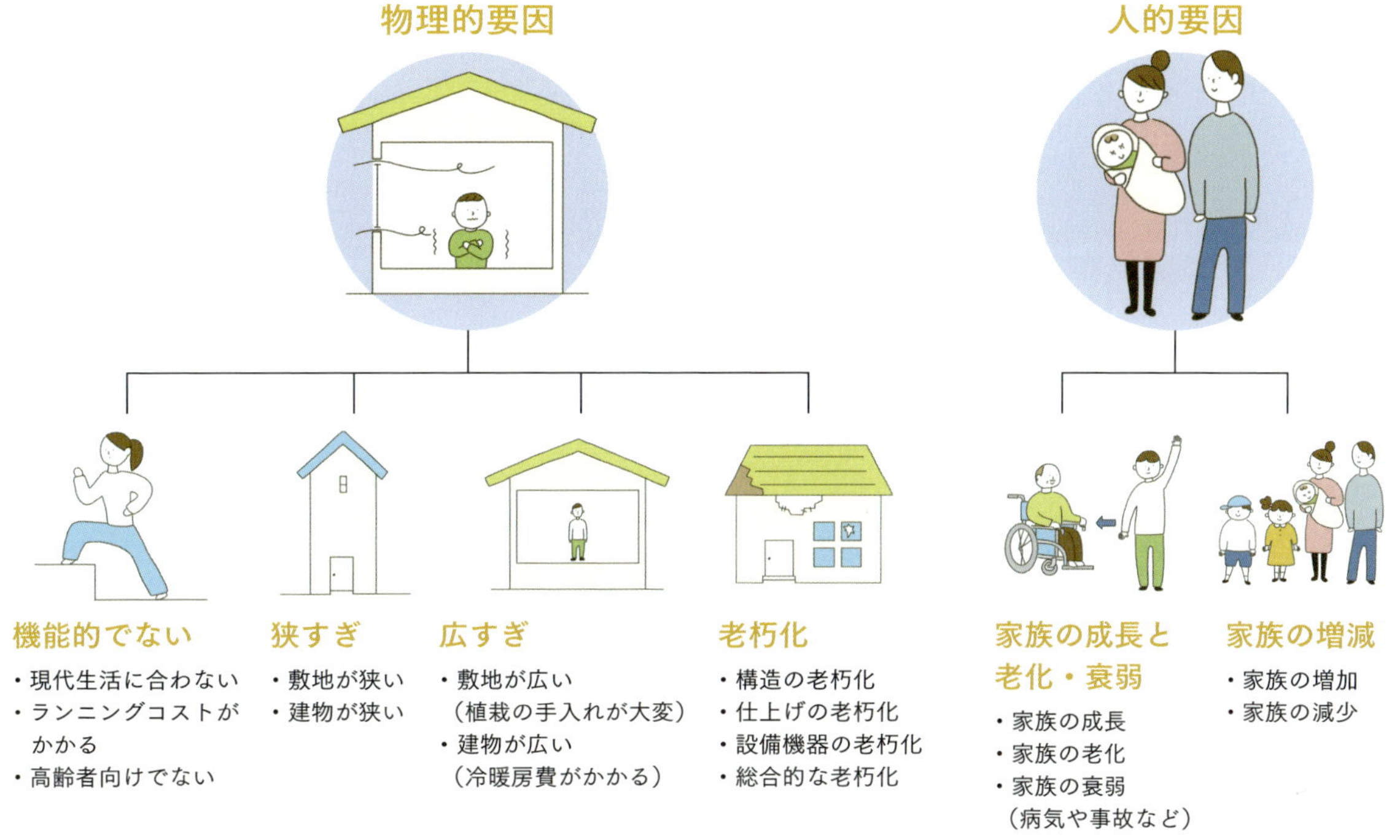
物理的要因
人的要因
機能的でない
・現代生活に合わない
・ランニングコストがかかる
・高齢者向けでない
狭すぎ
・敷地が狭い
・建物が狭い
広すぎ
・敷地が広い（植栽の手入れが大変）
・建物が広い（冷暖房費がかかる）
老朽化
・構造の老朽化
・仕上げの老朽化
・設備機器の老朽化
・総合的な老朽化
家族の成長と老化・衰弱
・家族の成長
・家族の老化
・家族の衰弱（病気や事故など）
家族の増減
・家族の増加
・家族の減少

設計者とコミュニケーションを十分に積み重ねる

かつてちゃぶ台でとっていた食事がダイニングテーブルに変わりました。このように暮らし方が変わるのに応じ、日本人は建物をチェックして変化に合わせて手を加え、長もちさせて住み継いできました。

しかしその後、古いものや生活のニーズに合わなくなったものは壊して新しくするという考え方によりスクラップアンドビルドがくり返され、住宅の平均寿命は26年程度となりました。とはいえ昨今は環境問題に配慮し、限りある資源を大切に使おう、街の資産となる家をつくろうなどと、意識が変化してきています。

リフォームの目的も家族構成の変化、設備の老朽化、あるいは健康、安全に配慮するなどさまざまです。それぞれの目的に合わせてリフォームを成功に導くには、優先順位を決めること、設計者とのコミュニケーションを積み重ねることが重要です。

視点3

リフォームの考え方は重ね着の発想です。

重ね着で考えるリフォームの例

外壁

一般に吹き付け塗装、サイディングなどが多く使われている。

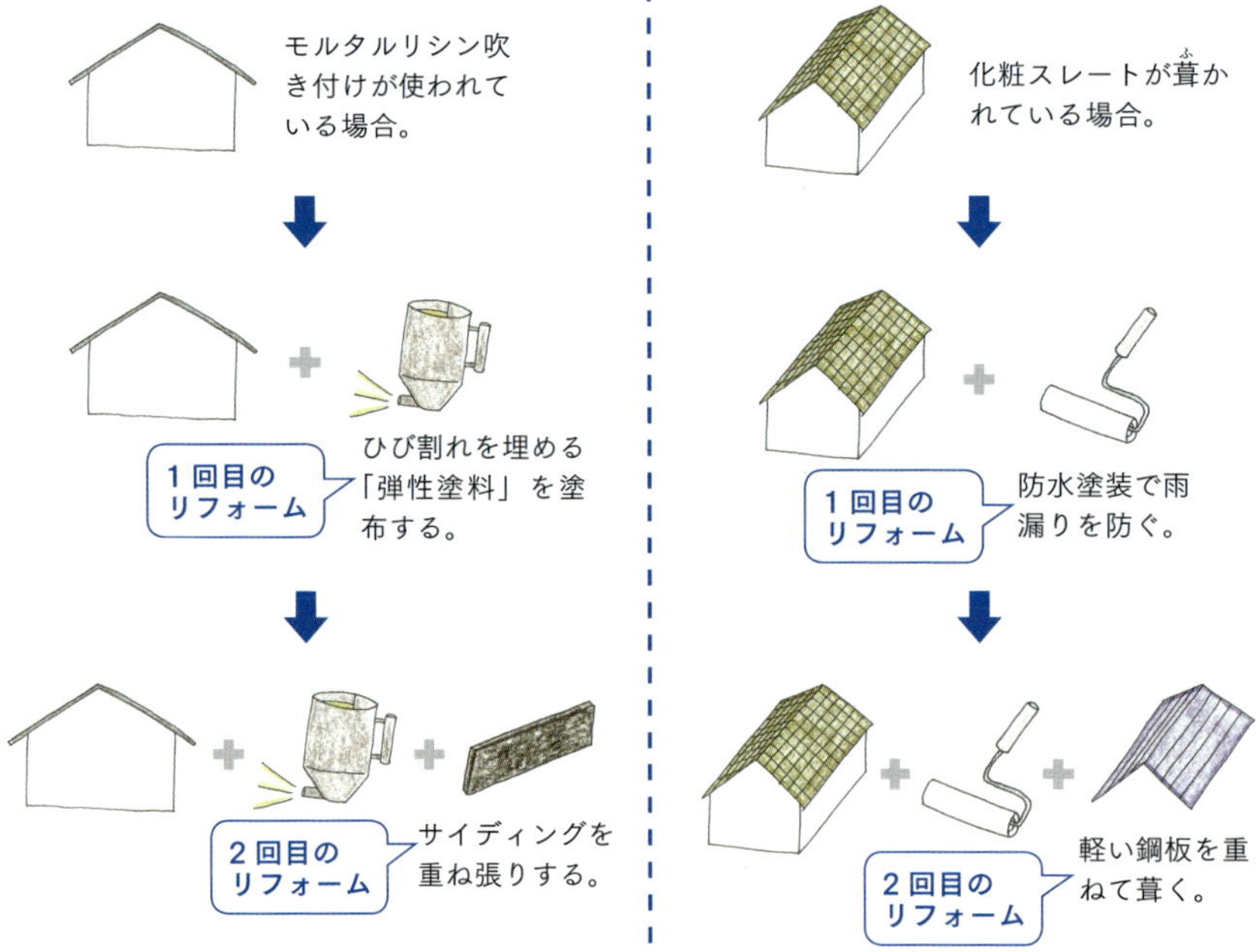

モルタルリシン吹き付けが使われている場合。
1回目のリフォーム
ひび割れを埋める「弾性塗料」を塗布する。
2回目のリフォーム
サイディングを重ね張りする。

屋根

一般に化粧スレート、瓦、鋼板などが多く使われている。

化粧スレートが葺《ふ》かれている場合。
1回目のリフォーム
防水塗装で雨漏りを防ぐ。
2回目のリフォーム
軽い鋼板を重ねて葺く。

廃材をいかに少なくするかが大切

日本は米国のような家族構成の変化による中古住宅の買い替えはあまり行われていません。住まいが変化に対応できずに居住環境が低下しそうで、結局建て替えたほうがよいと判断するのでしょう。

それを物語っているのが中古住宅市場の規模です。日本の新築住宅の着工数は、米国と大きな差はないにもかかわらず、中古住宅市場規模は米国の28分の1にすぎません。日本ももっと中古住宅市場が大きくなれば建設廃材も少なくなり、環境負荷も軽減されます。

環境省によると、日本の建設廃材の排出量は年間約7300万トン、一方日

建築家直伝！

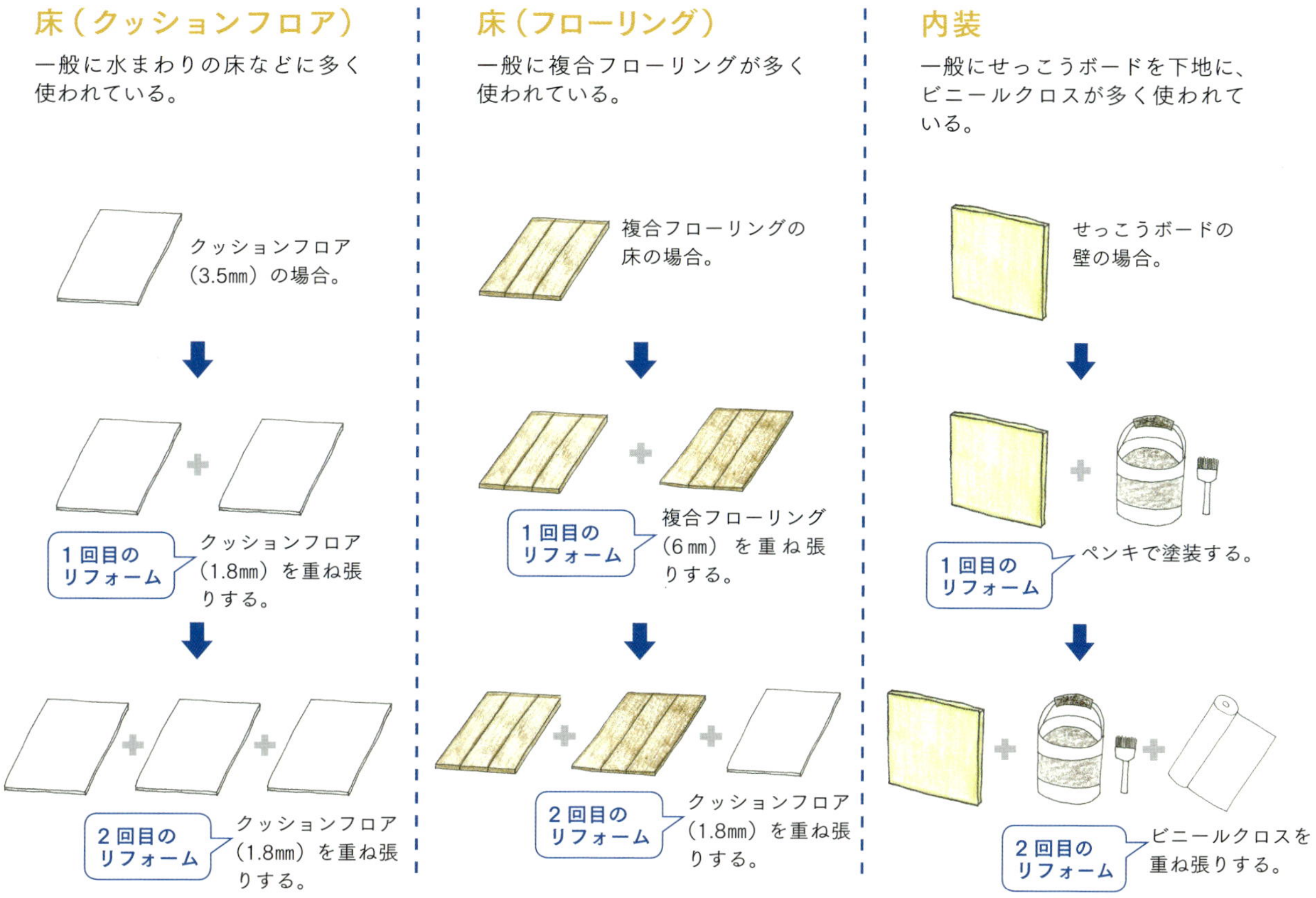
床（クッションフロア）
一般に水まわりの床などに多く使われている。
クッションフロア（3.5㎜）の場合。
1回目のリフォーム
クッションフロア（1.8㎜）を重ね張りする。
2回目のリフォーム
クッションフロア（1.8㎜）を重ね張りする。
床（フローリング）
一般に複合フローリングが多く使われている。
複合フローリングの床の場合。
1回目のリフォーム
複合フローリング（6㎜）を重ね張りする。
2回目のリフォーム
クッションフロア（1.8㎜）を重ね張りする。
内装
一般にせっこうボードを下地に、ビニールクロスが多く使われている。
せっこうボードの壁の場合。
1回目のリフォーム
ペンキで塗装する。
2回目のリフォーム
ビニールクロスを重ね張りする。

本全体が排出する一般ゴミの量は約4500万トンで、いかに建築廃材が多いかがわかります。これからの社会はできる限り廃棄物の削減とリユースを心がけ、長寿命な住まいづくりを実行していくことが求められていくでしょう。

そこで中古住宅を長もちさせる方法の一つに重ね着のアイデアがあります。これを住宅に置き替えると、劣化した材料の上に新しい材料を重ねていくという手法です。そうすることで廃材の排出を少なくし、はがす手間代も削減することができます。

衣服は寒い日などは何枚も重ね着しますが、ただ何枚か重ねても服と服の間にできる「空気の層」が押しつぶされると保温効果はダウンします。つまり空気の層を上手にコーディネートすることが重ね着しても着ぶくれせずに暖かくなるコツです。リフォームにおいても同じようなことがいえます。工事をする場所に応じて適切な材料を選択し、着ぶくれさせないように施工することがポイントなのです。

視点
4

リフォームとは「生活図面」をつくりあげることです。

新築は建築図面をつくること

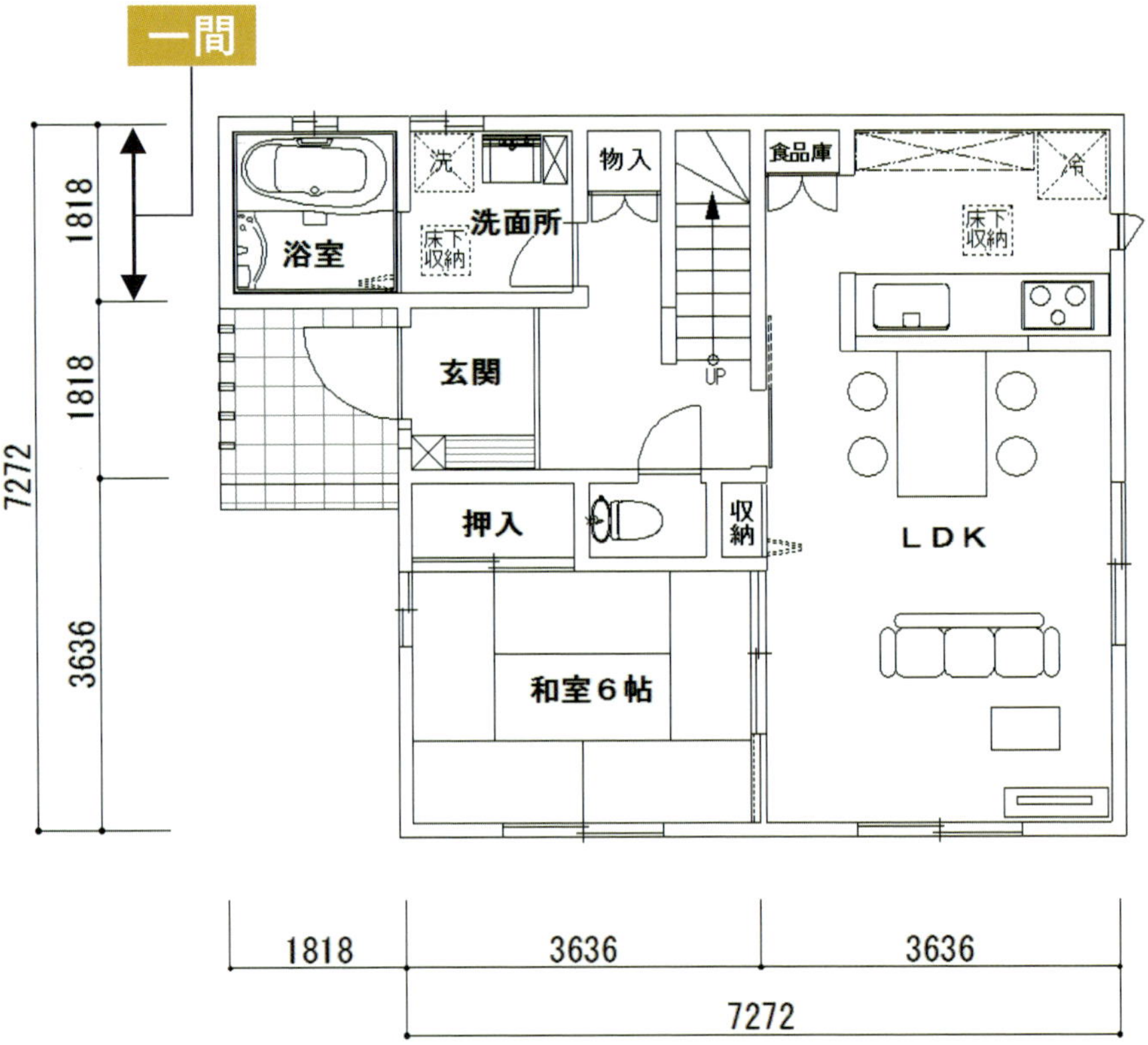
一間
1818
1818
3636
7272
浴室
洗
洗面所
床下
収納
物入
食品庫
冷
床下
収納
UP
玄関
押入
収納
LDK
和室６帖
1818
3636
3636
7272

日常生活にある要求から リフォームが始まる

日本人は広さの感覚をつかむ際、リビングは15畳(帖)、浴室は2畳など、畳の枚数で広さをイメージします。これは今なお床に座るという生活様式の流れが残っているからです。一間（１８１８㎜）と半間（９０９㎜）が畳1枚であり、畳2枚で1坪（３・３㎡）と非常にわかりやすいルールがあるため、素人でも方眼紙で間取りを考えることができます。

専門家の場合、プランニングして平面計画がまとまれば柱の位置を決めますが、これも一間（１８１８㎜）による割付け寸法が骨組みの基準となっています。したがって部屋の面積を計算する場

建築家直伝！

リフォームは生活図面をつくること

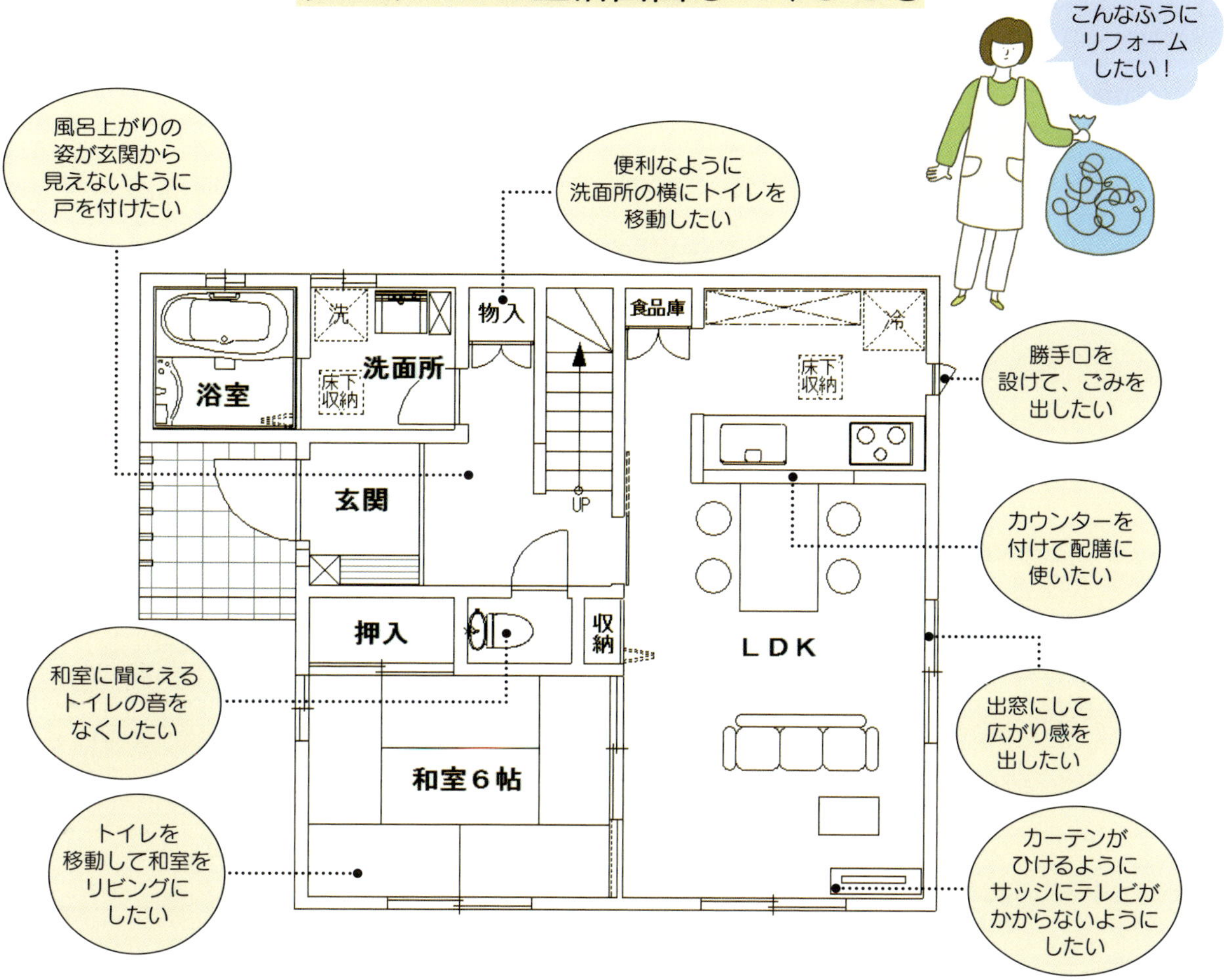
こんなふうに
リフォーム
したい！
風呂上がりの
姿が玄関から
見えないように
戸を付けたい
便利なように
洗面所の横にトイレを
移動したい
勝手口を
設けて、ごみを
出したい
カウンターを
付けて配膳に
使いたい
出窓にして
広がり感を
出したい
カーテンが
ひけるように
サッシにテレビが
かからないように
したい
和室に聞こえる
トイレの音を
なくしたい
トイレを
移動して和室を
リビングに
したい
浴室
洗
洗面所
床下
収納
物入
食品庫
冷
床下
収納
玄関
UP
押入
収納
ＬＤＫ
和室６帖

合、柱や壁の中心から計算するので、柱や壁の厚さの半分だけ床面積は若干狭くなります。しかし、ヨーロッパなどでは壁の内側の実際に使うことのできる面積で考えます。

リフォームを計画する際には、足を伸ばせる浴槽を入れたいとか、この場所にこの家具を収納したいので何㎝広げてほしいとか、日常の不便さを解消したいという生活の要求から始まります。リフォームの場合、新築時と違って前述のような寸法や柱の位置はあまり意識しません。むしろどれだけ有効面積が確保できるか考える分、ヨーロッパの考えに近い感じがします。

つまり新築とリフォームは大きなとらえ方をすれば、広さに対する求め方が違うということです。新築は決められた基準寸法から広さを割り出していきますが、リフォームは有効に使える広さを確保してから寸法を決めていきます。新築はつくり方も含めながら間取りを表現すること、リフォームは生活をつくる図面をまとめあげることなのです。

視点5

耳をすましてみてください。多彩な生活音が聞こえるはず。

音の発生源と響き方

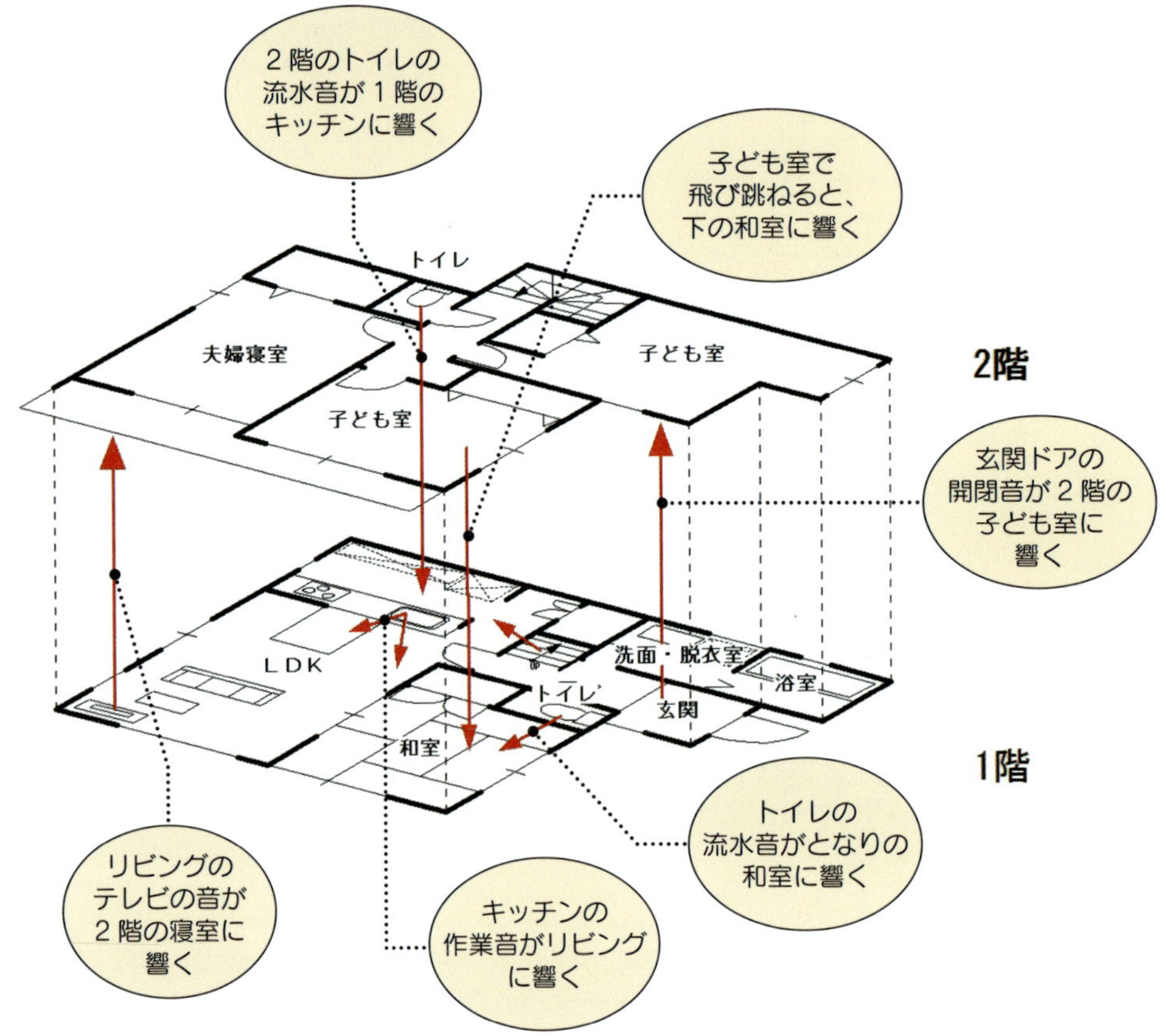
2階のトイレの流水音が1階のキッチンに響く
子ども室で飛び跳ねると、下の和室に響く
トイレ
夫婦寝室
子ども室
子ども室
2階
玄関ドアの開閉音が2階の子ども室に響く
LDK
洗面・脱衣室
浴室
トイレ
玄関
和室
1階
トイレの流水音がとなりの和室に響く
リビングのテレビの音が2階の寝室に響く
キッチンの作業音がリビングに響く

固体伝搬音《でんぱんおん》と空気伝搬音 2つの音を聞く

人は見えるところで発生する音はそれほど気にならないものですが、見えない音は気になるものです。もちろん不要な音や騒音はシャットアウトしたほうが快適ですが、家族のかすかな生活音は気配を感じさせ、身辺に存在感を確認できることで安心感を与え、精神を安定させるためにはとても重要なことです。

音には「固体伝搬音」と「空気伝搬音」の2種類があります。固体伝搬音は、壁や床などを伝わってくる音で排水管を流れる音や戸の開閉音など。空気伝搬音は、空気を媒介して伝わる話し声、テレビ、楽器演奏の音などです。

建築家直伝！

室内外の主な音

ドアの開閉音

子どもの飛び跳ねる音

歩く音

固体伝搬音《でんぱんおん》

壁や床など、物体を媒介して伝わる音。

テレビの音

ペットの鳴き声

車の音

空気伝搬音

空気を媒介して、伝わる音。

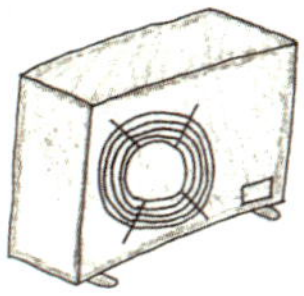

室外機の音

キッチンまわりの音

水の流れる音

固体伝搬音
空気伝搬音

固体と空気、それぞれを媒介して伝わる音。

高気密・高断熱な空間は共鳴を起こす原因となる

最近の住まいづくりでは、できる限り壁をなくしたワンルーム的な使い方を希望する人が多いように思われます。区切る壁を設けないオープンな平面計画が可能であるのは高気密・高断熱を取り入れているからです。

ただ一方で、オープンゆえに室内で発生した音が部屋全体に広がって不快に感じ、さらに無機質な材料が多く使われていると共鳴を引き起こす原因にもなります。

音は少しの工夫で伝わり方が変わります。例えばオープンキッチンで、シンクの手元を隠す小壁を立ち上げただけでも給水の音や皿を洗う音は幾分遮へいされます。たとえ家族であっても音の感じ方は十人十色。家族一人ひとりの生活が個別化されている現代は、生活状況に応じて音の発生源をあらかじめ検討しておくことが必要です。

視点
6

健康なる住まいが生活の質を高めてくれます。

これからの住環境のあり方

健康なる空間へ
加齢の安心感
安らぎが生まれる
熱のコントロール
風のコントロール
光のコントロール

光・風・熱をコントロールした家は、安心感が生まれる。
安心できる家は健康を生み出す。

建築家直伝！

不健康な住宅とはどんな住まい？

一般に不快に感じる住まいとして、とても暑い家、寒い家、カビや結露が発生しやすい家、日当たり、通風、換気の悪い家などが挙げられます。とくに日本は高温多湿なので、カビや結露の発生しやすい条件が揃っています。さらに、近年は高気密・高断熱の家づくりが行われるようになり、今まで問題にならなかった換気不足によるシックハウスが引き起こされるようにもなりました。

このように住まいは、個々の工夫や対処だけでなくトータルなプランニングをしなければ、どの家でも不健康住宅になる可能性があります。

健康住宅と不健康住宅の違い

×

不健康住宅

- 各種基準をギリギリで通過できた構造
- ライフステージの変化に対応できない
- 通風換気性が悪い
- 室内に段差など危険箇所が多い
- 夏は暑く冬は寒い
- ランニングコストが大きい
- 各部屋に温度差がある
- 使い勝手が悪い動線になっている

生活しても落ちつかない、身体的、精神的安心感のない空間に

○

健康住宅

- 気密性、断熱性、通風換気性が高く、バランスもよい
- 室内の湿度分布が一定
- 構造躯体の耐久性がよい
- 耐震性が高い
- 内装や設備の維持管理が容易
- 居住空間がフレキシブル
- 使い勝手がよい動線になっている
- プラスαの空間がある

身体の安心感、精神の安心感、空間の安心感が生まれる

では、健康住宅とはどんな住宅かというと、なんといっても光・風・熱がコントロールできている家でしょう。単に採光や通風だけを目的にするのではなく、室内に光の層や空気の層をどのようにつくるのか計画されている家です。さらに、南側の暖かい空気が北側まで届くようなしかけをしたり、昼夜に生じる温度差の対策として断熱サッシや二重サッシなどを取り入れたりします。

一般的に、健康住宅とは自然素材を使用して温熱環境をコントロールし、快適な空間をつくり出す住宅だといわれています。もちろん間違いではありませんが、もう少し健康という意味を広げて考えてみると、人間にとって本来の健康とは、①身体の健康②心の健康③生活の健康④思想の健康⑤運命の健康の５つ。これが重ね合わさっているのが健康住宅のあるべき姿でしょう。

人は家をつくりますが、家もまた人をつくります。健康なる住まいづくりはそこに住む人の人格形成にも深く関わっていくテーマでもあるのです。

視点
7

「引き算」で暮らしを考えてみましょう。

モノがどんどん増えて把握できなくなる

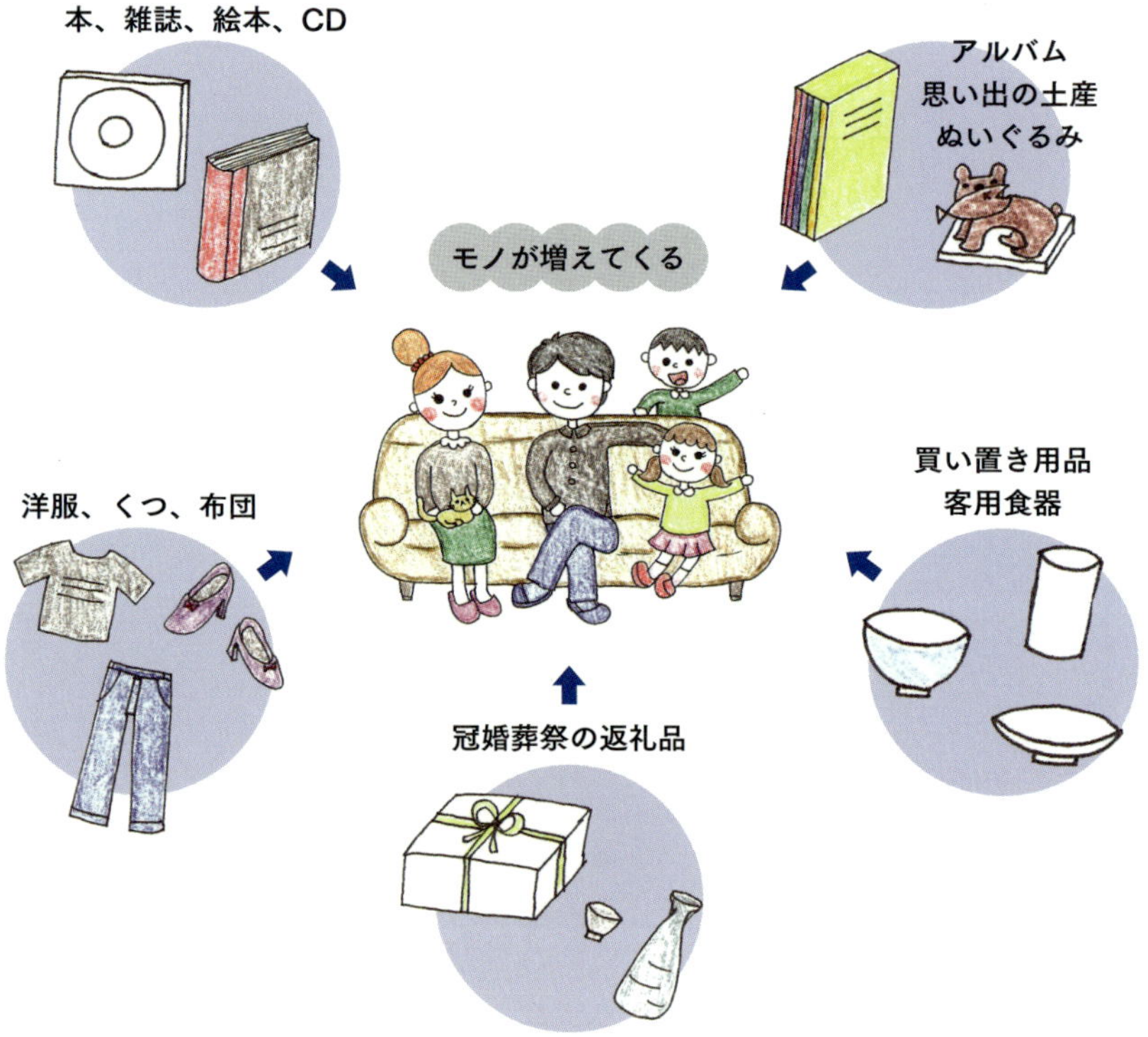

本、雑誌、絵本、CD
アルバム
思い出の土産
ぬいぐるみ
モノが増えてくる
洋服、くつ、布団
買い置き用品
客用食器
冠婚葬祭の返礼品

求められるのは
ライフスタイルの確立

住まいの中に一気に「モノ」が出揃ってきたのは１９７５年以降です。この時期にオール電化マンションが登場し、システムキッチンが普及し始めました。私たちが腰をすえ、ようやく自分たちの暮らしを考えられるようになってきたのもこの頃からです。それからモノがどんどん改良されながら新製品がつくり出され、なかには本当にこんなモノが必要なのかと疑いたくなるようなモノまで出まわっています。

豊かさを求めて成長してきた社会から成熟していく社会において、豊かさとは選択肢が増えることを指すように。する

建築家直伝！

暮らしからモノを「引き算」していく

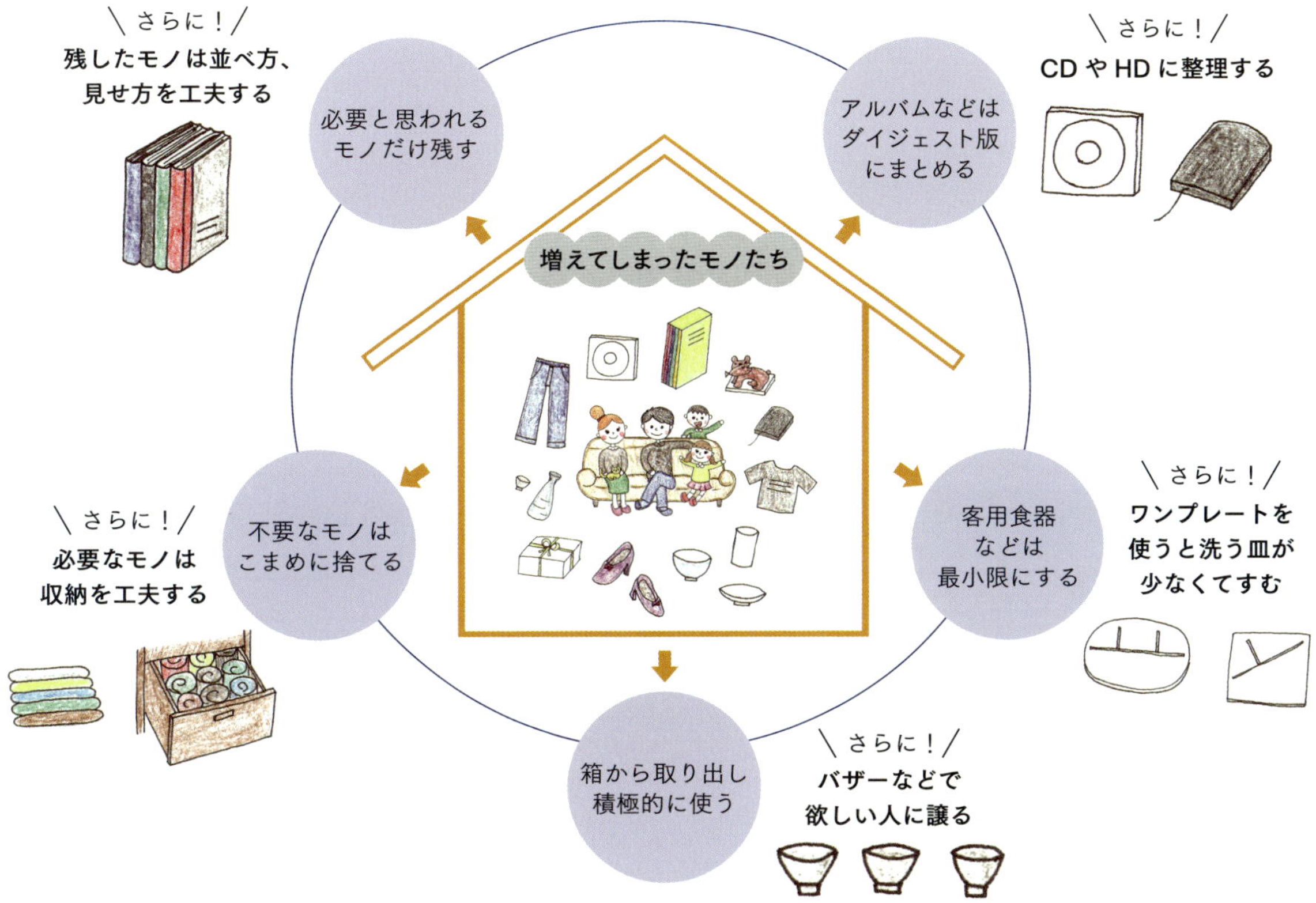
増えてしまったモノたち
必要と思われるモノだけ残す
＼さらに！／
残したモノは並べ方、見せ方を工夫する
アルバムなどはダイジェスト版にまとめる
＼さらに！／
CDやHDに整理する
不要なモノはこまめに捨てる
＼さらに！／
必要なモノは収納を工夫する
客用食器などは最小限にする
＼さらに！／
ワンプレートを使うと洗う皿が少なくてすむ
箱から取り出し積極的に使う
＼さらに！／
バザーなどで欲しい人に譲る

と当然、選択していく眼をもたなければなりません。そのために必要なのがライフスタイルの確立であり、今日ほどそれが求められている時代はありません。

ライフスタイルの意味するところは、人生観や価値観、習慣などを含めた個人の生き方です。したがってモノを選択する基準は、これまでつちかわれてきた中での判断となります。新築時に、新居に対するあこがれから使ったことのない設備機器や目新しいスペースを設けたりしてみても、実際生活をしてみたら、あまり使わなかったということが出てくるかもしれません。

一方でリフォームは、新築と違ってこれまでの生活をふまえたうえで判断するので、はっきりと「いるモノ」「いらないモノ」を選択しやすいともいえます。足し算をしてプランを考えていく方法もありますが、リフォームは何がいらないか引き算をすることで家族それぞれの暮らし方が見えてくるのです。リフォームをする際、もう一度問いかけてみてください。「それは本当に必要ですか？」と。

視点
8

時間が経つほど味と価値が出る家づくりを。

リフォーム時に考えたい4つの寿命

物理的寿命

- バランスよく平面計画している
- 耐震性がある
- 湿気や結露対策がされている

心理的寿命

- 採光方法が工夫されている
- 表情豊かな自然素材を使用している
- プラスαのスペースがある

生活的寿命

- ライフステージの変化に対応している
- 段差や湿度、気温に差がない
- 点検口が設置されている

資産的寿命

- 本物の素材を使用している
- 時間を経ても価値が失われない
- 高く売れる

時を経た素材から生まれる美しさ「経年美」をつくる

木で心が安らぐのは同じ生物としての本能

木は生命体であるため、木材にも個々のばらつきがあります。日射の多い南面の木は枝が多く、節目も増えます。一方、北面の木は節目が少なくなります。木は製材されても自分が育った方位を覚えているため、変形の少ない長もちする家をつくるには、南面で育った木材は南で使う――つまり、適材適所が大切なのです。

ブナやナラなどの広葉樹は比重（同じ体積の水と比べたときの重さ）が大きく堅いので床材や家具に使われ、比重の小さいスギやアカマツ、ヒノキなどの針葉樹はやわらかく温かみがあり、軽くて変形しにくいため内装材に使われます。木を

建物に使われる主な材料の感覚値

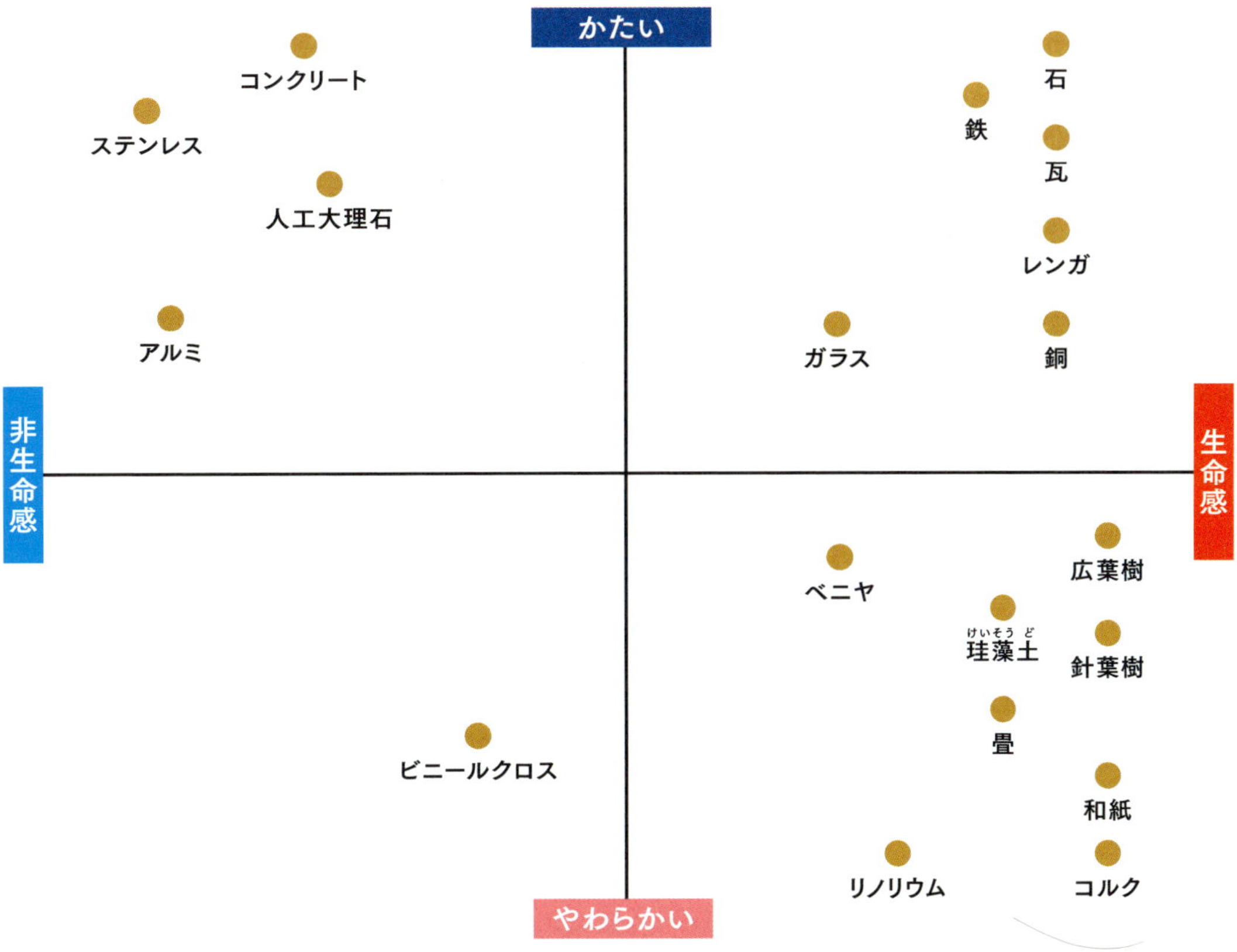
かたい
やわらかい
非生命感
生命感
コンクリート
ステンレス
人工大理石
アルミ
石
鉄
瓦
レンガ
ガラス
銅
ベニヤ
広葉樹
珪藻《けいそう》土《ど》
針葉樹
畳
ビニールクロス
和紙
リノリウム
コルク

使った空間に入ると心が安らぐのは、木が生物材料であり、人も同じ生物として本能的に感じるものがあるからです。

限界性のある材料は経年美をつくる

私たちは、材料の性質の中からいくつかの特性を引き出し、それぞれの優劣を語ります。しかし、材料の調和が図られているかを考えるとき、個々の感覚で評価が分かれます。

例えばステンレスやアルミなどは、非生命感の材料でシャープなイメージをもち、メンテナンスに手間もあまりかからない点が便利で優れています。これを好む人もいますが、人の心を和らげる要素に欠けているように感じる人もいます。

一方、むく材をはじめとして、銅、珪藻《けいそう》土《ど》、和紙、畳などは生命感があり、環境とともに変化する限界性をもっています。これらの材料は時間とともに適度な手間をかけながら美しく古くなっていく、つまり「経年美」をつくってくれます。

Column

磯野邸をリフォームすると

TV アニメ『サザエさん』で出てくる、磯野一家の住む家は、
昭和初期の定番の間取りです。現代風にリフォームしてみるとどうなるでしょうか。

思い切って客間を中庭にすれば光とドラマが生まれる

磯野邸は、昭和30年代前半までによく見られた茶の間が中心の間取りです。生活動線や機能性よりも、家族が集まるスペースが優先されています。空間の柔軟性と融通性のある間取りですが、個人のプライバシーについては配慮されていません。およそ築70年たった昭和の住まいを現代風にリフォームをしてみましょう。

例えば客間6畳を中庭にしてはどうでしょうか。北側の茶の間はもちろん、波平・フネの寝室に朝の光が入ってくるようになります。そして中庭の中心にリフォームを記念して落葉樹の木を1本植えると、四季の変化ごとに新たなドラマも生まれることでしょう。

リフォーム後

客間を中庭へリフォームすると、団らんの茶の間に光と美しい風景がプラスされる。

リフォーム前

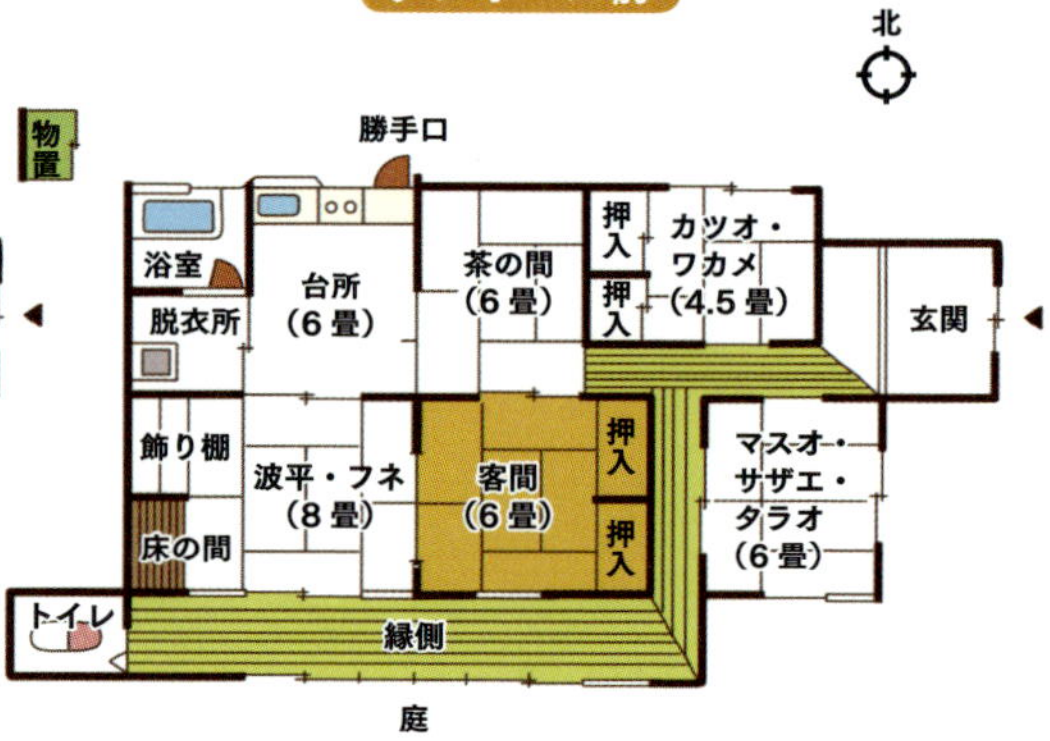

客間が家の中心にある。

Chapter 2

リフォームの基礎知識

「リフォームしたい」と考え始めた人に、
まずは何を知っておくべきか、
何からスタートしたらよいのかを解説します。

1

基礎知識

リフォームと新築の有利な点・不利な点

リフォームなら愛着のあるものが残せます。

残したいものを残せる「リフォーム」

不利な点

- イチから設計することは難しい
- 性能アップは大がかりとなり費用がかかる

有利な点

- 新築と比べて工事費が安い場合が多い
- 工期が短い（工事内容による）
- 愛着のある古いものを残せる

自分が何を求めているのかよく考えてみる

長く家に住んでいると、単に古びてきたのが気になるだけでなく、間取りが現在の暮らしに合わない、耐震性が気になる、冬場に寒いといった不満を感じるようになるものです。

部分的なリフォームですむ場合は迷うことはありませんが、家全体が気になる場合は、リフォームにするか建て替えるかで迷うことでしょう。

まずリフォームの有利な点は、家全体を変える大規模な工事を行っても、新築より工事費が2～3割程度安くすむ場合が多いことです。それは、既存のコンクリート基礎を残せるため土を掘ったり埋

すべて自由に考えられる「新築」

不利な点
- リフォームより費用が高くなることが多い
- 工期が長い場合が多い

有利な点
- 敷地への配置から考えることができる
- イチから設計ができる
- 基礎工事から構造まで最先端のレベルでつくることができる

め戻したりする必要がないからです。また、柱や梁《はり》などの構造材が腐食していなければ、そのまま残せます。工事の日数も新築より短いことが多く、その分の人件費も安くなります。もちろん部分的な工事ならより安くできます。予算や必要に応じ、工事の範囲を選べるのも嬉しいところです。

一方で新築は、イチから全部自分の好きなようにつくることができます。敷地への建物配置や建物形状を変えることができるうえ、一番新しい住宅性能も得られます。さらに、耐震性や断熱性も最初から考慮してつくれます。リフォームでこれらの性能を上げるには大がかりな工事となり、費用もかさんでしまうのです。

しかし新築でイチからつくるということは、既存の家を全部壊してしまうこと。愛着のある家の雰囲気をある程度保ち、思い出を残しながら「新しい家」に住みたいのなら、リフォームがよいでしょう。

このように、さまざまな観点から自分の求めているものはリフォームと新築のどちらに合うか考えてみましょう。

2

基礎知識

中古一戸建て・マンションのリフォーム

法やルールを守れば自分好みのリフォームができます。

中古なら安く買えて好みの住まいに変えられる

中古一戸建て・マンションを購入してリフォームする際に共通する第一のメリットは、まず新築よりも安く買えることです。また、中古は新築と比べて、さまざまな地域で売りに出されています。昔からの住宅地や華やかな市街地など、いろいろなところで物件が出るので、住みたい地域で探すことができます。新築より安く手に入れながら、リフォームをすれば自分好みの空間に変えて住むことができるのです。とはいえ、何でもできるわけではありません。

一戸建ては、外装も含めて全体のリフォームが可能です。耐震性や断熱性も

一戸建てでも増築に限度がある

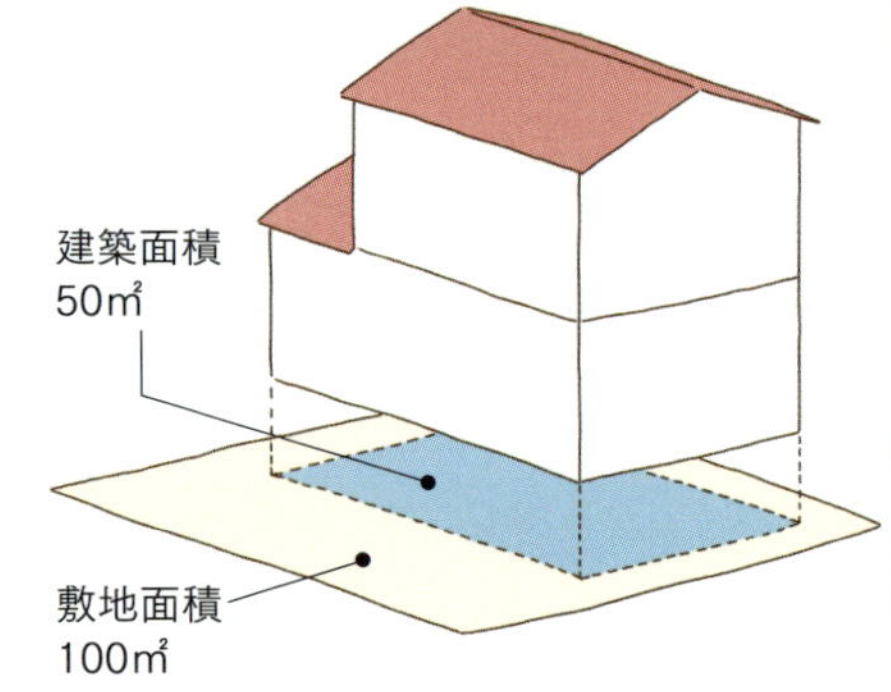

建築面積
50㎡
敷地面積
100㎡

「建ぺい率」を守る

建ぺい率は敷地面積に対する建築面積（建物外周で囲まれた線の中）の割合。建ぺい率が50％に定められている場合、敷地面積が100㎡ならば建築面積は50㎡以内となる。

※軒やベランダなどが大きく突き出ていると、建築面積に含まれるので注意。

計算方法　$\text{敷地面積} \times \frac{\text{建ぺい率}}{100(\%)} = \text{建築面積}$

［例］　$100㎡ \times \frac{50(\%)}{100(\%)} = 50㎡$

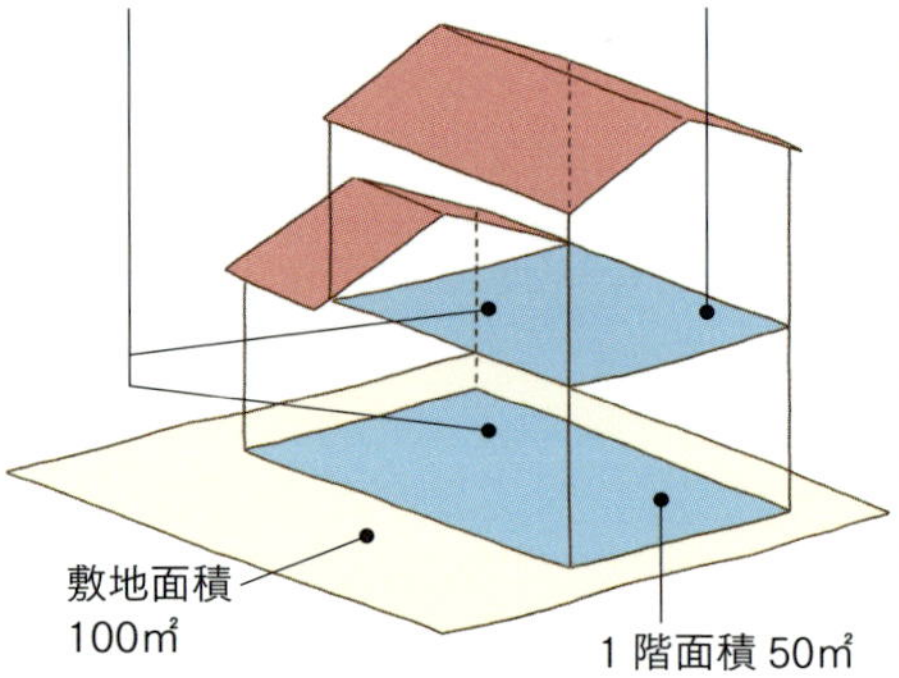

延べ床面積 80㎡
（1 階面積＋ 2 階面積）
2 階面積 30㎡
敷地面積
100㎡
1 階面積 50㎡

「容積率」を守る

容積率は、敷地面積に対する延べ床面積の割合。容積率が80％に定められている場合、敷地面積が100㎡ならば建築物の延べ床面積は80㎡以内となる。

計算方法　$\text{敷地面積} \times \frac{\text{容積率}}{100(\%)} = \text{延べ床面積}$

［例］　$100㎡ \times \frac{80(\%)}{100(\%)} = 80㎡$

マンションでリフォームできるのは「専有部分」のみ

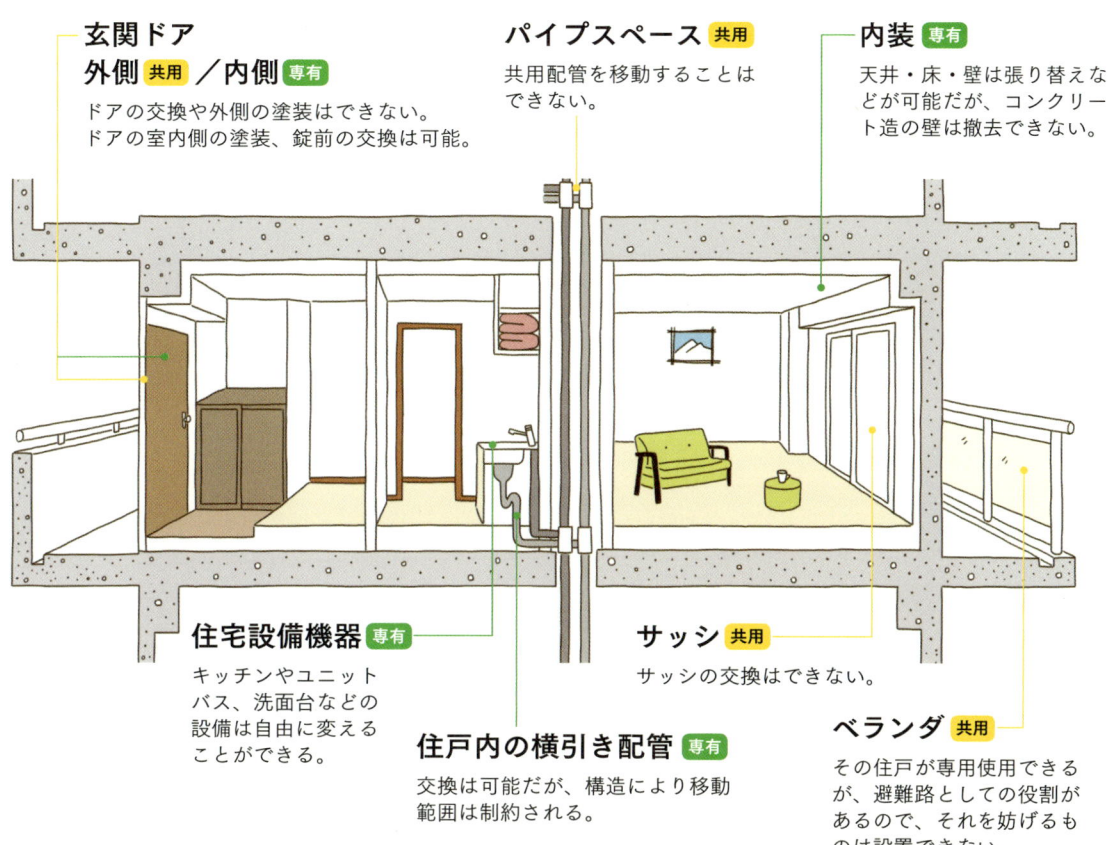

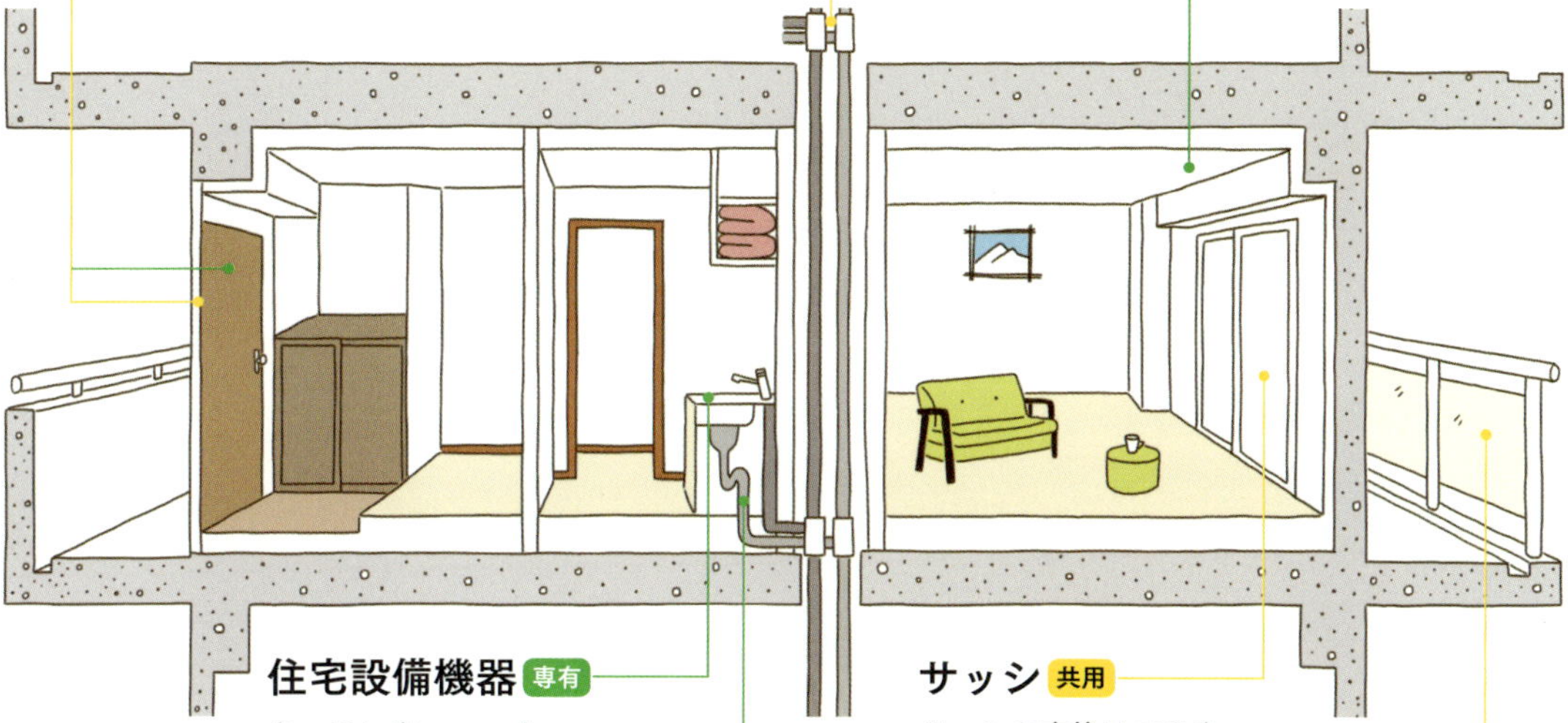
玄関ドア
外側 共用 ／内側 専有
ドアの交換や外側の塗装はできない。
ドアの室内側の塗装、錠前の交換は可能。
パイプスペース 共用
共用配管を移動することはできない。
内装 専有
天井・床・壁は張り替えなどが可能だが、コンクリート造の壁は撤去できない。
住宅設備機器 専有
キッチンやユニットバス、洗面台などの設備は自由に変えることができる。
サッシ 共用
サッシの交換はできない。
住戸内の横引き配管 専有
交換は可能だが、構造により移動範囲は制約される。
ベランダ 共用
その住戸が専用使用できるが、避難路としての役割があるので、それを妨げるものは設置できない。

必要に応じて高めることができます。間取りも暮らしに合わせて変えられるのですが、間取り変更を行うときは耐震上必要な柱や筋交いまで取ってしまわないよう注意しましょう。

また、法基準を無視して増築などをすることはできません。面積は敷地によって定められた建ぺい率・容積率を守って、その範囲にとどめなければなりません。

中古一戸建てを購入する際には、見えない部分の劣化に気をつけます。劣化状態がひどいとリフォーム費用が高くなるためです。内覧の際、専門家に同行してもらうとよいでしょう。

一方マンションの場合、リフォームできるのは住戸内部の内装や設備機器といった専有部分だけになります。ベランダやサッシは共用部分なので、住戸単位でリフォームはできません。

専有部分なら、内装を全部解体して、イチから間取りや内装をつくり変えることができます。マンションでも、それまでの状態とはまるで違った自分好みの住空間に変えることができるのです。

3

基礎知識

リフォームのプロセス

会社に依頼するまでに意外と多くの工程があります。

リフォームのプロセス

1 資金計画を立てる

ローンや減税、補助金などをチェックし、いくらまでの金額が使えるのか計画を立てる。

家計簿
2014

2 情報を集める

専門誌、インターネットなどを活用してリフォーム会社や設備・建材の情報を収集する。

すてきな写真を集めましょう

3 要望や優先順位をまとめる

どこをどのようにしたいのか、家族で話し合っておく。

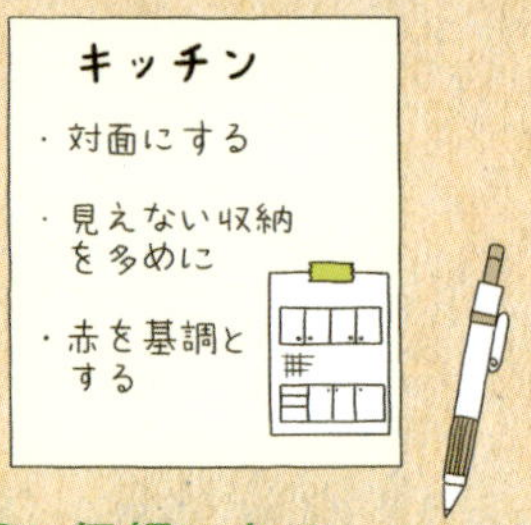
キッチン
・対面にする
・見えない収納を多めに
・赤を基調とする

4 信頼できるリフォーム会社を選ぶ

建築家でもリフォームに対応してくれる人ならＯＫ。

リフォーム会社
工務店
建築家

資金計画と情報収集から始める

リフォームしたいと漠然と思っているだけでは、なかなか踏み切れないものです。いつ何をするべきか、プロセスに沿って覚えておきましょう。

まずはリフォームに使えるお金を計算してみます。ローンを利用する場合は、毎月の返済額と借りられる額を金融機関のシミュレーションサイトなどで試算してみましょう。

予算が決まったら、各リフォーム会社や建築家がどのようなことをやっているのか、専門誌やインターネットで調べます。自分の志向に合いそうなら依頼先候補としてリストアップ。また実例写真などを

5 現場調査・見積もりを依頼する

リフォーム会社や建築家などにリフォームする家を見てもらう。その際図面を用意して要望を伝え、見積もりを依頼する。

6 見積もり・プランを検討する

見積もりはプラン（基本設計）と一緒に提案されるので、内容を比較検討する。

7 依頼先を決める

複数の会社からの見積もりを1社に絞り、詳細な打ち合わせに入る。

8 契約を交わす

打ち合わせを重ねて見積もりとプランが確定したら工事内容を確認し、依頼先と契約を交わす。

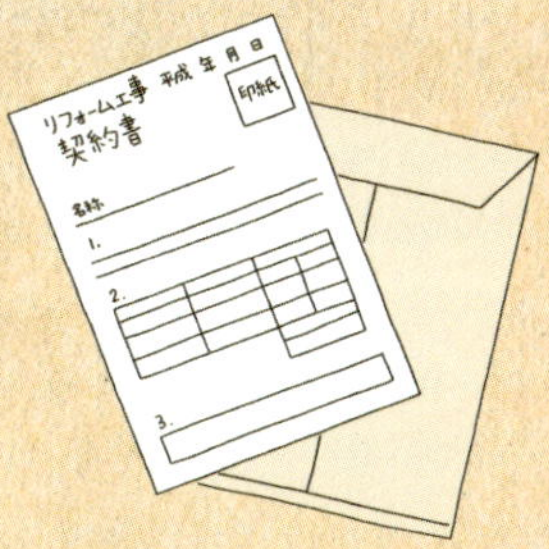

9 着工

現場監督から工程表をもらって、スケジュールの説明を受けて確認する。

10 竣工・引き渡し

工事完了後に施主検査を行い、保証書などとともに引き渡しを受ける。

参考にしながら、リフォームの要望をまとめておきましょう。

依頼先候補を数社に絞ったら、連絡をとって「現場調査」に来てもらいます。現場調査とは、リフォームする家の採寸や状態の調査をすることで、プランをつくる際に必ずやらなければならないことです。そのときに自分の要望を伝え、見積もり依頼をします。複数の業者に見積もりを頼み、比較検討するとよいでしょう。見積もりはプランとセットで提案されるので、金額だけではなく、設計内容や使われる材料なども確認して比べます。

依頼先が決まったら、詳細な打ち合わせに入ります。この段階で最初のプランや見積もりから変化していくことがよくあります。時間をかけて打ち合わせをするうちに、材料やプランを部分的に変更するケースが多いからです。契約を交わすのは、詰めの作業が終わってからにします。契約後に追加や変更を行うと契約金額よりアップしてしまうことも多く、大幅に予算オーバーしてしまうこともあるので、注意しましょう。

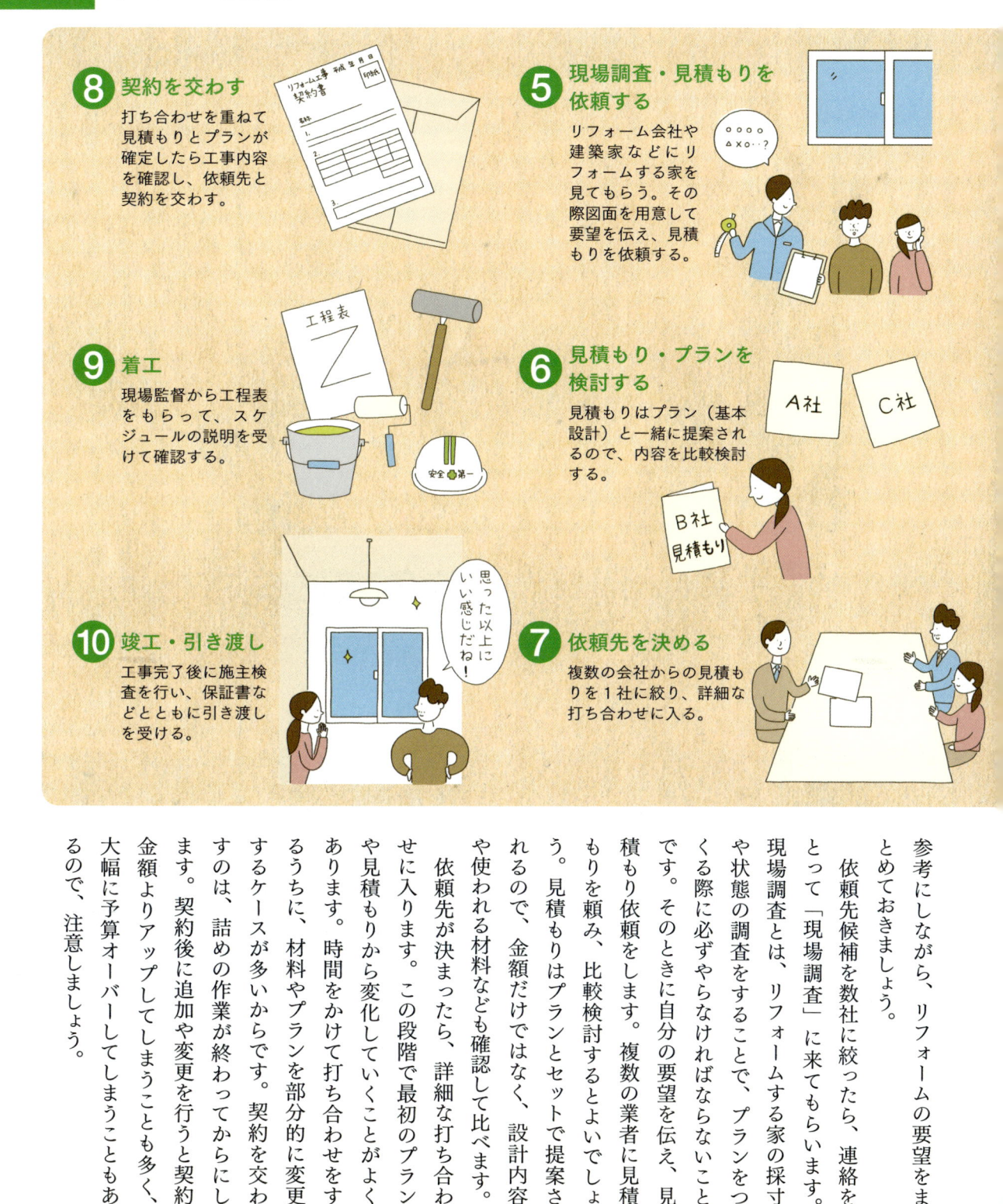

4

基礎知識

リフォームにかかるお金

工事費以外にもこんなにお金が必要になります。

リフォームにかかるお金と支払いのタイミング

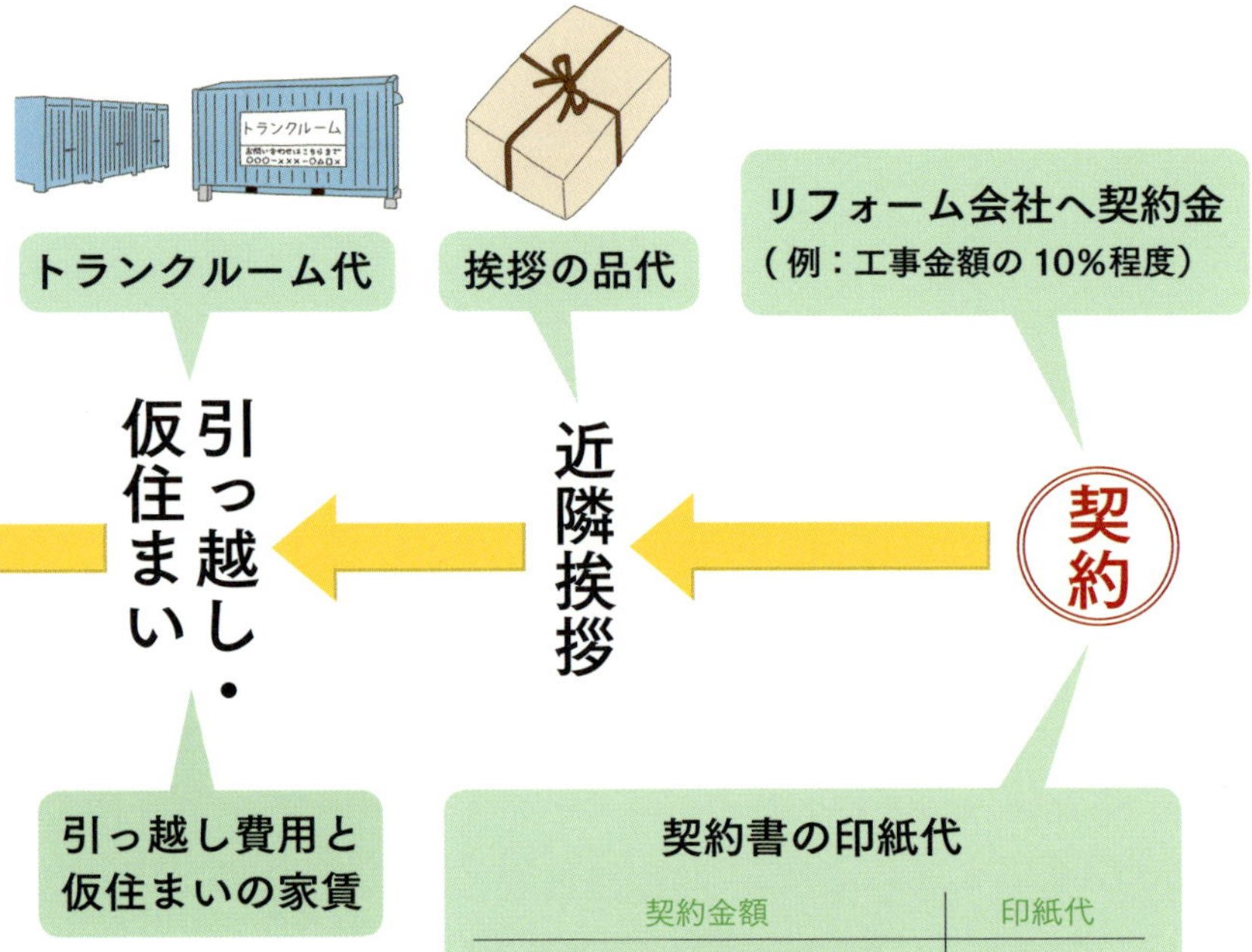

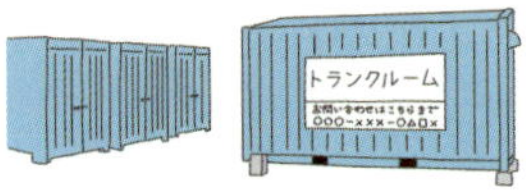

トランクルーム代

挨拶の品代

リフォーム会社へ契約金
（例：工事金額の 10%程度）

契約 → 近隣挨拶 → 引っ越し・仮住まい

引っ越し費用と仮住まいの家賃

契約書の印紙代

契約金額	印紙代
300 万円を越え 500 万円以下	1000 円
500 万円を越え 1000 万円以下	5000 円
1000 万円を越え 5000 万円以下	1 万円

支払いのタイミングをチェックしておく

リフォームにかかるお金は工事費だけではありません。工事費以外にもさまざまなお金がかかるので、工事費支払いのタイミングと合わせて確認します。

リフォーム会社に工事を依頼するときには、「工事請負契約」を結びますが、その際に契約書に印紙を貼るという形で印紙税を納めます。

工事が始まるまでには、騒音などで迷惑をかけることになる近隣に菓子などの手土産を持参して挨拶をしておかなければなりません。1～2週間前には行っておいたほうがよいでしょう。

また、大規模リフォームとなると住み

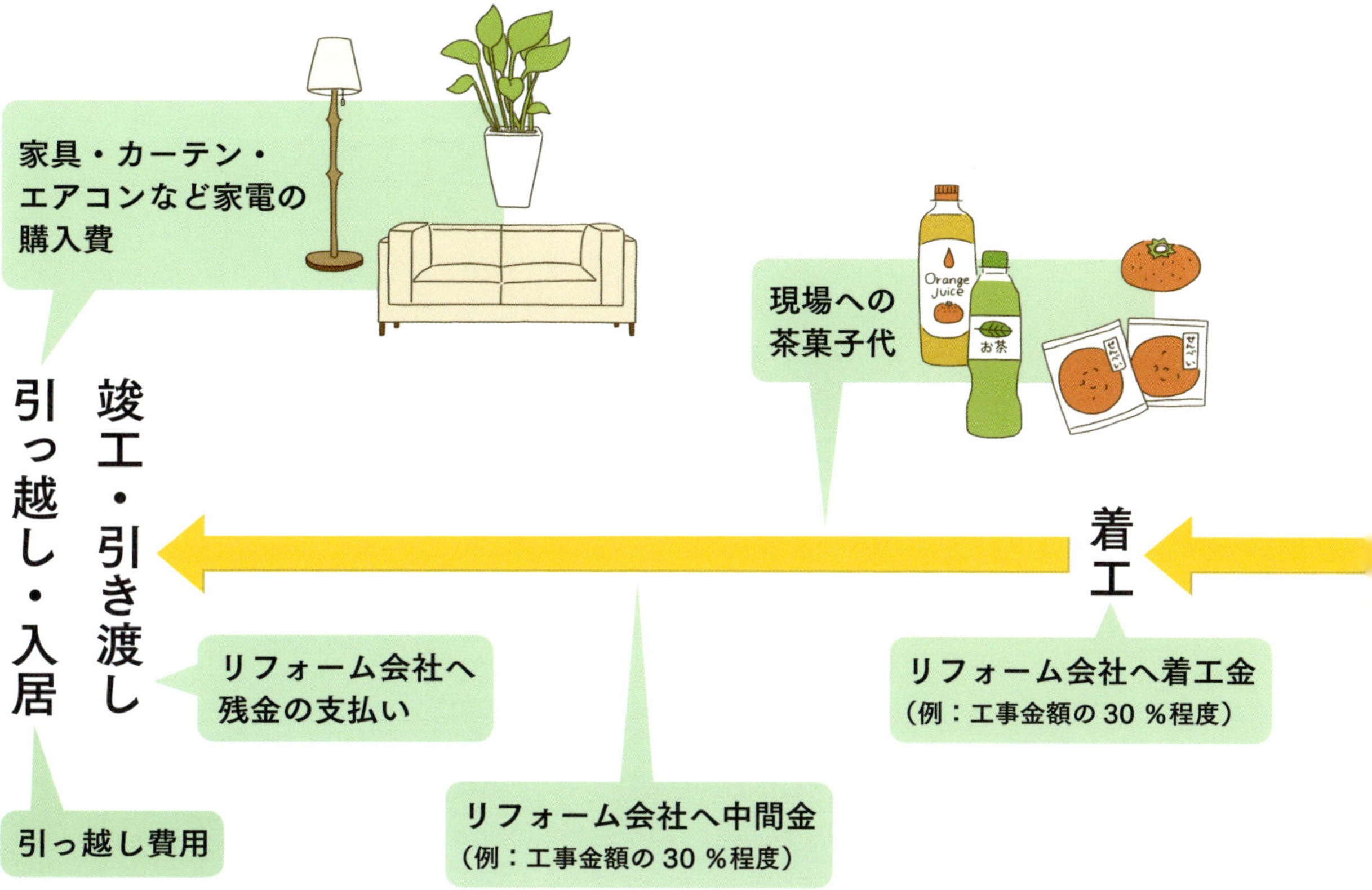
着工
リフォーム会社へ着工金
（例：工事金額の30％程度）
現場への茶菓子代
Orange Juice
お茶
リフォーム会社へ中間金
（例：工事金額の30％程度）
家具・カーテン・エアコンなど家電の購入費
竣工・引き渡し
リフォーム会社へ残金の支払い
引っ越し・入居
引っ越し費用

ながらでは難しいので、仮住まいを探して引っ越しをしなければなりません。引っ越しは2度にわたるうえ、仮住まいに荷物が収まりきらない場合はトランクルームを借りることもあるでしょうから、その費用もかかります。そして、工事中にはなるべく現場に顔を出して職人をねぎらいたいもの。そのための茶菓子代も心づもりしておきましょう。

　忘れがちなのがリフォーム後に設置する家具やカーテン、エアコンなど家電の購入費。かなりの額になるため、あらかじめ目安を立てて用意しておくことです。

　なお、リフォーム費用が高額な場合は、工事代金を何回かに分けて支払うのが一般的です。例えば契約時に10％、着工時30％、中間で30％、竣工後30％といった具合です。この回数や時期は会社や契約金額によって変わってくるので、早めに確認しておくのがよいでしょう。

　その他、ローンを利用する場合は金融機関に支払う手数料や抵当権設定費用、保険料など、増築の場合は建築確認申請手数料がかかるので早めに確認します。

5

基礎知識

依頼先の探し方

「リフォーム会社」とひと口にいっても その形態はさまざまです。

リフォーム会社に一番求めるものは？

・営業と施工が分かれているが、現場担当者がすべて責任をもって対応してくれる。
・一戸建てリフォームの実績が豊富。

→P35　1へ

・規模は小さくても地域密着型。
・自然素材をうまく扱える職人を抱えている。
・保証やアフターサービスがよい。

→P35　2へ

・設備面で困るとすぐに対応してくれ、メンテナンスの面倒も見てくれる。ホームドクター的な存在になってほしい。
・営業はおらず、どちらかというと職人気質がある。

→P35　3へ

・内装中心のリフォームを考えている。
・インテリア小物などのアドバイス、細かな生活提案もしてくれる。

→P35　4へ

・知名度の高い大手の会社がよい。
・営業や設計施工担当がはっきり分かれており、システマティックに対応してくれる。
・マンションリフォームが得意。

→P35　5へ

リフォーム会社の得意分野や特徴をとらえる

リフォーム会社の情報は、リフォーム雑誌やインターネットのリフォーム情報サイトなどで得られます。

ただ、ひと口にリフォーム会社といってもさまざまなタイプがあります。リフォーム会社という業態自体が実はそれほど歴史のあるものではなく、以前は建設会社などによる修繕が中心でした。しかし近年では、単なる修繕にとどまらず、より暮らしやすい住まいへ改築する人が増えてきたため、リフォーム専業会社が生まれました。

したがって建築会社系もあれば、設備工事の会社系など、35ページ上記のよう

リフォームを手がける会社もいろいろ

1 リフォーム専業系

最初からリフォーム専業会社として創業している会社。比較的歴史は浅い。

2 建設会社・工務店系

長年、新築の仕事をメインに手がけてからリフォームに進出。大手住宅メーカーから、地域密着の工務店までさまざま。

※1、2の形態の会社は、重複する部分も多い。

3 設備会社系

新築の水まわり設備の設置やメンテナンスをメインに手がけている会社だが、リフォーム全般を手がけている例も多い。

4 インテリアショップ系

家具やカーテンを扱う店がリフォームに進出。インテリアの商品知識、ノウハウが充実している。

5 不動産会社系

大手マンションデベロッパーなどの系列会社で、一部建設会社系とも重複する。マンションのリフォーム実績が豊富であることが多い。

にさまざまなリフォーム会社があり、それぞれ得意分野や独特のテイストをもっています。もちろん近年では当初からリフォーム会社として起業するケースも増えています。会社をチェックする場合は、そうしたこともふまえておくと選ぶ際の一助になるでしょう。

依頼先は建築家という選択肢もあります。実際に工事を行うのは工務店ですが、建築家が設計し、見積もりや工事のチェックを行います。第三者的な立場で見積もり内容を精査し、工事を見てくれる安心感があります。設計のテイストは個々の建築家で異なるので、ホームページなどを参考にするとよいでしょう。

いずれにしても依頼先を選ぶ際には、自分が志向するものと合っているかどうかが最も大切な基準となります。デザインテイストだけでなく、会社の規模やシステム、親しみやすさなどさまざまな観点から考えてみましょう。そのためにはまず自分たちが何を一番求めているのかを、もう一度じっくり確かめてみる必要があるでしょう。

6

基礎知識

リフォーム会社の見極め方

会社内容だけではなく「人」を見極める視点が大切です。

「会社概要」は必ずチェックしておく

リフォーム会社を選ぶ際に重要なポイントとなるのが、建設業の許可を得ているかどうかです。リフォームは請負代金が５００万円未満であれば、建設業の許可なく工事ができます。設備や内装の取り替えぐらいならともかく、間取り変更がからむ工事であれば、たとえ５００万円未満の工事であっても建設業の許可のある会社に依頼したほうが安心です。

また、自社で設計を行うリフォーム会社は、建築士事務所登録を行っています。登録をしていない場合は、設計は外注となります。そのあたりも信頼性に関係してきます。

どんな有資格者がいる？

主な国家資格

一級建築士
規模や構造に制限なく設計・工事監理ができる。

木造建築士
木造２階建てまでの設計・工事監理ができる。

二級建築士
設計・工事監理ができる建物規模に制限がある。

建築施工管理技士
施工計画を作成し、現場での工事の進行を指揮・監督ができる。

主な民間資格

インテリアコーディネーター
壁紙やカーテン選びなどの相談にのってくれる。

インテリアプランナー
インテリアの企画、設計、監理などをしてくれる。

福祉住環境コーディネーター
高齢者や障害者が住みやすい住環境づくりのアドバイスをしてくれる。

カラーコーディネーター
１〜３級まであり、調和のとれた色彩計画を提案してくれる。

担当者の信頼性、自分との相性を見極める

- ☑ 自分の考えを押しつけず、こちらの要望などをじっくり聞いてくれる
- ☑ 商品知識を豊富にもっていて、
メリットだけでなくデメリットも教えてくれる
- ☑ 要望を聞いてくれたうえで、プロならではの提案をしてくれる
- ☑ インテリアなど、感覚的な部分の波長が合う
- ☑ こちらの希望の問題点をはっきり指摘してくれる
- ☑ 話し合ったことはきちんと書面にして残してくれる
- ☑ 信頼関係が築けて、よいものがつくれそう
- ☑ 他社の悪口をいわない
- ☑ 契約を急がせない
- ☑ 値引きをすぐちらつかせない

左に当てはまる
ことが多いほど、
よい担当者と
いえるでしょう

さらに有資格者の内容や数をチェックしましょう。重要なのは国家資格です。とくに建築士は設計を行ったり、工事監理を行ったりできる資格です。会社に何人いるのか確認しておきましょう。建築施工管理技士も現場での指揮を行うための大事な資格です。一方、インテリアコーディネーターやインテリアプランナー、福祉住環境コーディネーターなどは民間団体が与えている資格です。民間資格もそれぞれ専門的な知識が必要ですが、力量は個人の素質や経験によって開きがあると思ったほうがよいでしょう。このような資格は、ホームページやパンフレットなどでチェックできます。

ただ、依頼先を選ぶ際にはこうした会社のもつ資格だけではなく、自分についてくれる担当者の人柄や力量、あるいは自分との相性が大きくものをいいます。リフォームは、担当者と話し合いながら進めていくものだからです。担当者を信頼できないようでは、よいものはできません。会社を見極めるとともに、人を見極める視点がとても大切です。

7

基礎知識

リフォームの設計図書

図面を見ながら、そこで生活している自分を想像します。

リフォームで使う図面の見方

平面図 各階の水平断面を記載したもの。いわゆる間取り図で、各スペースの配置や広さなどがわかる。

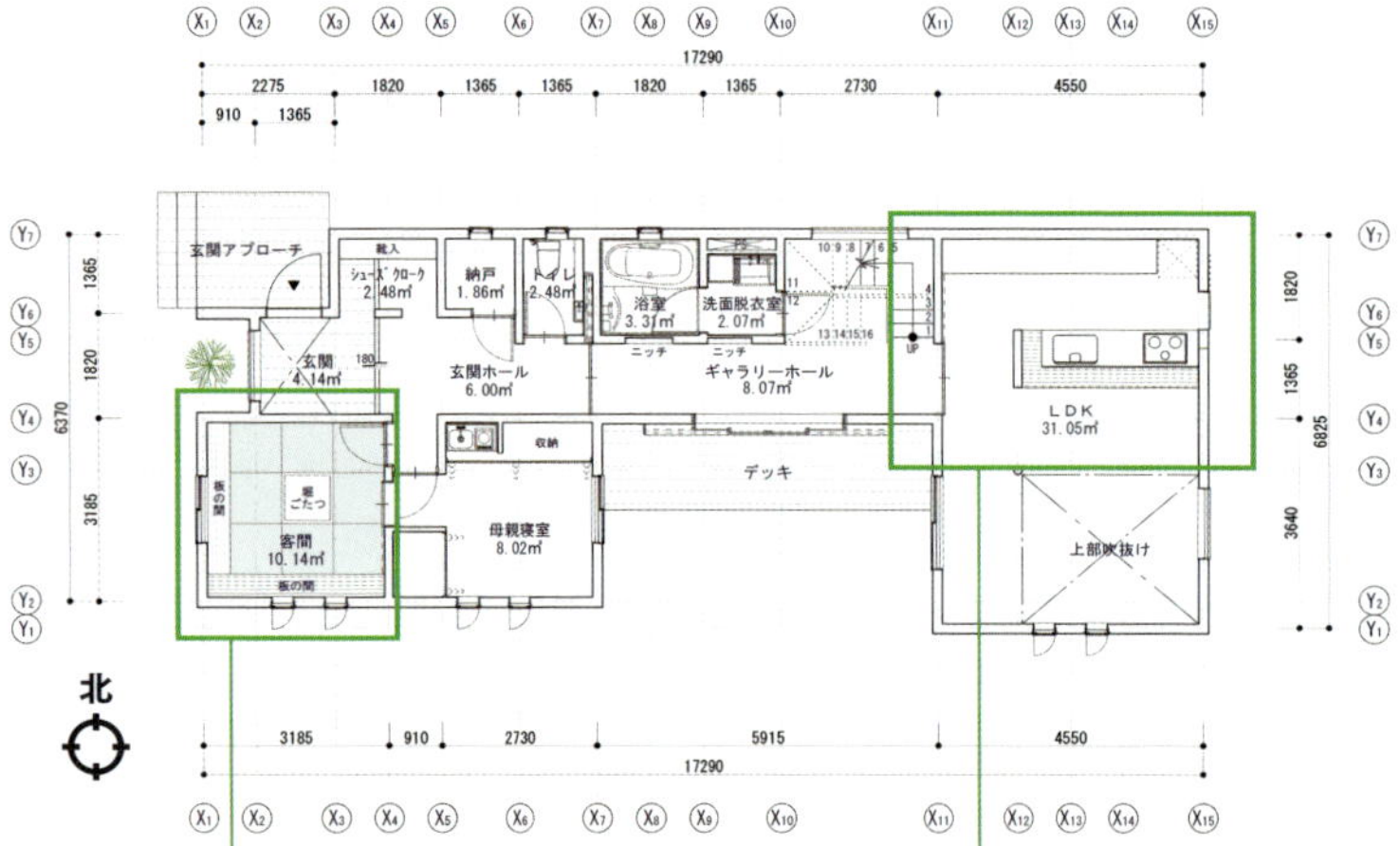

39ページで、この部屋の「展開図」と「仕上げ表」を見てみましょう。

この部分の配線図を92ページに掲載しています。

どんな家になるのか形を示したのが設計図です

リフォームをするとどのような家になるのか、その形を示したのが設計図です。仕上げ表なども含めて「設計図書」と呼ばれます。大規模リフォームでは、設計図書の作成は必須です。

代表的なのが「平面図」で、詳細な間取り図ともいうべきものです。見積もりを依頼して当初提案されるのは、簡易な平面図（縮尺１００分の１。詳細図は同50分の1）であることも多く、間取りの変化はそれでも十分にわかります。

平面図をチェックするときは、まず自分の希望が取り入れられているかどうかを見ましょう。そのうえで、玄関を入っ

展開図 室内の中心から北東南西の順に四方を見た図。
天井の高さ、窓や出入り口、設備機器、収納などの位置、高さなどがわかる。

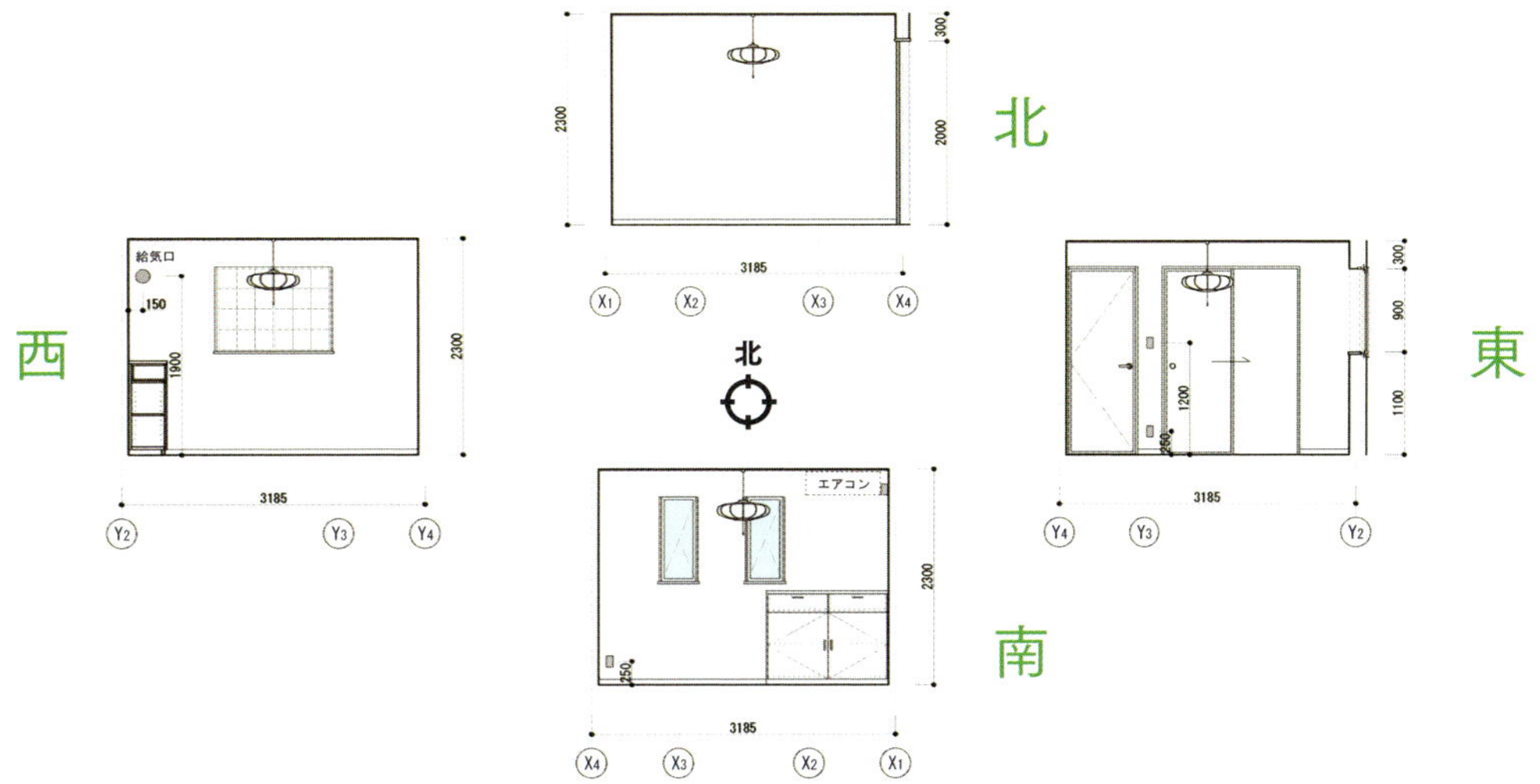

仕上げ表 各部の内装・外装の表面の仕上げについて材料などを一覧表にしたもの。

階	室名	床	巾木		壁		天井			造り付け家具・造作
			材質	H	仕上	色・品番	仕上	色・品番	CH	
1F	玄関	300ロタイル	木製巾木 CL	60	PB t12.5 下地の上 ビニルクロス貼り	エクセレクト	PB t9.5 下地の上 ビニルクロス貼り	SPシリーズ	2600	
	玄関ホール	無垢ナラフローリング t15	木製巾木 CL	60	PB t12.5 下地の上 ビニルクロス貼り	エクセレクト	PB t9.5 下地の上 ビニルクロス貼り	SPシリーズ	2400	
	シューズクローク	タタキ部分:300ロタイル ホール部分:無垢フローリング t15	木製巾木 CL	60	PB t12.5 下地の上 ビニルクロス貼り	エクセレクト	PB t9.5 下地の上 ビニルクロス貼り	SPシリーズ	2300	靴入(家具工事) カガミ:W500 H1200
	納戸①	フロアタイル t2.5	木製巾木 CL	60	PB t12.5 下地の上 ビニルクロス貼り	エクセレクト	PB t9.5 下地の上 ビニルクロス貼り	SPシリーズ	2300	
	客間	へりなし半畳タタミ 緑甲板 米松 t15	木製巾木 CL	60	PB t12.5 下地の上 MPパウダー	—	PB t9.5 下地の上 杉柾練付合板	SPシリーズ	2300	事務書類収納(家具工事)
	母親寝室	無垢ナラフローリング t15	木製巾木 CL	60	PB t12.5 下地の上 MPパウダー	—	PB t9.5 下地の上 無垢杉板貼り	SPシリーズ	2300	収納スペース: ハンガーパイプϕ32×2 上部タナ1段(シナランバー)

てからの動線をたどりながら生活をイメージして、不都合がないか、開放感は十分かなどを見ていきます。具体的にダイニングテーブルやソファ、収納などの家具を図面と同じ縮尺で書き入れてみると、より生活がイメージしやすくなります。今あるソファを置くと通行の邪魔になるなど、問題点も見えてきます。

　平面図以外にリフォームで重要になるのが「展開図」です。これは平面図と違って、部屋の中心に立って四方の壁を見たときの部屋の様子を描いたもの。例えばキッチンが正面から見て、どのような様子なのか、横から見るとどのような様子なのかなどがわかります。部屋の中央から見て北東南西4面の様子が描かれるので、すべてのドアや収納、窓の位置、サイズをチェックすることができます。

「仕上げ表」は、図面ではありませんが、床、壁、天井などの仕上げの種類が記載された一覧表です。どのような材料が使われるのか、一つひとつ見ておきましょう。自分が希望した材料になっているか要チェックです。

8

基礎知識

メンテナンスの周期

メンテナンスが重なったら思い切ったリフォームも考えてみて。

知っておきたいメンテナンスの周期

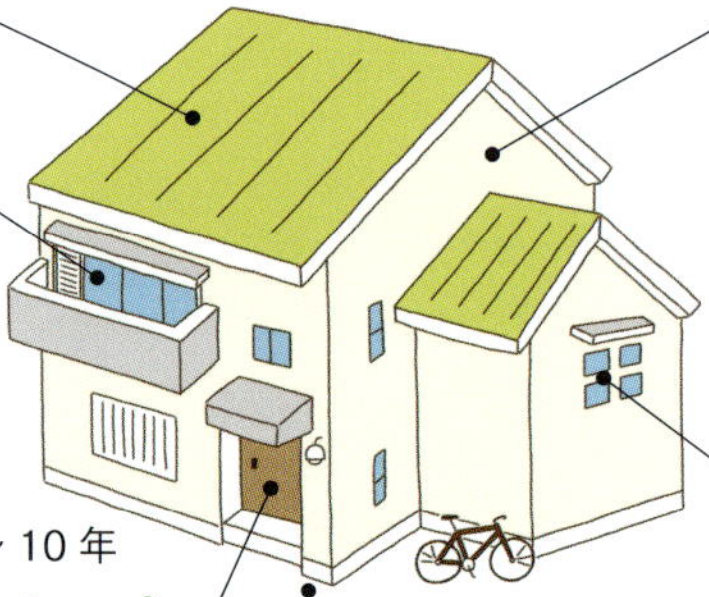

屋根

化粧スレート
- 部分補修／5～6年ごと
- 塗り替え検討／7～10年
- 葺き替え検討／15～20年

瓦
- 部分補修／5～6年ごと
- 葺《ふ》き替え検討／20～30年

外壁

モルタル下地吹き付け
- 補修、塗り直し／7～10年ごと

サイディング
- 補修／5～7年ごと
- 塗り替え検討／10～15年

内装

床（フローリング）
- 張り替え検討／15～20年

床（カーペット）
- 張り替え検討／5～10年

壁・天井（ビニールクロス）
- 張り替え検討／約10年

設備

キッチン・バス・トイレ
- 取り替え検討／10～20年

ガス給湯器
- 取り替え検討／10～15年

コンセントなど電気設備
- 取り替え検討／15～20年

給排水管
- 補修、洗浄／5～10年ごと

建具《たてぐ》

玄関ドア・室内ドア
- 取り替え検討／15～20年

サッシ
- 取り替え検討／15～20年

躯体

土台・床組み
- 補修、補強検討／20～30年

柱・梁
- 補修、補強検討／20～30年

15年を過ぎるとほとんどがメンテナンスの時期に

住宅は、必ず一定の周期でメンテナンスが必要になります。それを怠ると美観をそこねるばかりか、住まいの耐久性や使い勝手に大きな支障をもたらします。早め早めの対応が、住まいを長もちさせることにもなります。例えば、外壁の塗り替えの際にひび割れを修復しておけば、雨漏りを防げて内部の腐食防止に役立つといったことです。

外装に関しては、瓦やタイルなどのとくに耐久性の高い素材を除けば15～20年ぐらいが塗り替えや葺《ふ》き替えのタイミングです。内装もビニールクロスやフローリングは10～15年ぐらいで劣化が目立っ

よくあるリフォームの動機

家族構成の変化に
合わせたい！
間取りを
よくしたい！
設備をグレード
アップしたい！
収納不足を改善したい！
高齢になっても
暮らしやすくしたい！

てきますし、設備機器はおおむね15年程度が取り替え時期です。各種の調査でもリフォームする動機として、この設備機器の老朽化が多く挙げられています。故障や不具合が多くなるだけでなく、最新の機器と比べると、機能や使い勝手が劣っていると感じられることもリフォームの動機となっています。このような外装や内装、機器の老朽化といったタイミングで、思い切って住まい全体のリフォームを検討してはどうでしょうか。

また、住んでいる人が年を重ねることもリフォームの動機となります。家の中の段差が気になり、廊下や浴室の寒さが体にこたえるようになって、体に優しいバリアフリーの住まいを志向するようになるからです。そのほか、家族構成が変わったり、モノが増えて収納が足りなくなったりといったこともリフォームの動機となります。

メンテナンス時期と合わせて、暮らしの不都合を多く感じるようになったときが、リフォームのよいタイミングといえるでしょう。

Column

リフォーム前に知りたい Q&A

具体的なリフォームを始める前に知っておきたい内容の中でも、
よく聞く質問だけを集めて回答しました。

Q マンションリフォームは どんな構造でもOK？

A 「壁式構造」は 間取り変更に制約があります。

マンションの構造は「ラーメン構造」と「壁式構造」の大きく2種類です。ラーメン構造は柱と梁《はり》で構造を支えています。一般的なマンションの柱は住戸の四隅にあり、住戸の内部を解体すると、ほぼ何も残りません（これをスケルトンと呼ぶ）。したがって、イチから間取りを構成できます。ただし、水まわりに関しては配管の位置により制約があります。

壁式構造は低層・中層のマンションにのみ見られるタイプですが、コンクリート造の壁で構造を支えています。間仕切り壁の一部にも構造を支える壁があり、その壁は外したり、移動したりできません。その部分が間取り変更の制約となります。

Q リフォームで 地盤も強くできる？

A 不安がある場合は 建て替えを検討しましょう。

地盤強化は、その地盤の軟弱度に応じて適切に行います。例えば「表層改良」という方法では、地表から2mぐらいまでの地盤を固くする方法で、土に固化材を混ぜて締め固めます。より深いところに対策を行うなら、コンクリートを柱状に流し込むか、地盤の固いところまで杭を深く打ち込みます。これらは、主に新築時に行われます。

既存住宅の場合は、前記のように地盤をいじることは難しいので、基礎補強などを行って耐震性を強化することになります。地盤対策を行う必要があるかどうかは、建築家など専門家に相談してみましょう。その際は建て替えの選択も視野に入れておきましょう。

Q 住みながらでも大規模リフォームはできる？

A 騒音など不都合も多いのでおすすめできません。

リフォームの範囲が家全体に及び、内容が間取り変更などを含む大規模な場合、住みながら行うのは難しいでしょう。

一戸建ての場合、1階と2階に分けて行ってもらうなどの方法もありますが、激しい騒音やホコリに耐えて生活する覚悟がいります。工事の内容によっては、トイレやキッチンが使えない日が出てくることもあるでしょう。

それよりはいったん仮住まいに移って、その間に工事をしてもらったほうが、工期も短くなるのでおすすめです。

Q プランや見積もり作成にはお金が必要？

A 初回の提案は無料でもその後はお金がかかることも。

リフォーム会社に現場調査や見積もり依頼をした場合、初回の提案は無料であるケースが多いです。しかしその後、修正を重ねるようになるとお金が必要となるケースもあります。いずれにしても依頼前にきちんと確認をしておきましょう。

建築家の場合も初回の相談だけなら無料であることも多いですが、実際にプラン提案や概算見積もりを出してもらう場合は、きちんと設計契約を結んでからというケースも多いです。個々によって異なるので、相談前に確認しましょう。

Q 中古住宅購入前から リフォームの相談はできる？

A 相談に対応してくれる リフォーム会社は多くあります。

テイストなどが気に入っている会社があれば、購入する物件がまだ決まっていなくても相談してみましょう。物件が決まっていないと、具体的なプランや見積もりをもらうことはできませんが、どのようなプランが可能なのか、およそいくらぐらいかかるのかなどを教えてもらえます。

リフォーム会社によっては、不動産部門を通して物件紹介をしてくれるケースもあります。また、希望すれば内覧の同行に応じてもらえる場合もあるので聞いてみましょう。

Q 中古住宅購入前の調査はどこに依頼すればよい？

A 住宅検査会社や建築家に依頼しましょう。

購入を決める前に物件の構造面などを調査してほしい場合は、中古住宅の検査を行っている専門の会社や建築家に見てもらうのがよいでしょう。検査を行う会社は、「NPO法人日本ホームインスペクターズ協会」のホームページなどを参考に探すことができます。建築家の場合は、都道府県ごとに設立されている建築士会に問い合わせて紹介してもらいましょう。建築家にすでに相談を行っている場合は、その人に依頼できます。

いずれにしても検査には費用がかかるので、ぜひ購入したいという物件に巡りあってから調査依頼をするのが得策。構造の劣化状況などを調べてもらい、どの程度のリフォームをする必要があるのかについても相談することができるでしょう。

Chapter 3

外まわりのリフォーム

住環境をより快適にするリフォームは室内だけに限りません。
断熱、防犯といった機能性、エクステリアのデザイン性の
向上などがあります。

1

外まわりのリフォームはどんなことができるのでしょうか。

外まわりはココをチェック！

家の外まわりでよくリフォームが行われている部分と
そのリフォーム内容をチェックしましょう。
各ページでは、具体的な方法などを紹介しています。

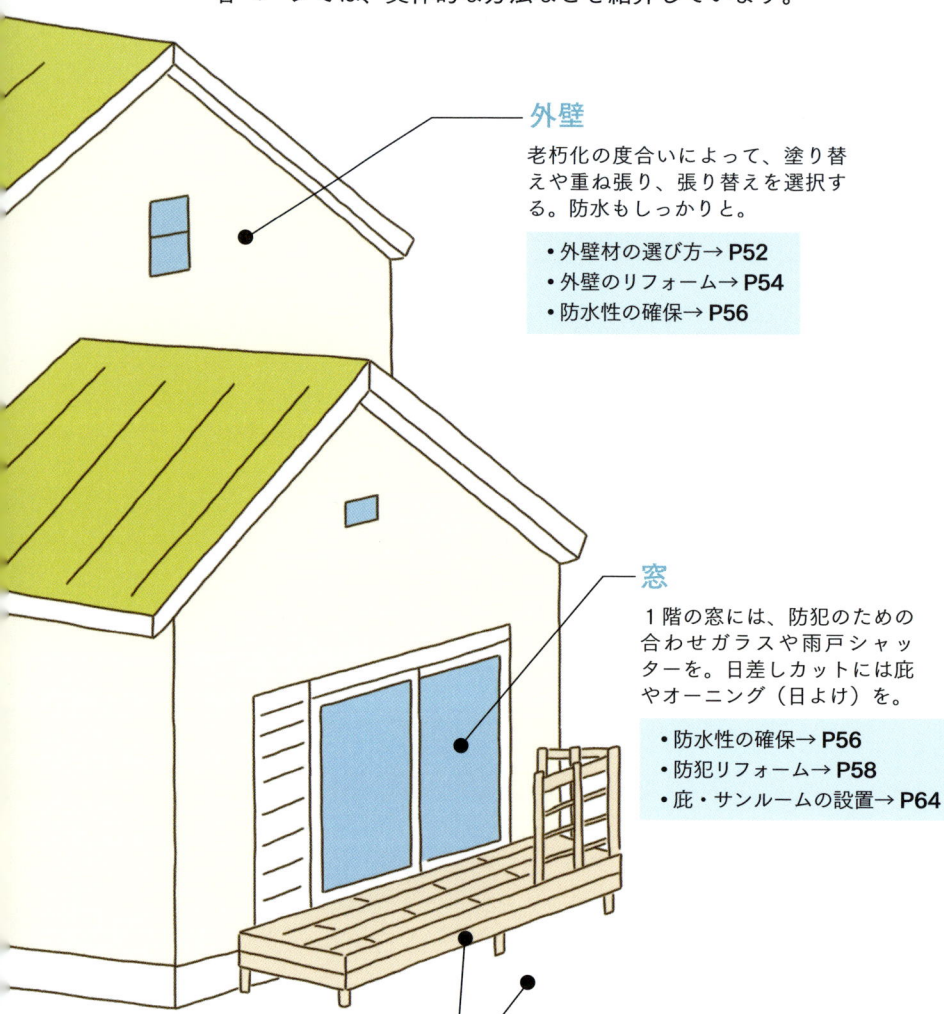

外壁

老朽化の度合いによって、塗り替えや重ね張り、張り替えを選択する。防水もしっかりと。

- 外壁材の選び方→ **P52**
- 外壁のリフォーム→ **P54**
- 防水性の確保→ **P56**

窓

１階の窓には、防犯のための合わせガラスや雨戸シャッターを。日差しカットには庇やオーニング（日よけ）を。

- 防水性の確保→ **P56**
- 防犯リフォーム→ **P58**
- 庇・サンルームの設置→ **P64**

庭

庭にゆとりがあれば、ウッドデッキやサンルームを設置してみては。和室には濡れ縁がおすすめ。

- エクステリアリフォーム→ **P60**
- ウッドデッキ・濡れ縁の設置→ **P62**
- 庇・サンルームの設置→ **P64**

屋根

老朽化の度合いによって、塗り替えや重ね葺き、葺き替えを選択する。防水もしっかりと。

- 屋根材の選び方→ P48
- 屋根のリフォーム→ P50
- 防水性の確保→ P56

ベランダ

外に張り出しているベランダは、防水のチェックと補修を。

- 防水性の確保→ P56

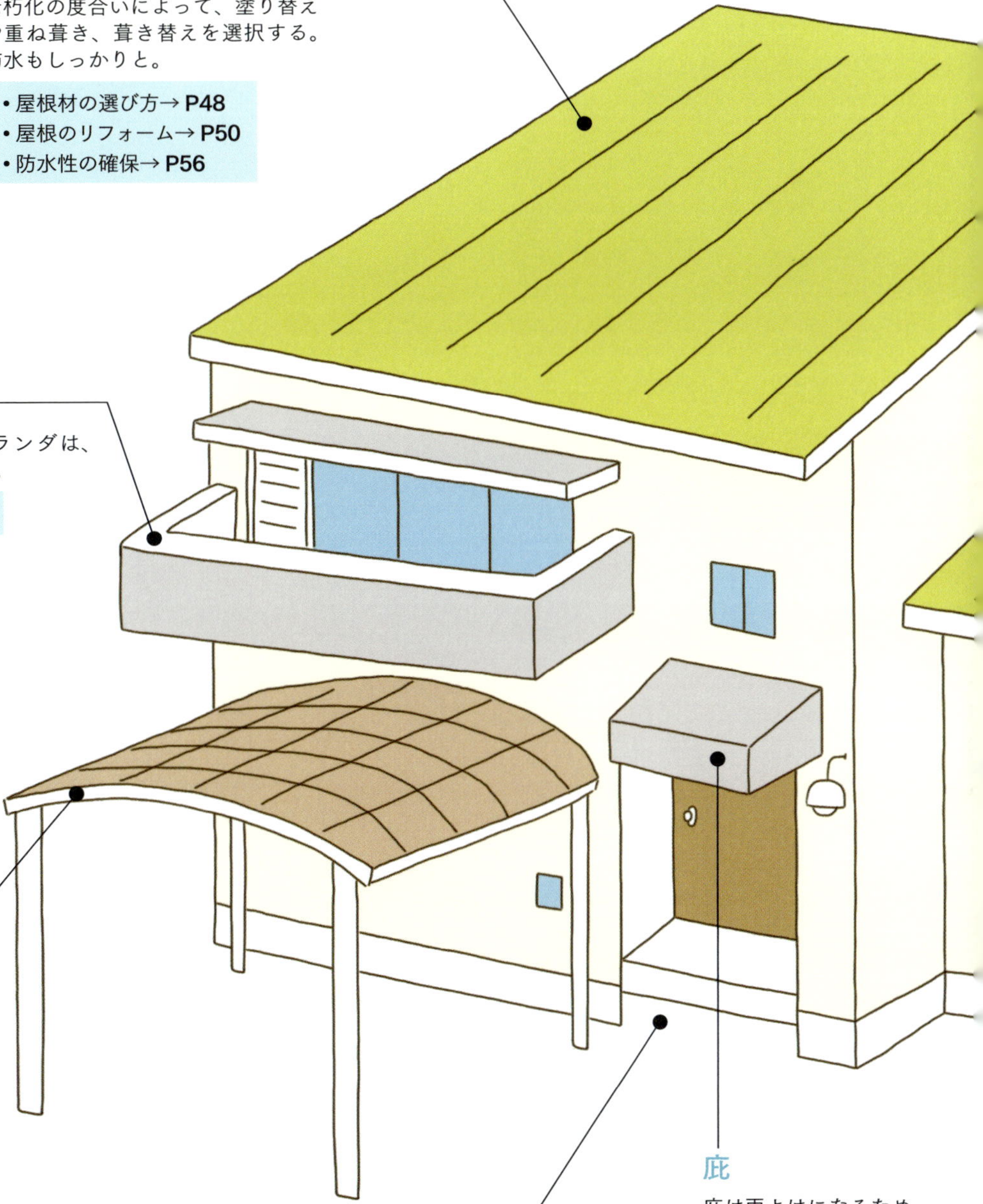

カーポート（簡易車庫）

カーポートに屋根を設ける場合は、建物外観との調和を第一に考えて。

- エクステリアリフォーム→ P60

玄関アプローチ

玄関アプローチは住宅の顔。外装をリフォームしたら、併せて一新したい。

- エクステリアリフォーム→ P60

庇

庇は雨よけになるため、玄関には必須。後付けもできる。

- 庇・サンルームの設置→ P64

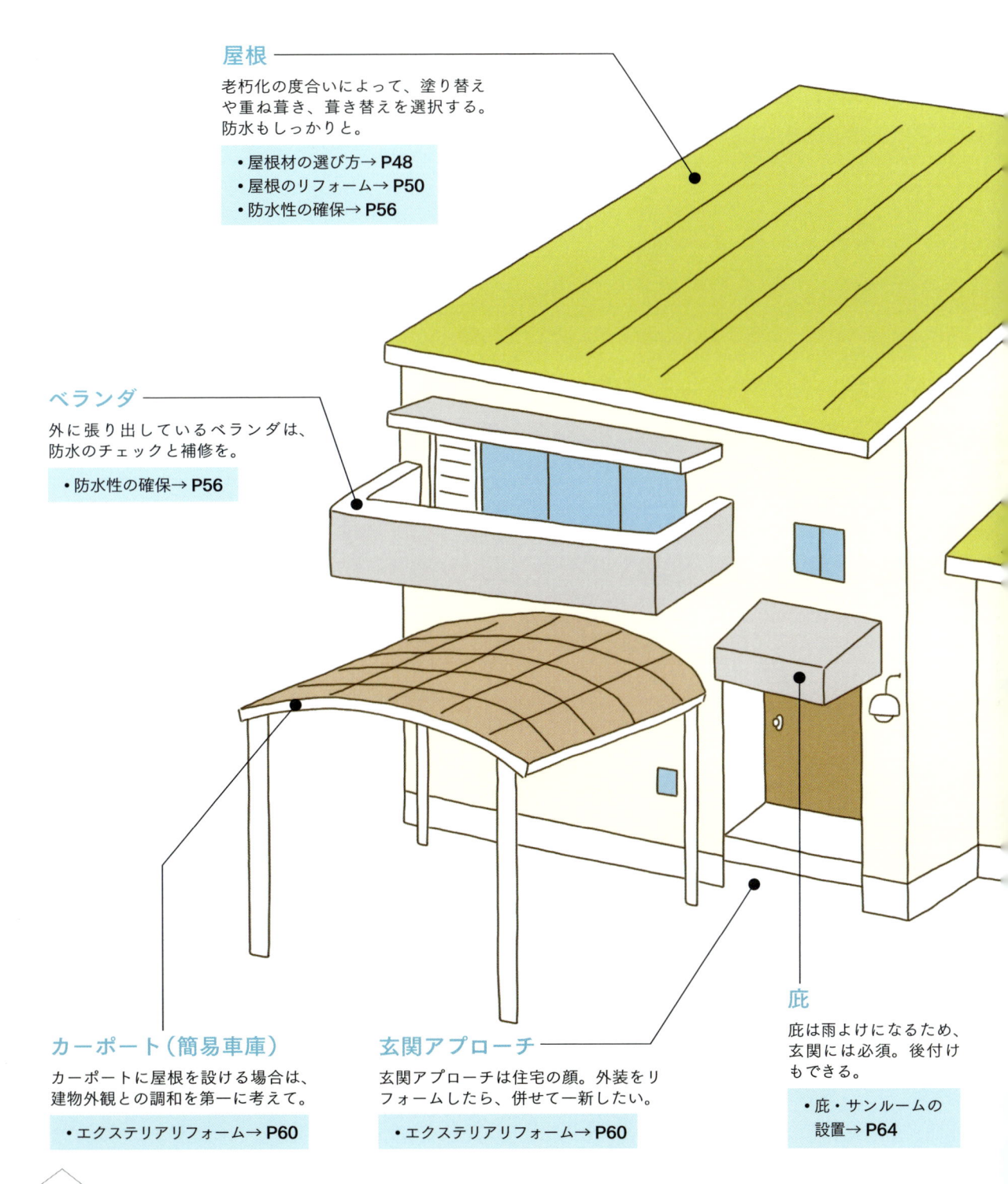

2

外まわり

屋根材の選び方
今後のリフォームもふまえ屋根材を選ぶとよいでしょう。

粘土瓦、化粧スレートガルバリウム鋼板が主な屋根材

昔ながらの住宅では、和瓦が多く用いられています。これは粘土を焼き締めた「粘土瓦」で、耐久性の高い材料です。塗り直しの必要もないので、屋根下地の劣化が進んだら、葺《ふ》き替えを行うとよいでしょう。ほかの素材と比べて重量があるので、屋根を軽くしたい場合にはほかの屋根材への葺き替えを検討します。

一方、洋風の外観に合うことから多くの住宅で使われているのが「化粧スレート」です。塗装製品なので、経年変化により色あせるため、定期的に塗り替えを検討する必要があります。その際に割れやズレなどの補修や交換もしておきま

主な屋根材の種類と特徴

化粧スレート

写真提供：ケイミュー

特徴

厚さ5㎜前後の薄く、フラットな屋根材。セメントを基材として各種繊維を混ぜ、強化している。すべて工場塗装で、以前に比べて塗装のもちがよくなっている。

メンテナンス

5～6年ごとに点検を行い、10年ごとぐらいに塗り直しを検討したいが、20～30年色もちする製品もある。割れが多くなったら、葺き替えなどを検討する。

粘土瓦

特徴

粘土を成形し高温で焼いてつくる、昔ながらの瓦。釉薬（うわぐすり）を用いて色付けしたのが「陶器瓦」、いぶして光沢を出したのが「いぶし瓦」。

メンテナンス

色落ちはないが、割れたり、ずれたりすることがある。10年ごとに点検を行い、必要な部分を補修する。30～40年目で葺《ふ》き替えを検討する。

セメント瓦

写真提供：共栄塗装店

特徴

セメントと砂を主原料に、加圧成型して乾燥させた瓦。セメントの量によってコンクリート瓦といわれる製品も。塗装製品のため、経年変化で色あせる。

メンテナンス

5～6年ごとに点検を行い、10年目ぐらいで適切な塗料を塗り直すことで長もちさせる。20年目ぐらいを目安に葺き替えを検討する。

ガルバリウム鋼板

特徴

鉄板の表面にアルミと亜鉛で溶融メッキ加工をしたもので、耐久性がありさびにくい。その他、ステンレスの屋根材もある。

メンテナンス

ガルバリウム鋼板は、5～6年ごとにサビや色落ちを点検。サビる前に塗り直すのが長もちさせるポイント。10年間はメーカー保証が付いている。

しょう。また、形状がフラットで軽い材料なので、屋根材を残して行う「重ね葺き」にも向いています。見た目の劣化が進んでしまったら、新しい製品で重ね葺きを行うのも一つの方法でしょう。最新の製品ほど色が長もちしたり、割れにくかったりと耐久性が高くなっているのも特徴です。

金属屋根材のガルバリウム鋼板も、近年人気のある素材です。比較的安価で、シンプルモダンな雰囲気のある外観によく似合います。金属製品によるサビと、塗装製品による色あせのチェックが必要です。定期的な点検を行って、早めに対応したいものです。また、軽量なのでこちらも重ね葺きの材料として向いています。

そのほかの屋根材としては、セメントを主原料としたセメント瓦があります。これらも塗装製品なので、塗り替えの時期が来ます。

塗り替えに関しては、屋根材によって塗料や方法が変わるので、リフォーム会社に相談してみましょう。

3

外まわり

屋根のリフォーム

屋根が劣化するほど手間と費用がかかります。

屋根をきれいにする3つの方法

方法1　塗り替え

〈Data〉

- **どんなとき？**
  →既存の屋根材の破損が少なく、下地の劣化も心配ない場合
- **廃材は？**→出ない
- **選べる屋根材は？**→既存のまま
- **費用の目安**→ 50 万円～

※費用は延べ床面積 120㎡程度の一般的な規模の住宅の目安。

屋根を高圧洗浄して、しっかり汚れを落とし、鉄部のサビ止めなどを行う。その上に塗料の密着性を高めるシーラー塗りを1～2回行い、刷毛やローラーで塗料を上塗りする。

廃材を出さない方法や下地から変える方法がある

屋根材が劣化して色あせや割れなどが目立ってきたら、屋根のリフォームを検討しましょう。その際に一番手軽な方法は「塗り替え」です。色あせするため塗り替えが必要な屋根材は、化粧スレートやガルバリウム鋼板、セメント瓦などの塗装製品。粘土瓦は塗装製品ではないので色落ちしません。塗り替えは既存の屋根を高圧洗浄してから、下塗りと仕上げ塗りを行います。廃材も出ず、費用的にも一番安くすむ方法です。

屋根材を変えたい場合は、次の二つの方法があります。一つは「重ね葺《ふ》き（カバー工法）」で、劣化した既存の屋根の

方法 2　重ね葺き

〈Data〉

- **どんなとき？**
  →既存の屋根材の劣化が進んでいるが、下地の劣化はない場合
- **廃材は？**→出ない
- **選べる屋根材は？**
  →軽くフラットなもの
- **費用の目安→** 80 万円〜

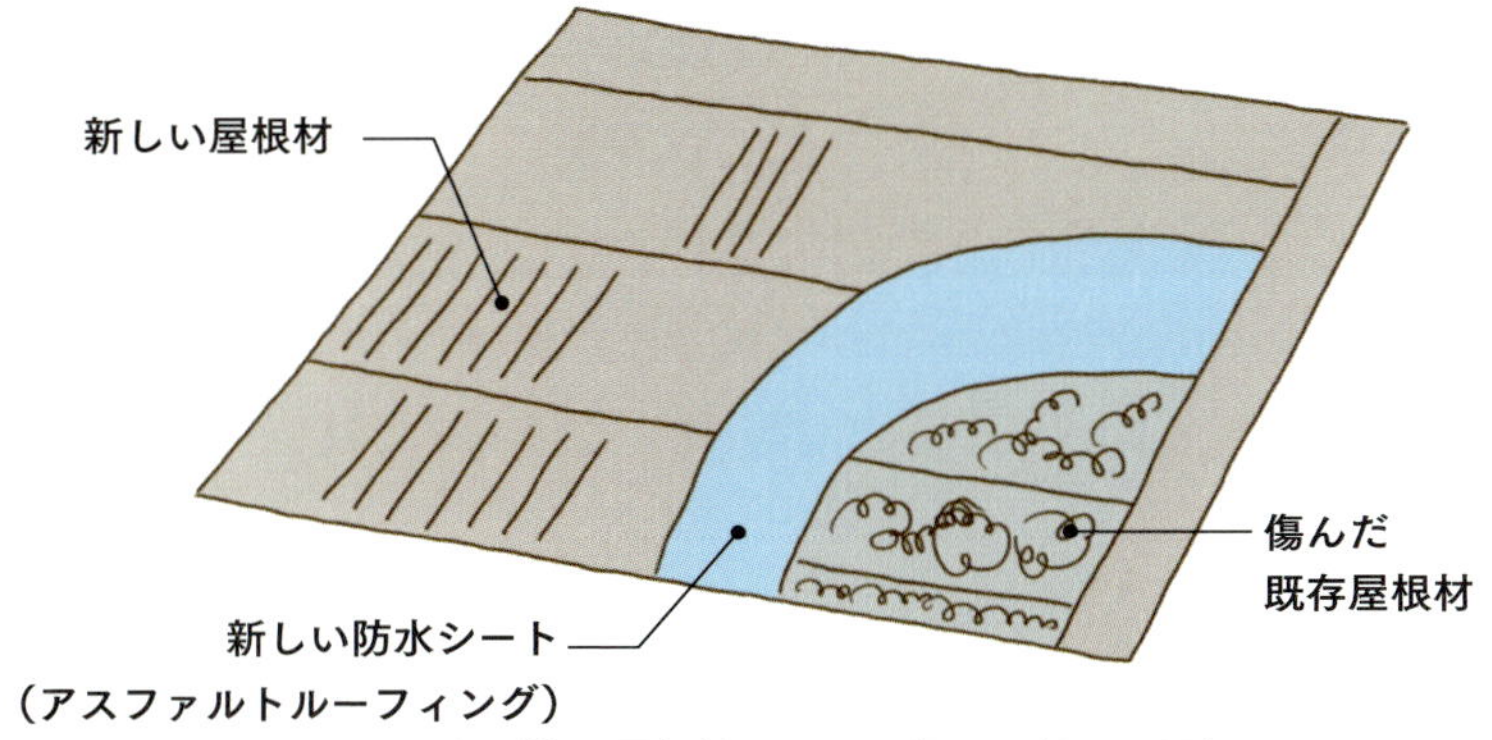

新しい屋根材
傷んだ
既存屋根材
新しい防水シート
（アスファルトルーフィング）

平らな形状の屋根材の上に、軽くて新しい屋根材をかぶせる施工方法。屋根材の間に防水シート（アスファルトルーフィング）を張る。

方法 3　葺き替え

〈Data〉

- **どんなとき？**
  →屋根材と下地の劣化がかなり進んでいる場合。また、屋根を軽くしたい場合
- **廃材は？**→出る
- **選べる屋根材は？**→何でも OK
- **費用の目安→** 100 万円〜

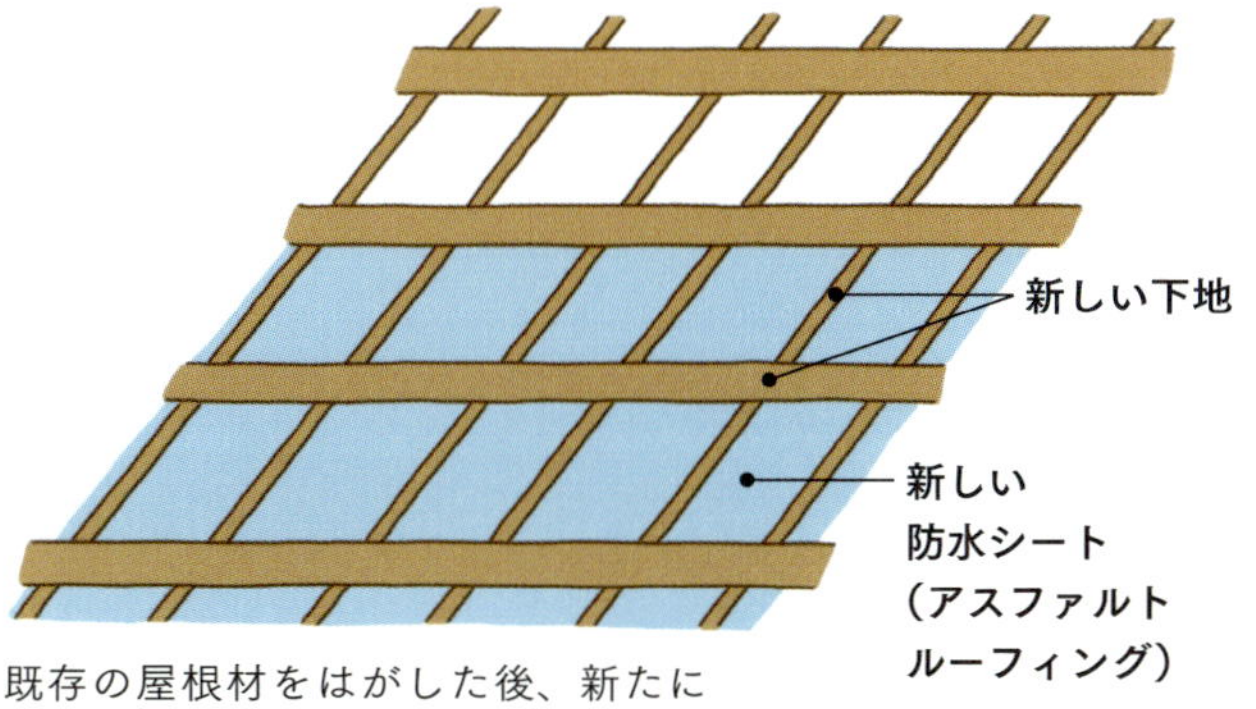

新しい下地
新しい
防水シート
（アスファルト
ルーフィング）

既存の屋根材をはがした後、新たに下地工事からやり直す。好みの新しい屋根材で葺き替えられる。

上に新しい屋根材をかぶせる方法です。こちらも廃材が出ないので、撤去処分費が発生しません。ただし、材料費が塗り替えよりも多くかかります。また、重ねて葺くことで屋根の重量が増えるので、化粧スレートやガルバリウム鋼板などの軽い材料を選ぶべきでしょう。

二つ目が「葺き替え」。この場合は、既存の屋根材を撤去して別の屋根材で葺き替えることになりますが、その際に屋根の下地も取り替えてから葺き替えることが多いようです。費用的には最も高くなりますが、屋根材を自由に選ぶことができます。

塗り替えや重ね葺きは既存の屋根を残す方法なので、屋根を構成している木材や合板がかなり劣化して腐食が見られる場合などには向きません。せっかく表面をきれいにしても中身が劣化していては雨漏りなどの原因になる恐れがあるからです。葺き替えは、相当築年数が経っている場合にふさわしい方法。あるいは、耐震上の理由で、屋根を軽くしたい場合にも向いている方法といえます。

外壁材の選び方

見た目だけでなく材料費と耐久性のバランスが大切。

主な塗料と外壁材の種類と特徴

塗料

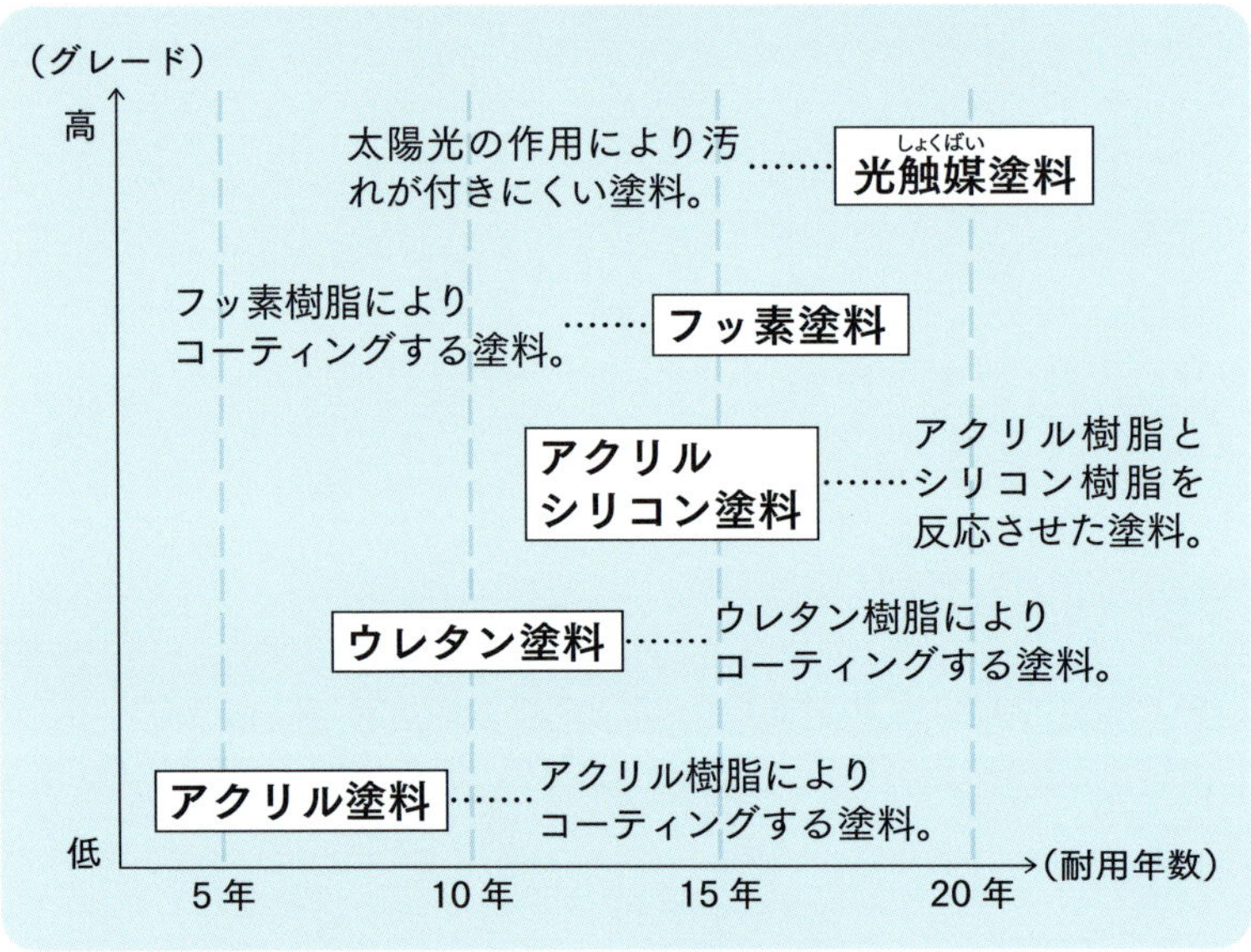
（グレード）
高
低
太陽光の作用により汚れが付きにくい塗料。
光触媒《しょくばい》塗料
フッ素樹脂によりコーティングする塗料。
フッ素塗料
アクリルシリコン塗料
アクリル樹脂とシリコン樹脂を反応させた塗料。
ウレタン塗料
ウレタン樹脂によりコーティングする塗料。
アクリル塗料
アクリル樹脂によりコーティングする塗料。
5年
10年
15年
20年
（耐用年数）

メンテナンス

外壁の塗装時は足場代がかかるため、少しグレードのよいものを選んで長もちさせるとよい。現在は、約10年もつウレタン塗料が標準として使用されるグレード。

特徴

一般的な塗料の種類は、大きく分けてフッ素、シリコン、ウレタン、アクリルの４種類。汚れにくい、防水性が高いなど特徴はさまざまで、塗装箇所によって塗り分ける。

塗料やサイディングにはいろいろな種類がある

外装リフォームには、塗料による塗り替えやサイディング、タイルによる張り替えなどの方法があります。

塗料で注目したいのはグレードです。主な塗料には、グレードの低い順にアクリル、ウレタン、シリコン、フッ素があります。これらの違いは、塗装をしてからの耐用年数で、価格もこれに応じて高くなります。価格は高いですが、セルフクリーニング機能のある「光触媒《しょくばい》塗料」も注目されています。どの塗料がどの程度の耐用年数があるかなどは、商品によっても異なるので、リフォーム会社などに直接聞くのがよいでしょう。また、

タイル

特徴

粘土を主原料に、鉱物を混ぜて高温で焼き上げたもの。さまざまな部位に用いられる。モルタルに張り付けて施工するタイプと専用の下地材に取り付けるタイプがある。

メンテナンス

塗装ではなく釉薬（うわぐすり）で色付けしているため、色落ちや変色の心配はない。目地の割れやはがれの点検を定期的に行う必要がある。

金属系サイディング

写真提供：ケイミュー

特徴

ガルバリウムやアルミなどの鋼板を成形・エンボス加工して意匠を付けたもの。軽いガルバリウム鋼板が多く用いられ、軽量で建物に与える負荷が少ない。窯業系と同様、デザインは多種多様。

メンテナンス

劣化したシーリングの補修・交換やサビ・カビの発生を防止するために再塗装などメンテナンスが必要。

窯業《ようぎょう》系サイディング

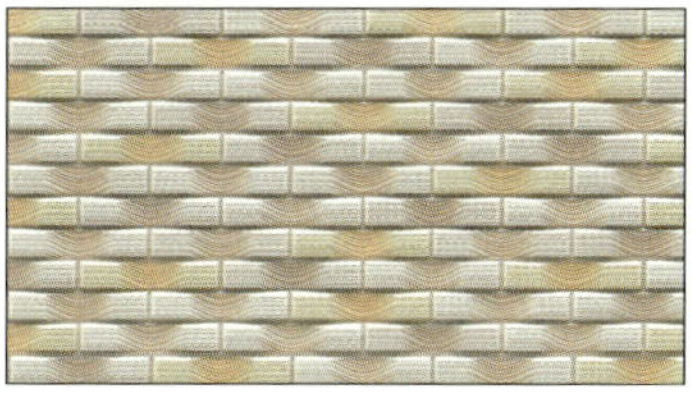

写真提供：ケイミュー

特徴

セメントに無機物や繊維を混ぜて成形したボード状の外壁材。表面のデザインが多種多様。

メンテナンス

シーリングが劣化すると雨水浸入の原因となるので、補修・交換が必要。塗装面に触れて白い粉が付くようになったら塗り替えを。光触媒を採用した製品はセルフクリーニング機能があり、美観を長く保てる。

何社かに見積もりをとったら、費用だけを比較するのではなく、塗料のグレードも確認して比べましょう。

　サイディングは窯業《ようぎょう》系と金属系に大きく分かれます。窯業系はセメントと各種繊維を主原料にして、高温・高圧で成形したものです。表面のデザインや色は多彩で、レンガ調のものなどもあります。耐久性が高く、最近は光触媒により汚れが落ちやすいものも出ており、美観を長く保つことができるようになっています。金属系サイディングの素材は、ガルバリウム鋼板が主流。軽量なのが特徴で、重ね張りをしても建物の重量を抑えられるのがメリットです。

　リフォームにタイルを用いることもあります。タイルは、耐久性が高く、塗り直しもほとんど必要ありません。見た目の重厚感もあり、その点を好む人は多いですが、あまり大きいタイルや重量のあるタイルは剥離の原因になります。サイディングにしてもタイルにしても、新たに外壁材を選ぶ場合は費用対効果を確認しておきましょう。

5

外まわり

外壁のリフォーム

住まいを長もちさせたいなら早めの外壁メンテナンスをしましょう。

既存外壁の劣化状態を調べて補修することが大切

外壁は屋根と同様に、住まいを包み込んで雨風から守ってくれる存在です。雨風にさらされる分、劣化しやすいもの。早めに手を打って防ぐことが、住まいの寿命を長くするコツです。メンテナンス方法は3種類あり、劣化状況により適切な方法を選びます。

モルタル塗りの外壁は、下地にモルタルを塗って、さらに仕上げ塗り材を吹き付けて仕上げたもの。経年変化でひび割れを起こすのが特徴です。そこでリフォーム前には、きちんとひび割れの補修を行うことが大切になります。そのうえで「塗り替え」をするのが一番手軽な

外壁をきれいにする３つの方法

方法１　塗り替え

〈Data〉

- **どんなとき？**
  →外壁下地の劣化による雨漏りなどの問題がない場合
- **廃材は？**→出ない
- **選べる外装材は？**→既存のまま
- **費用の目安**→ 60 万円〜

※費用は延べ床面積 120㎡程度の一般的な規模の住宅の目安。

塗る前に点検を行い、亀裂やシーリングの補修を行う。下地のシーラー塗りをしてから塗料を上塗りする。

方法２ 重ね張り

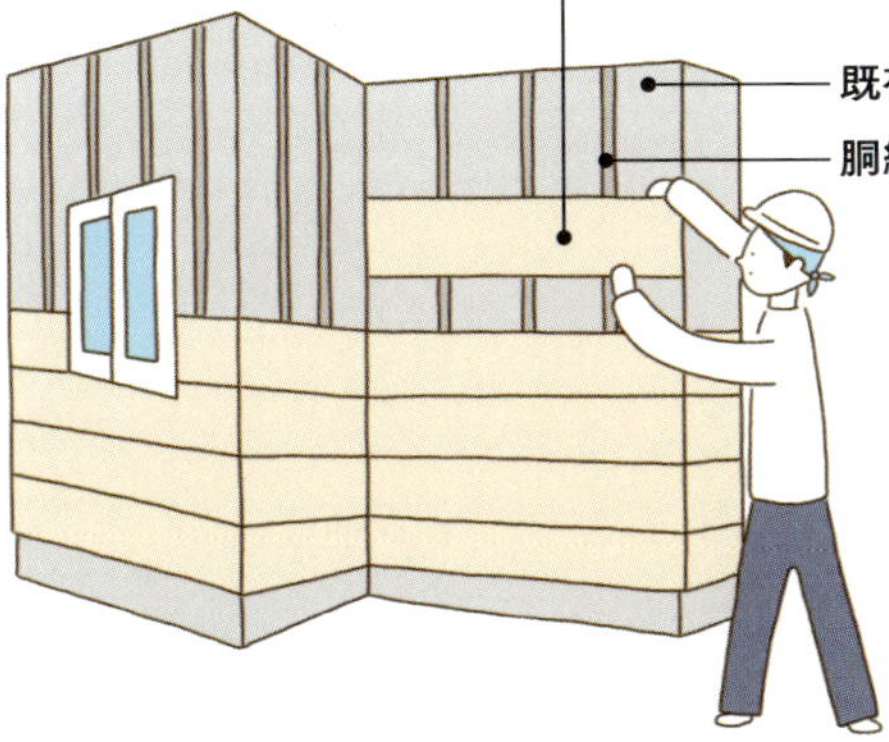

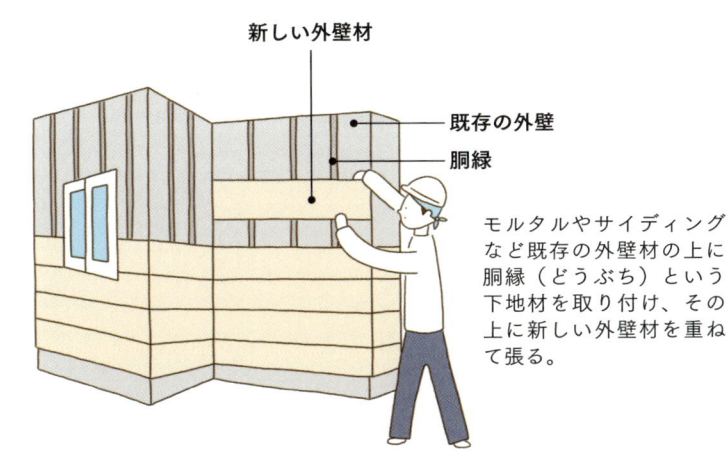

モルタルやサイディングなど既存の外壁材の上に胴縁（どうぶち）という下地材を取り付け、その上に新しい外壁材を重ねて張る。

〈Data〉

- **どんなとき？**
  →塗り替えと同様に、下地に雨漏りなどの問題がない場合
- **廃材は？**→出ない
- **選べる外装材は？**
  →軽量なサイディング
- **費用の目安**→ 150 万円～

方法３ 張り替え

〈Data〉

- **どんなとき？**
  →外壁下地が劣化して雨漏りなどの問題がある場合
- **廃材は？**→出る
- **選べる外壁材は？**→何でも OK
- **費用の目安**→ 200 万円～

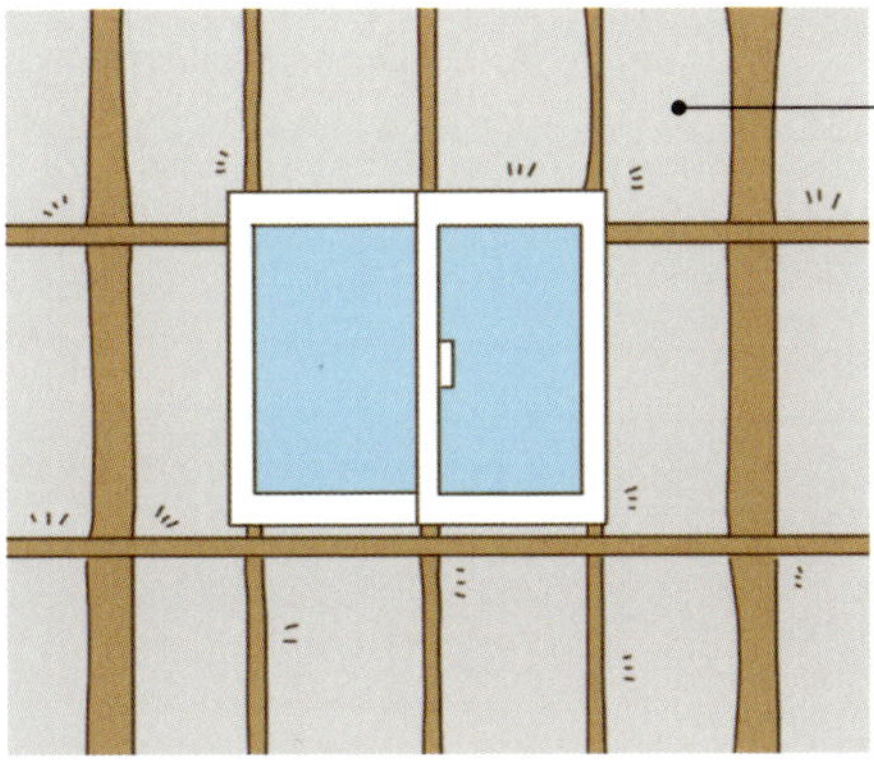

既存の外壁材をはがして、下地からやり直す方法。断熱材や防水シートの施工、劣化した木材の取り替えなどを行い、新しい外壁材を施工する。

方法です。

次に手軽なのが「重ね張り」の手法です。まず、劣化したモルタルやサイディングのつなぎ目を埋めているシーリングを直します。その後、既存の外壁材の上から新しいサイディングを重ねて張ります。この場合は、たくさんの選択肢から好みの外壁材を選ぶことができ、外装のイメージを変えることができます。選ぶ外壁材にもよりますが、塗り替えのときよりも材料費がかかるので費用は高くなります。

モルタルや既存サイディングの劣化がひどいときには、解体して下地からやり直すこともできます。この場合は廃材処分や下地工事が必要になるので、費用は最も高くなります。ただし、下地から新しくなるので、住まいの耐久性にとってもよい影響を与えます。例えば、筋交いの金物をチェックしたり、場合によっては筋交いを追加したりできるからです（→P70）。耐震性の向上にもつながります。

6

外まわり

防水性の確保
雨風から守ってくれているのは「防水シート」です。

防水リフォームのポイント

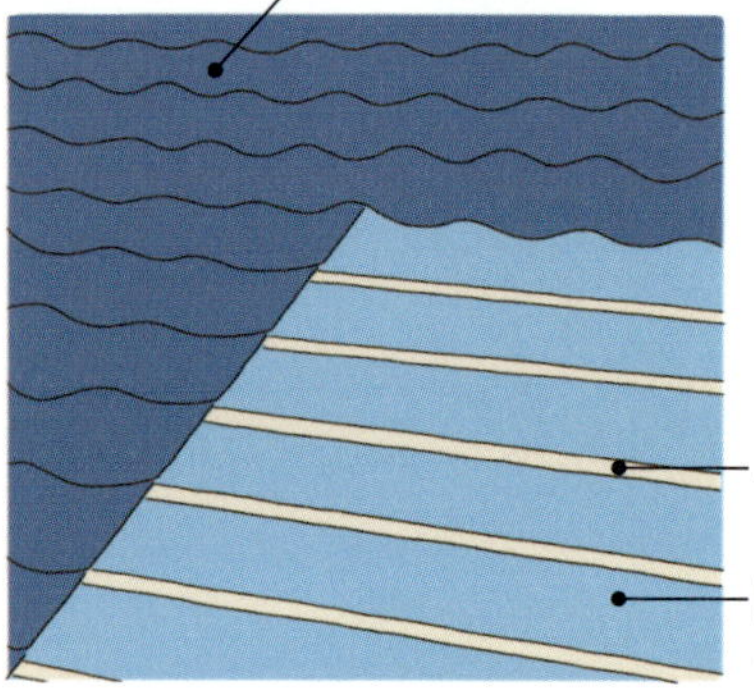

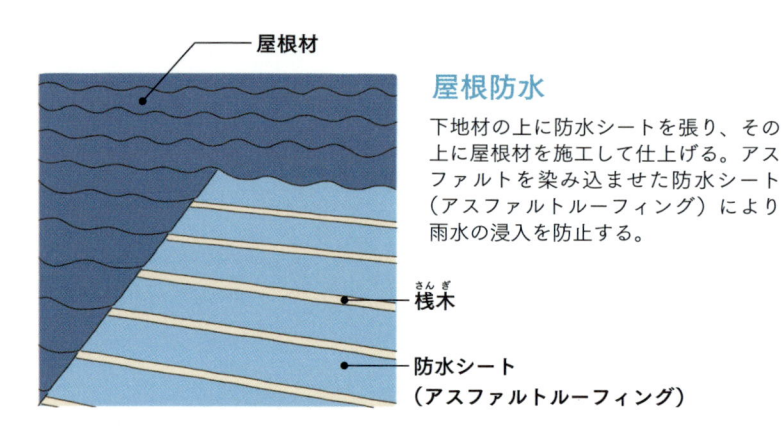

屋根防水

下地材の上に防水シートを張り、その上に屋根材を施工して仕上げる。アスファルトを染み込ませた防水シート（アスファルトルーフィング）により雨水の浸入を防止する。

外壁防水

下地材の上に防水シートを張り、その上に外壁材を施工して仕上げる。外壁の防水シートは、雨水の浸入を防止しながら湿気のみを通す性質をもっている。

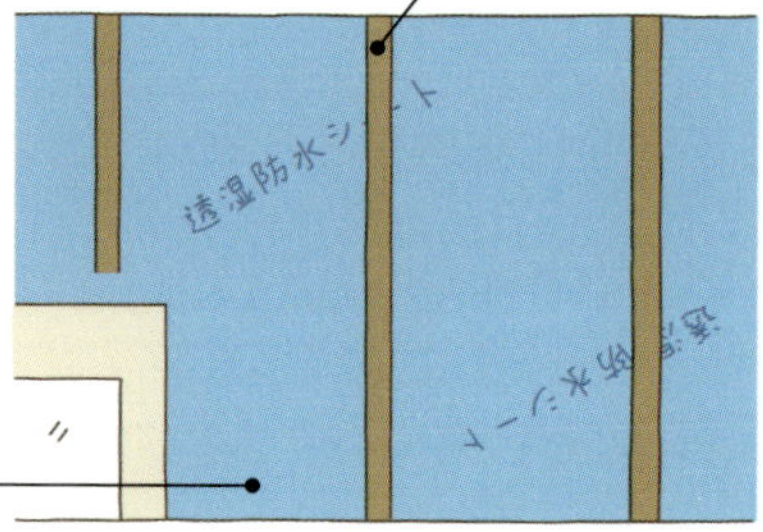

防水シートが傷むと構造体も腐食してしまう

マンションなら10～15年に一度、大規模修繕を行い、その際に屋上防水工事や外壁の補修をします。しかし一戸建ての場合は、自分で対応しないと知らない間に家の防水性が損なわれて、構造体である木材や鉄骨を腐らせたりサビさせたりしてしまいます。定期的に家を点検し、必要な対策を行うことが大事です。

雨から家を守っているのは、屋根や外壁です。下地材の上に瓦などの屋根材やモルタルやサイディングといった外壁材が施工されていますが、それだけでは表面に亀裂が入ったら、すぐに構造体にまで水が染み込んでしまいます。そこで、

モルタルのひび割れ補修

雨水が浸入しないようしっかり補修することで、中の木材や鉄骨を守ることができる。

モルタル壁に入った亀裂にシーリング材を打って埋める。

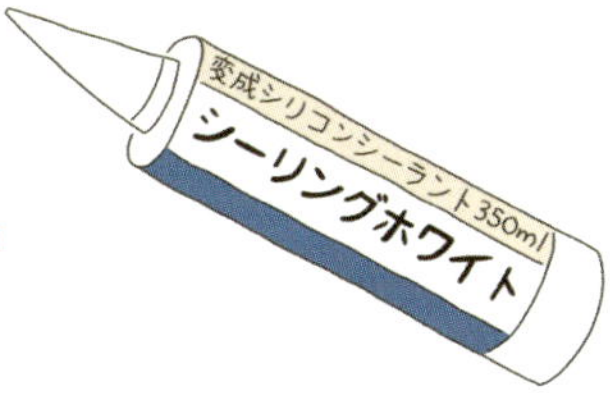

目地や隙間を埋めて密封し、防水の効果をもたせる「シーリング材」。

サイディングのシーリング補修

シーリングが劣化すると雨水が浸入する。点検のうえ、補修・交換を行う。

新たにシーリング材を打って埋める。

劣化したシーリング材をはがす。

Check!

サッシまわりの劣化を確認！

サッシの下の角などは、外壁が劣化しやすく、雨漏りの原因となりがちな場所。換気扇まわりやバルコニーのフェンスと外壁の接合部なども同様に注意が必要です。しっかり点検してもらい、補修を行いましょう。

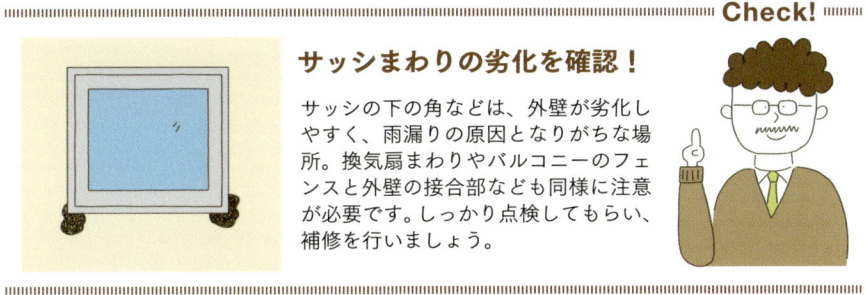

屋根材や外壁材の間に必ず防水シートを隙間なく張る必要があります。そのシートによって、構造体が雨から守られているのです。

　屋根材の割れやズレ、外壁モルタルの亀裂、サイディングのシーリングの劣化などは、中の防水シートを傷めてボロボロにして役に立たなくしてしまいます。とくにサッシまわりは亀裂が入りやすいところなので、こまめなチェックが必要です。防水シートは部分的な補修も可能ですが、住宅が古い場合は屋根材や外壁材をはがして、きちんと防水工事からやり直したほうが安心でしょう。

　雨水が内部に染み込むことによって、柱などの構造材が腐食している可能性もあります。その場合は腐食した材を交換します。バルコニーなら、「ＦＲＰ」という樹脂系の材料で防水を行います。

　快適な生活のために欠かせないのが防水です。信頼できるリフォーム会社や建築家に建物の状態をよく点検してもらって、最適な方法を提案してもらうようにしましょう。

7

外まわり

防犯リフォーム
空き巣の侵入対策は窓から考え始めましょう。

空き巣は窓を破って侵入するケースが多い

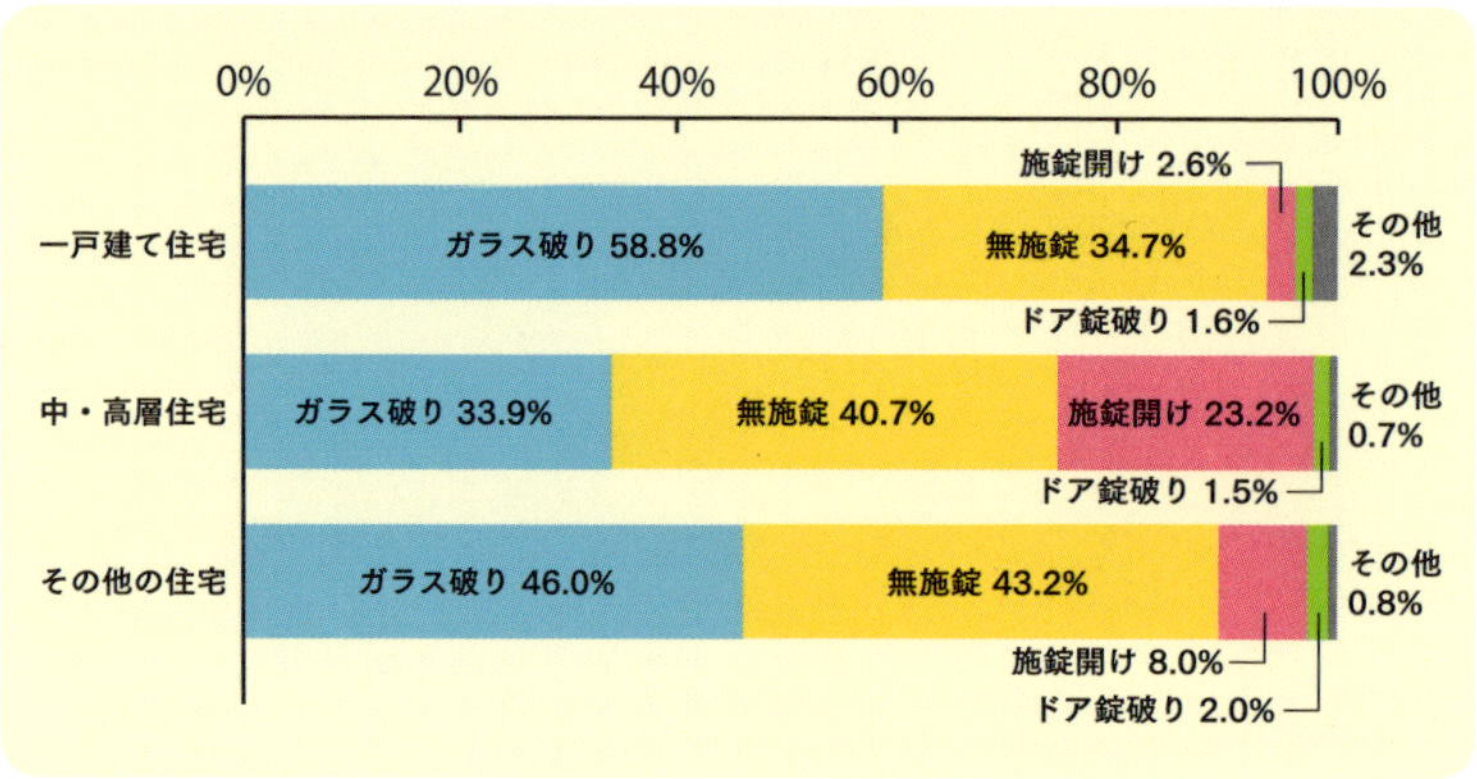
0%
20%
40%
60%
80%
100%
一戸建て住宅
ガラス破り 58.8%
無施錠 34.7%
施錠開け 2.6%
ドア錠破り 1.6%
その他 2.3%
中・高層住宅
ガラス破り 33.9%
無施錠 40.7%
施錠開け 23.2%
ドア錠破り 1.5%
その他 0.7%
その他の住宅
ガラス破り 46.0%
無施錠 43.2%
施錠開け 8.0%
ドア錠破り 2.0%
その他 0.8%

※ 2012 年の東京都内における空き巣の侵入手段（警察庁調べ）

Check!

CP

防犯性能の高い窓はどう探す？

警察庁や国土交通省、経済産業省、建物部品の民間団体などによる官民合同会議によって、CP マークが制定されました。これは、一定の防犯性能試験に合格した製品に貼られるため、防犯性能の高い窓やドアなどを探す際の参考にしましょう。

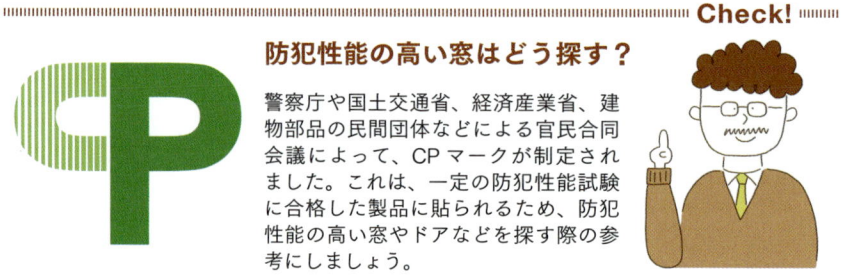

2～5分かかれば空き巣の7割があきらめる

一戸建ての場合、空き巣の侵入手段は「ガラス破り」が半数以上を占めています。マンションでもガラス破りは「無施錠」に次いで2番目にランクイン。つまり、防犯上一番対策を行いたいのは窓ということになります。では、窓の防犯はどのようにすればよいのでしょうか。

窓の防犯に役立つのは、ガラスを「防犯合わせガラス」に替えることです。このガラスは、2枚のガラスの間に破れにくい特殊フィルムが入っているので、バールなどで叩いても貫通までに時間がかかります。空き巣は侵入に2～5分かかると約7割があきらめるといわれています。その

防犯性の高い窓を選ぶ

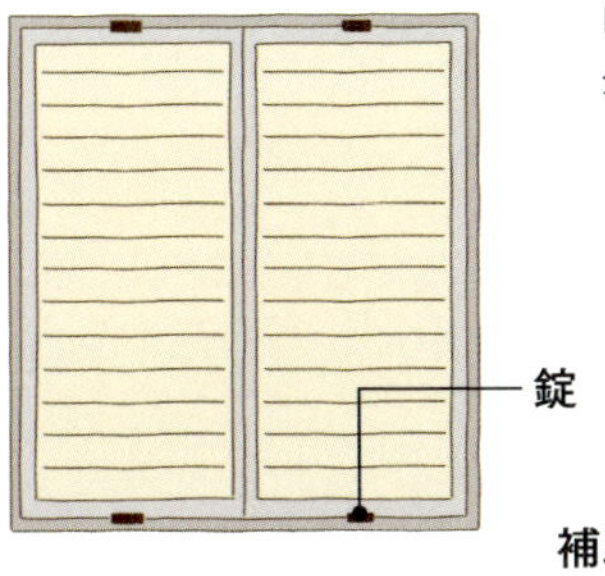

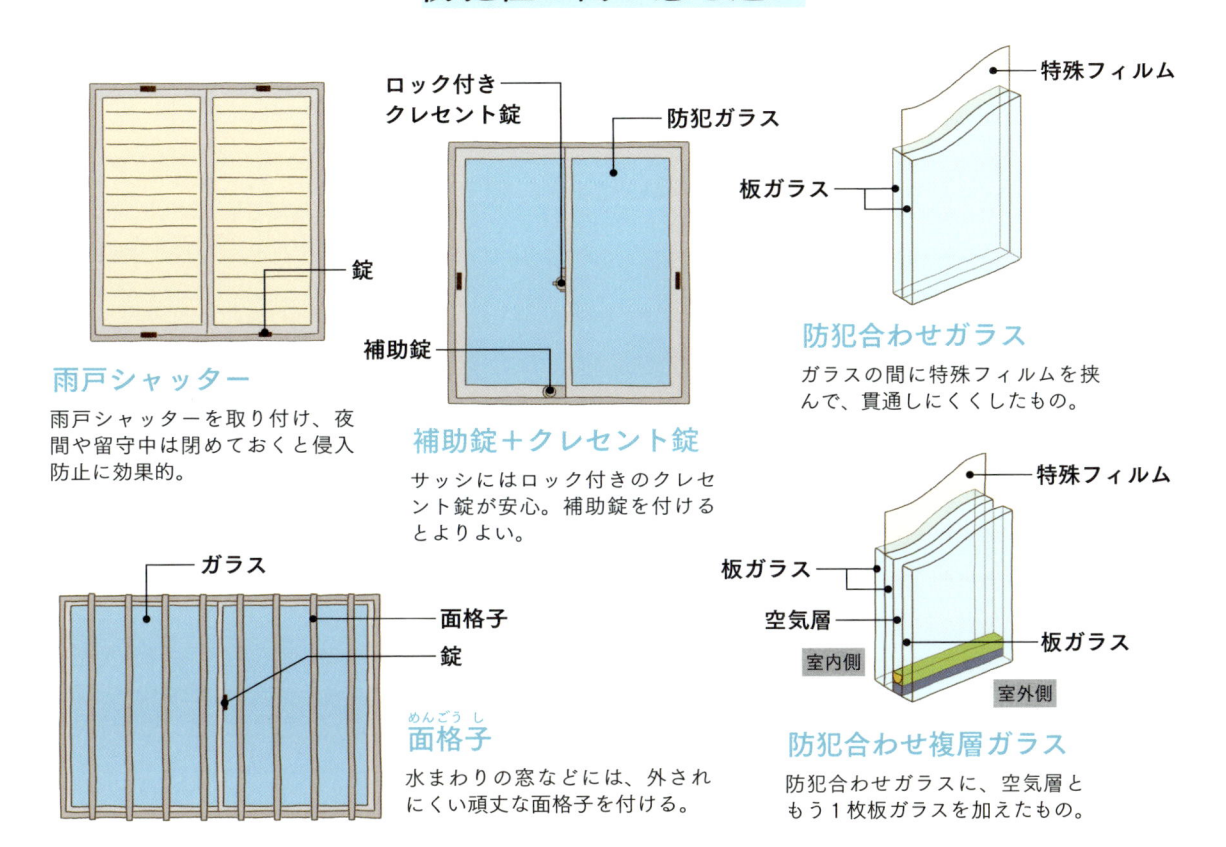

雨戸シャッター

雨戸シャッターを取り付け、夜間や留守中は閉めておくと侵入防止に効果的。

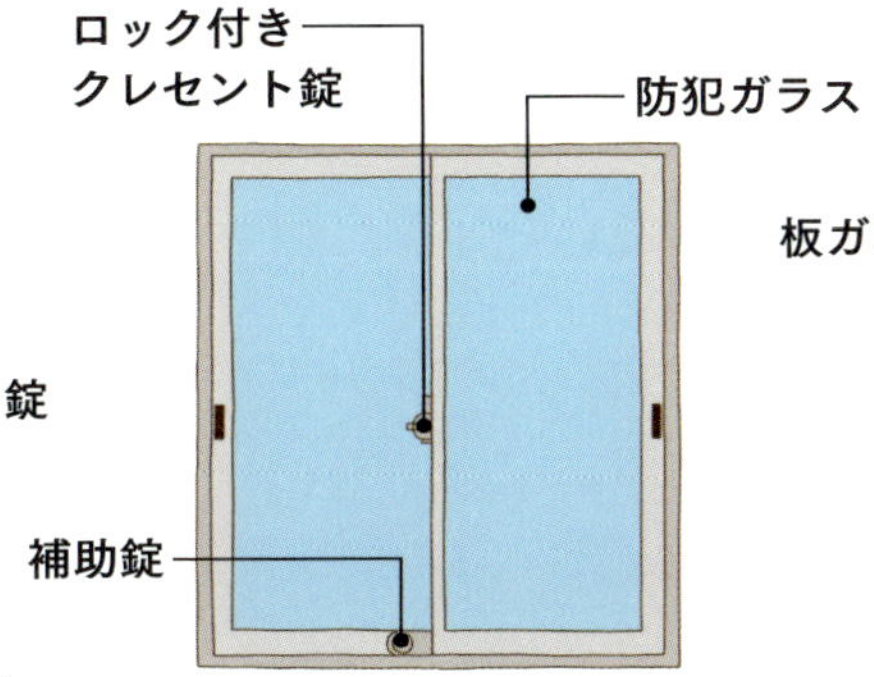

補助錠＋クレセント錠

サッシにはロック付きのクレセント錠が安心。補助錠を付けるとよりよい。

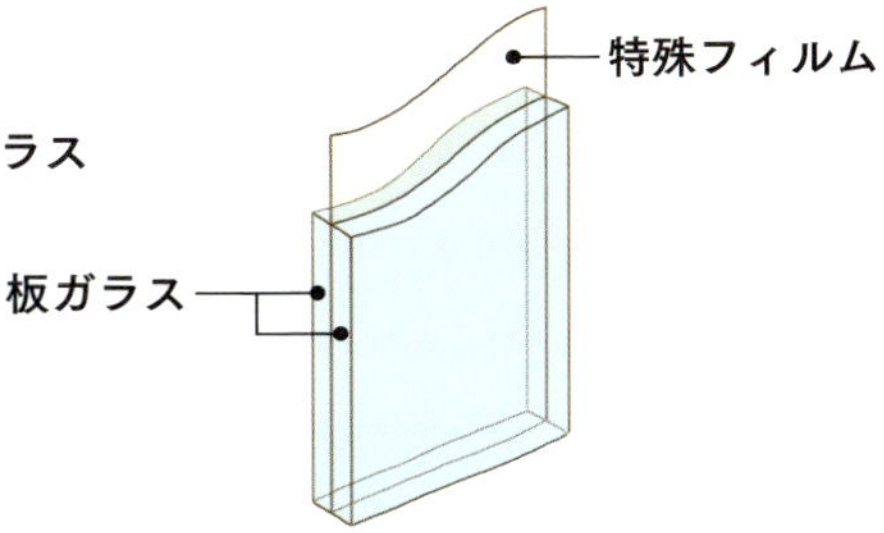

防犯合わせガラス

ガラスの間に特殊フィルムを挟んで、貫通しにくくしたもの。

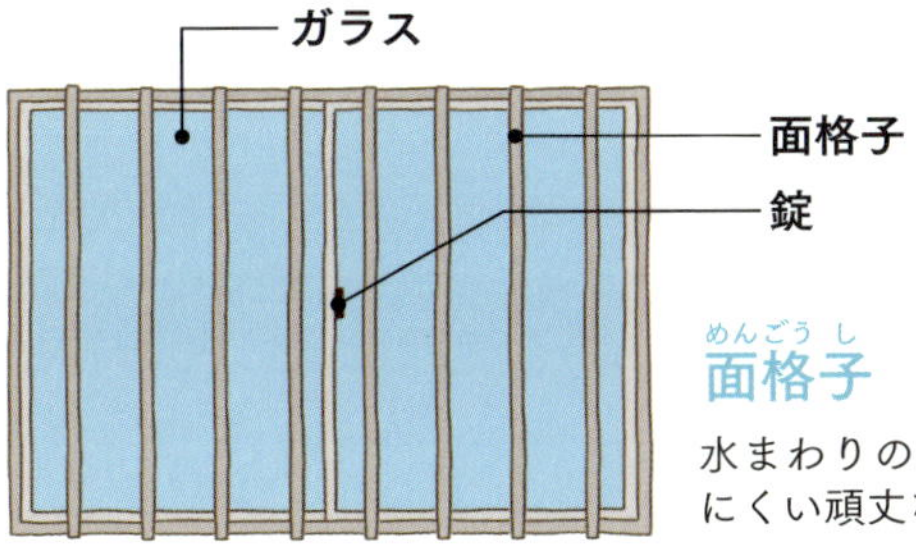

面格子《めんごうし》

水まわりの窓などには、外されにくい頑丈な面格子を付ける。

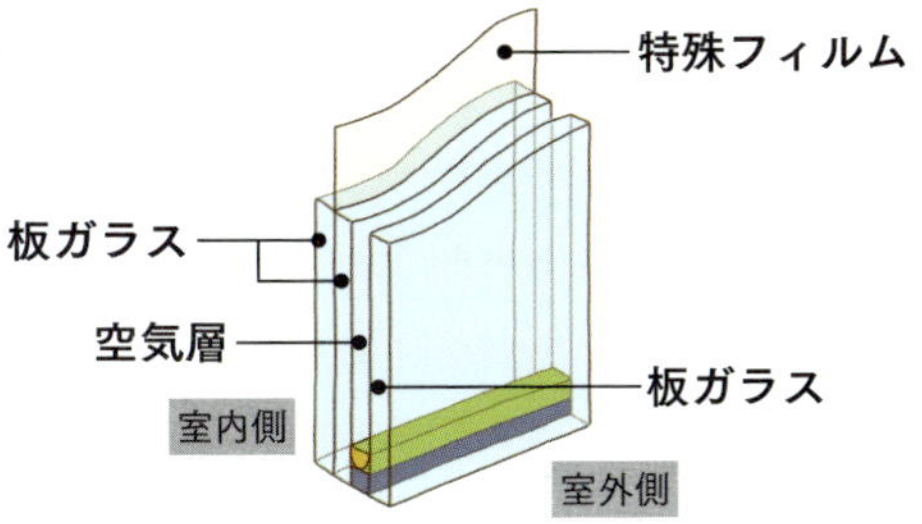

防犯合わせ複層ガラス

防犯合わせガラスに、空気層ともう1枚板ガラスを加えたもの。

条件を満たしているのが、この防犯合わせガラスなのです。また、既存のサッシの内側に「内窓」を設けて、窓を二重にするという方法もあります。これはマンションでも手軽にでき、断熱性も高くなります(→P77)。

また、サッシにロック付きクレセント錠や補助錠を付けるのも有効。こじ開けにくい構造の雨戸シャッターや面格子《めんごうし》を設けると、さらに防犯効果が高まります。

通常、玄関や勝手口のドアは2ロック以上にするのが基本です。最近の玄関ドアや勝手口ドアはそれ自体も防犯性の高いものが増えているのでチェックして、交換も検討してみましょう。これら防犯性能の高いガラスやドアなど建物部品には、CPマークが貼られているので、選ぶ際の基準にしてみてください。

設備類では、既存のインターホンを室内からカメラで訪問者確認のできる「テレビドアホン」に交換してもよいでしょう。留守中の訪問者を後で確認できる録画機能付きもあります。センサーライトを庭に付けておくのも威嚇《いかく》効果があります。

8

外まわり

エクステリアリフォーム

家の中で快適にすごすために「家の外」で行うことがあります。

外構の機能を3つに分けて考える

❶サービスゾーン

家の側面や北側に設けて、勝手口からのゴミ搬出や食材搬入の動線とする。そのほか、空調の室外機や給湯器などの設置場所として利用。

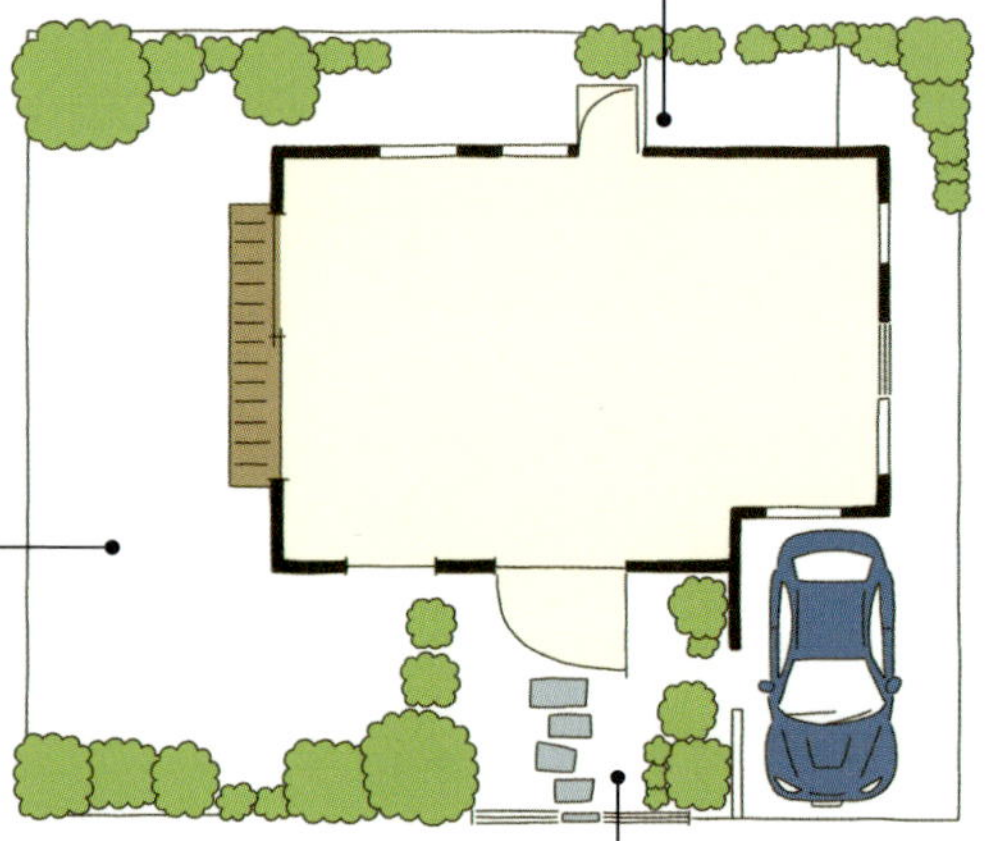

❸ガーデンゾーン

デッキやサンルームなどに使う庭と、植栽計画を考えた眺める庭に分けて考える。水栓も忘れず引き込んでおく。

❷エントランスゾーン

門扉、玄関アプローチのデザインと駐車スペースの位置とデザインがポイント。カーポートの屋根は建物とのバランスを考慮して。

エクステリアプランは遮熱や風通しにも影響する

エクステリアは上記のように3つのゾーンに分けられ、ゾーンごとに目的も異なってきます。

門扉《もんぴ》やフェンス、玄関アプローチ、カーポートのゾーンは建物の顔。使用する素材や製品を建物の外装に合わせてコーディネートすることが大切です。例えばアルミの門扉とアイアンやレンガを使った門扉では大きくイメージが異なります。また、玄関アプローチをタイル張りにするのか石を置くのかなどによっても違ってきます。自分のイメージをきちんと伝え、それを平面図やスケッチで見せてもらい、イメージどおりかどうかを

樹木の活用で過ごしやすく

生垣で安らぎを

生垣は道からの目隠しになるだけでなく、風通しや日差しの調節に貢献し、緑の効果で道を行く人に安らぎも与える。

夏の日差しをカット

庭木には景観をよくするほか、日射を遮る役割も。落葉樹を植えることで、夏と冬の日射量を調節できる。

風の流れを確保

植栽を利用して、風が家の中に流れ込むような工夫をする。

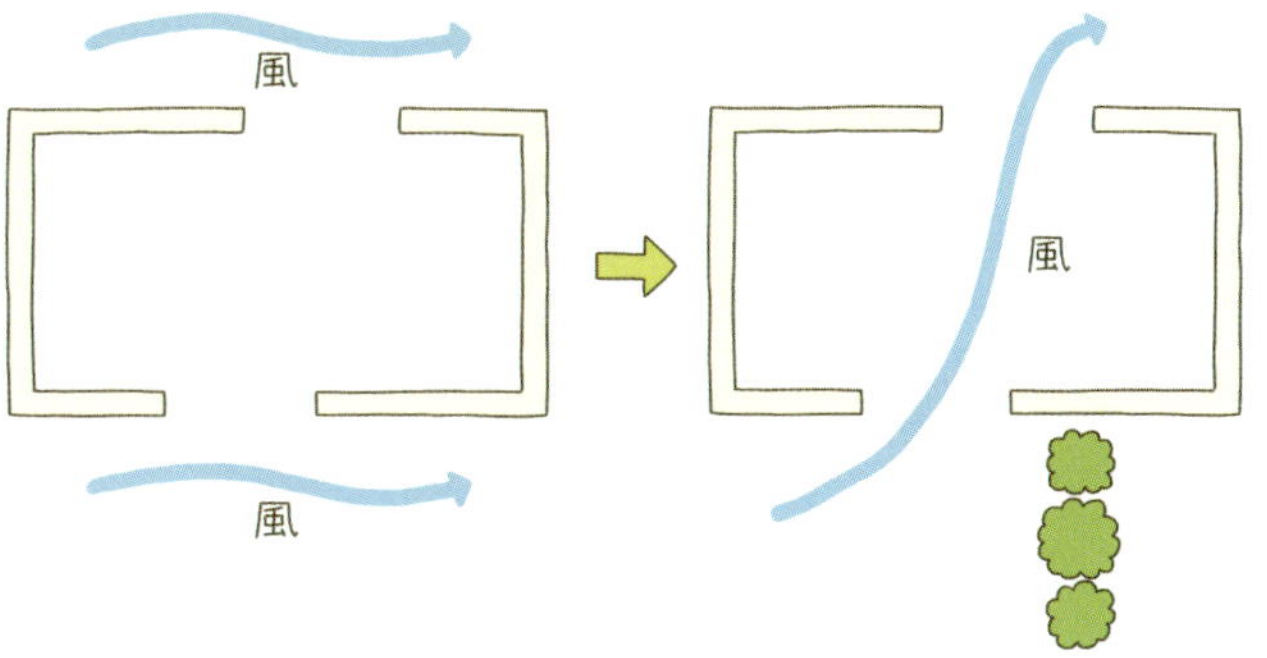

確認しながら進めるのがよいでしょう。

また、エクステリアは夏場の遮熱や室内への風通しにも影響します。例えば夏場の日差しに悩んでいる場合は、木を植えることで改善されます。ヤマボウシやヒメシャラなどの落葉樹なら、夏は葉が生い茂り、冬は葉が落ちるので日射量を自然に調節してくれます。西側はグリーンカーテンをつくって温度調節するのもよいでしょう。ブロック塀などによって風通しが妨げられている場合は、通風性のあるフェンスにしたり、昔ながらの生《いけ》垣《がき》を設けたりすることで、室内への風通しをよくしましょう。生垣の緑は見た目も爽やかでリラックス効果があり、街の景観に貢献できるよさもあります。

さらに、庭には給排水管やガス管、雨水枡《ます》などが埋め込まれています。エクステリアリフォームの際には、そうした設備の点検も行ってもらい、必要があれば補修・交換を行いましょう。水道管やガス管は口径が小さいと希望の使用量に合わず、口径の大きいものに引き直さなければならない場合もあります。

9

外まわり

ウッドデッキ・濡れ縁の設置

建物と庭を結ぶ存在で暮らしを外に広げましょう。

ウッドデッキはリビングと高さを揃えて

リビングの床とウッドデッキの高さが揃っていると、まるでリビングが外にまで広がっているかのような開放感がある。

バーベキューなどのスペースとして。

洗濯物や布団を干すスペースとして。

テーブルや椅子を置いてアウトドアリビングとして。

子どものプール遊びの場として。

天然木を使う場合はメンテナンスはこまめに

建物と庭との中間地帯に設置するのがウッドデッキです。室内の床面と高さを揃えると、まるで部屋が外に広がっているような開放感が得られます。小さな子どもたちの遊び場に、また大人もプランターを置いてガーデニングを楽しんだり、日差しを浴びて食事をしたりなど暮らしを外に向かって広げてくれます。

天然木でウッドデッキをつくると、手入れが大変になることは覚悟しておきましょう。1年に一度ぐらいは木材保護塗料を塗らないと木を雨や日差しから保護することができません。それでも常に風雨にさらされるウッドデッキの寿命は短

濡れ縁から見る庭づくり

濡れ縁とは、その名のとおり雨ざらしの縁側で、スペースがあまりなくても設けることができる。主に和室につくられることが多く、外（庭）とつなぐ役割がある。

濡れ縁＋庭のポイント

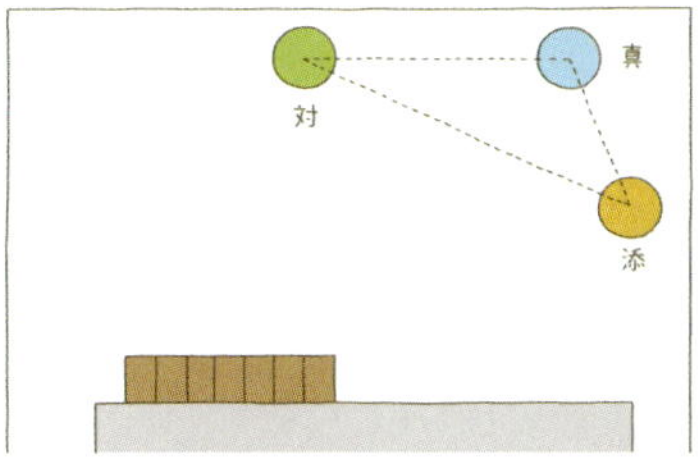

濡れ縁から斜め方向に重点となる「真」、その横に「添」を、真の対置として「対」を置く。このように植栽などの配置を不等辺三角形になるように考えると、庭に奥行きと深みが出る。

濡れ縁から植栽ゾーンに続くように敷石を配置するのもよく行われる方法。さらに石灯籠《いしどうろう》などで周囲にアクセントを加えれば、より豊かな庭となる。

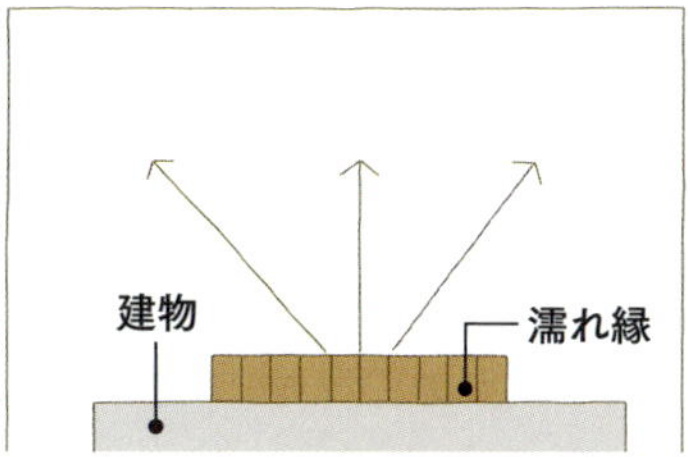

濡れ縁越しに、あるいは濡れ縁に腰かけたときに見える庭の風景を考える。どの方角へ向けた視点を重視するかを考えて庭づくりをするのがポイント。

く、5～10年ぐらいと思っておくのがよいでしょう。使用する木材の種類にもよりますので、詳しくはリフォーム会社などに相談しましょう。

見た目を天然木に似せた、樹脂系の素材によるデッキもあります。こちらは寿命が長く、メンテナンスの手間もかかりません。触れた感じは天然木とは異なりますが、とくに天然木へのこだわりがない場合には、こうした製品を選ぶのもよいかもしれません。

ウッドデッキを置くスペースがない、そこまで大きなものはいらないということであれば、部屋と外の空間を結ぶ「広縁」や「濡れ縁」を設けてはいかがでしょうか。広縁は庭に面した室内にあるスペースで、縁側といったほうがわかりやすいかもしれません。濡れ縁は雨戸の外に張り出した縁側です。ちょっと腰かけて庭を眺めるのも落ち着きますし、家族や近隣住人とコミュニケーションをとることもできます。広縁や濡れ縁を設ける場合は、そこからの眺めを重視して、庭を和風にしてみてはいかがでしょうか。

10

外まわり

庇・サンルームの設置
あまり使われなくなった「庇」。本当に必要ありませんか？

庇には2つの大きな役目がある

昔ながらの日本の家には、窓や玄関など開口部の上に必ずといってよいほど「軒《のき》の出」や「庇」がありました。ところが現代の家では、軒の出のないシンプルモダンな家が増えており、庇を使われることも少なくなっています。とくに窓の上の庇はほとんど見かけなくなりました。では、軒の出や庇はなくてもよいものなのでしょうか。

実は軒の出や庇には、2つの大きな役割がありました。一つは夏の厳しい日差しをカットして、家の中に入れないこと。もう一つは雨の遮断です。防水性の確保のところでも述べましたが、雨漏り

後付けできる庇もある

後付け可能な庇

既存サッシの上に外壁の上からも庇が付けられる。夏の日差しを遮り室内を快適にするうえ、雨も遮ってくれるので、サッシまわりの外壁が長もちする。

デザイン性の高い庇

玄関など人目につく場所には、写真のような光を通すシンプルなデザインのガラスの庇など、デザイン性の高い庇を利用するのもおすすめ。

写真提供：LIXIL（トステム）

カラフルなオーニングで楽しく

住宅用オーニング

店でよく見かけるキャンバス地の張り出しがオーニングで、住宅用もある。張り出し具合で日差しを調節でき、カラフルに窓辺を美しく演出する。

写真提供：三協アルミ

サンルーム＋オーニング

ウッドデッキを活用したサンルーム（テラス囲い）にもオーニングを設置すると、日陰が楽しめる。

写真提供：YKK AP

の原因として多いのは、窓の周辺の亀裂から雨漏りするケースです。軒の出や庇を設けることで、窓まわりの雨を遮断し、雨漏りを防止できるのです。

庇は新築時にはなくても、後付けで取り付けることができます。最近はアルミ製で、洋風の外観にも違和感なくなじむシンプルなデザインのものも多く出ています。外壁のリフォーム時などに検討してみてはいかがでしょうか。

庇と同じような役割をするものにキャンバス地のオーニングがあります。カラフルで、リビングや洋室の窓辺にふさわしいアイテムといえるでしょう。

オーニングはサンルーム（テラス囲い）との相性も抜群です。サンルームは、冬には日差しを浴びられる暖かい部屋として、夏はオーニングの広がった涼しい日陰の部屋として、1年中屋外のリビングルームとして楽しむことができますし、室内への日差しの調節もできます。サンルームは造作で設置するほか、エクステリアメーカーの既製品もあります。

外まわりの主なチェックリスト

	項目	チェック
1	隣家との境界杭が打たれているか確認しましたか?	□
2	足場などのために隣地を借りて工事しなければならないか確認しましたか?	□
3	エアコンの室外機、給湯器などのスペースは今までと同じですか? 違う場合、隣家との状況を確認しましたか?	□
4	駐車スペースの横や後ろに、新規の室外機や給湯器などがこないか確認しましたか?	□
5	ゲリラ豪雨になった場合の雨水対策は検討しましたか?	□
6	建物が樹木や植栽の成長を阻害しませんか? また、植物による建物への影響も確認しましたか?	□
7	プライバシーや防犯対策は配慮しましたか?	□
8	建物への電線引き込み位置は今までと同じですか?　それとも変わりますか?	□
9	水道、電気、ガスのメーターの位置は今までと同じですか? それとも変更しますか?	□
10	給水引き込み管の口径は確認しましたか?	□
11	電気メーターの容量は確認しましたか?	□
12	外部に散水栓または立水栓は必要ですか?　また、どこに設けるか考えましたか?	□
13	外部コンセントが必要なら、利用目的に応じてどこに設けるか考えましたか?	□
14	外部の照明計画は確認しましたか?	□
15	外まわりの収納計画は確認しましたか?	□

建物まわりの主なチェックリスト

	項目	チェック
1	既存建物の構造は何か確認しましたか？ (木造軸組工法、2×4工法、鉄骨造、鉄筋コンクリート造など→P184〜)	□
2	リフォームに際して適用される建築基準法は確認しましたか？	□
3	耐震壁が問題ないか確認しましたか？	□
4	床面積が10㎡以上の増築に必要な確認申請はしましたか？	□
5	防火地域の場合、物置を置く際に必要な確認申請はしましたか？	□
6	確認申請に必要な、既存建物の検査済証はありますか？	□

Chapter 4

内まわりのリフォーム

壁や床を新しく変えるだけでなく、
窓の位置や結露対策などを考えて光、風、熱をコントロールし、
快適な住環境を得ましょう。

1 内まわりのリフォームはどんなことができるのでしょうか。

内まわりはここをチェック！

内まわり、つまり家の中でよくリフォームが行われている部分と
そのリフォーム内容をチェックしましょう。
各ページでは、具体的な方法などを紹介しています。

室内建《たて》具《ぐ》（扉）の選び方

開閉方式を最初に決めてから、デザインや素材を選ぶ。

・室内建具の選び方→ P86

照明

多種類の照明を使って、部屋に合わせた演出をする。

・照明の工夫→ P90

窓の断熱

現在の断熱性をチェックし、窓辺を断熱するサッシとガラスを上手に選ぶ。

・断熱リフォーム→ P74
・開口部の断熱→ P76

床材・壁材

さまざまな素材の特徴を知り、コストも考慮して選ぶ。

・内装のリフォーム→ P94
・床材の選び方→ P96
・壁材の選び方→ P98

スイッチ・コンセント

いつ、どのように位置や数を決めるかを知っておく。

・スイッチ・コンセントの設置
→ P92

採光・通風

窓の設け方を工夫して、自然光と風の流れを確保する。

・窓の位置や大きさ→ P78

換気

換気システムや調湿建材でカビなどの発生を抑える。

・結露の対策→ P80

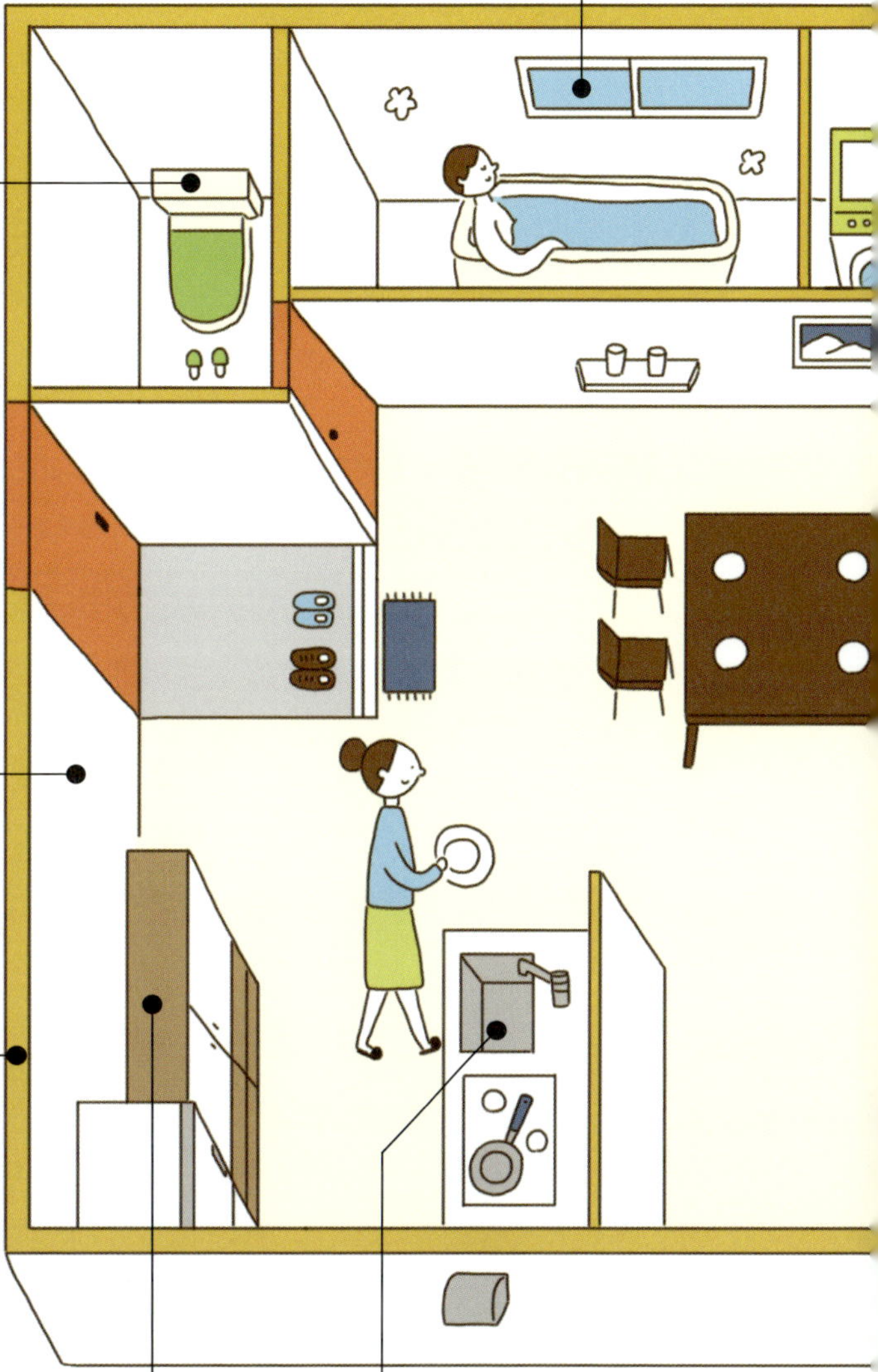

設備選びのタイミング

まず間取りに影響するサイズやスタイルを決めてから、具体的に決めていく。

・設備機器の選び方→ P84

壁の補強

地震に強い住まいにするには、耐力壁を補うのが重要。

・耐震補強リフォーム→ P70
・耐震補強の流れ→ P72

断熱

冬は暖かく、夏は涼しい住まいにするために必要なことを知る。

・断熱リフォーム→ P74
・開口部の断熱→ P76

収納の設け方

各部屋の収納と、集中収納を効率よく設ける。

・収納スペースの設置→ P88

水まわりの移動

一戸建てとマンションでは移動可能範囲に違いがあるので注意。

・水まわりの移動→ P82

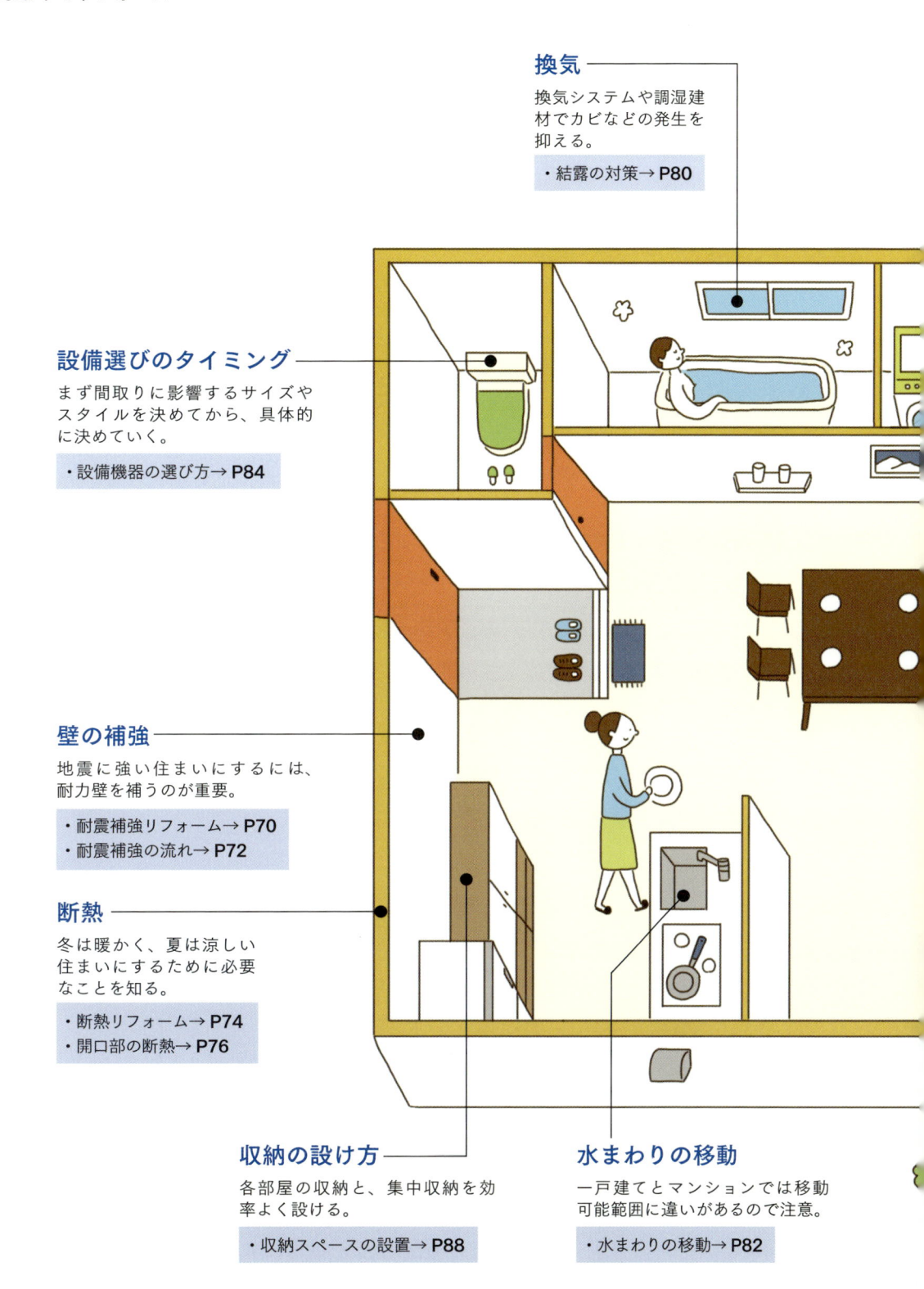

2

内まわり

耐震補強リフォーム

窓が多く広々とした家。でも、耐震性はだいじょうぶ？

耐力壁を追加して揺れに耐える

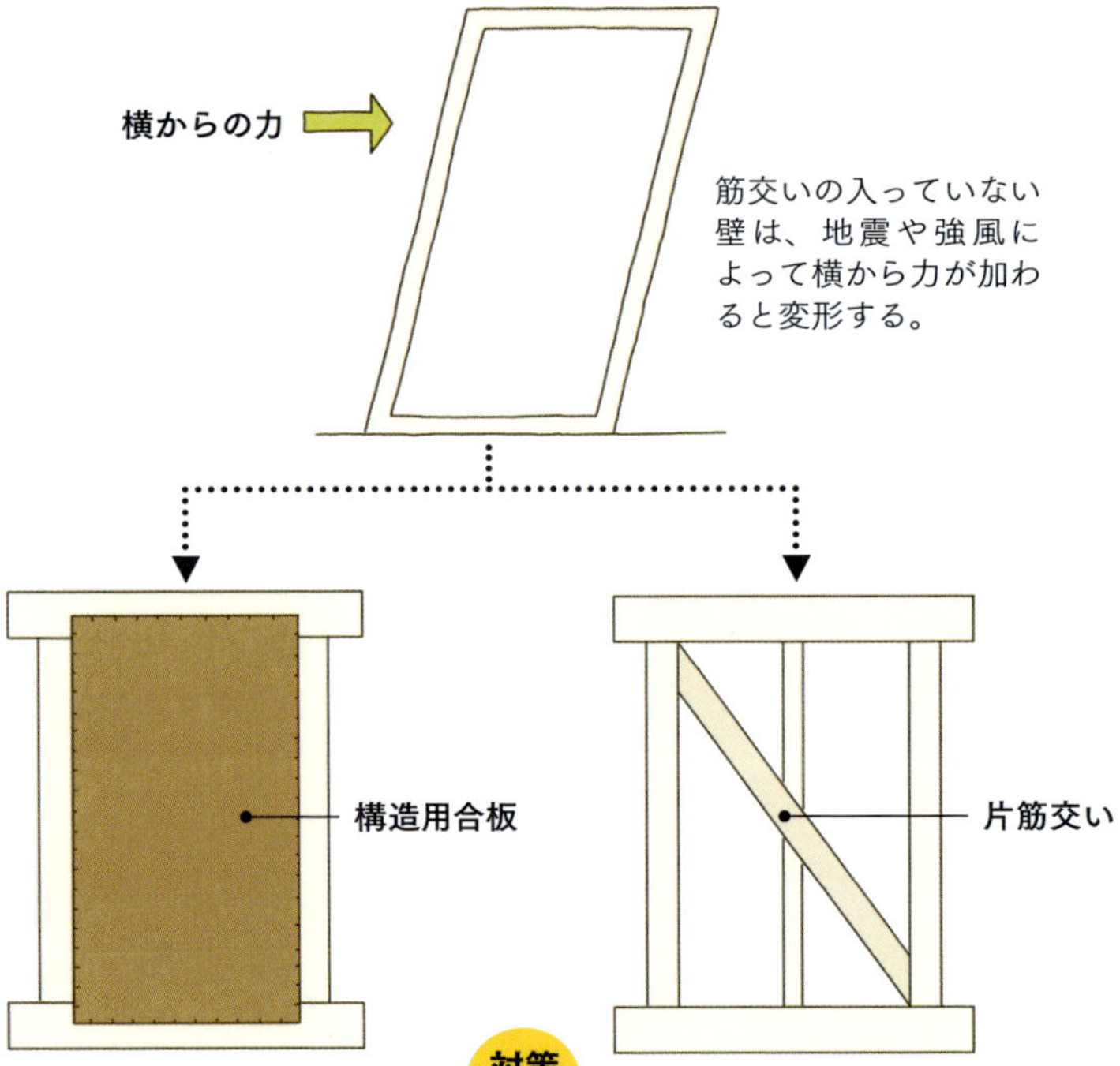
横からの力
筋交いの入っていない壁は、地震や強風によって横から力が加わると変形する。
構造用合板
片筋交い

対策 2 **面材を入れる**

1階の場合、土台と柱に専用の金物で構造用合板（7.5㎜以上）を固定する。片筋交いより若干強くなる。

対策 1 **筋交いを入れる**

1階の場合、土台と柱に専用の金物で筋交いを固定する。たすき掛けの筋交いにすると、片筋交いの2倍の強さになる。

筋交いの入った耐力壁をバランスよく配置する

古くなった建物の場合、耐震補強を行わなければ倒壊の恐れがあります。日本の住宅で一般に多いのは、「木造軸組工法」という柱や梁《はり》などで建物を支えるしくみをもった工法です。この場合、柱と柱の間に入れる「筋交い」が、主に耐震性を確保するポイントとなります。筋交いの入った壁のことを「耐力壁」といい、この耐力壁が建物のコーナー部をはじめ、全体にバランスよく配置されることで耐震性が高まります。ところが古い家では窓など開口部が多く、耐力壁が足りない家も少なくありません。窓が多いと開放感がありますが、耐震性能として

壁の配置で揺れに耐える

壁が少なかったり、位置が偏っていたりすると、家を支える力が足りなくなり、地震の揺れに弱くなる。とくに1階の壁の量とバランスが大切。

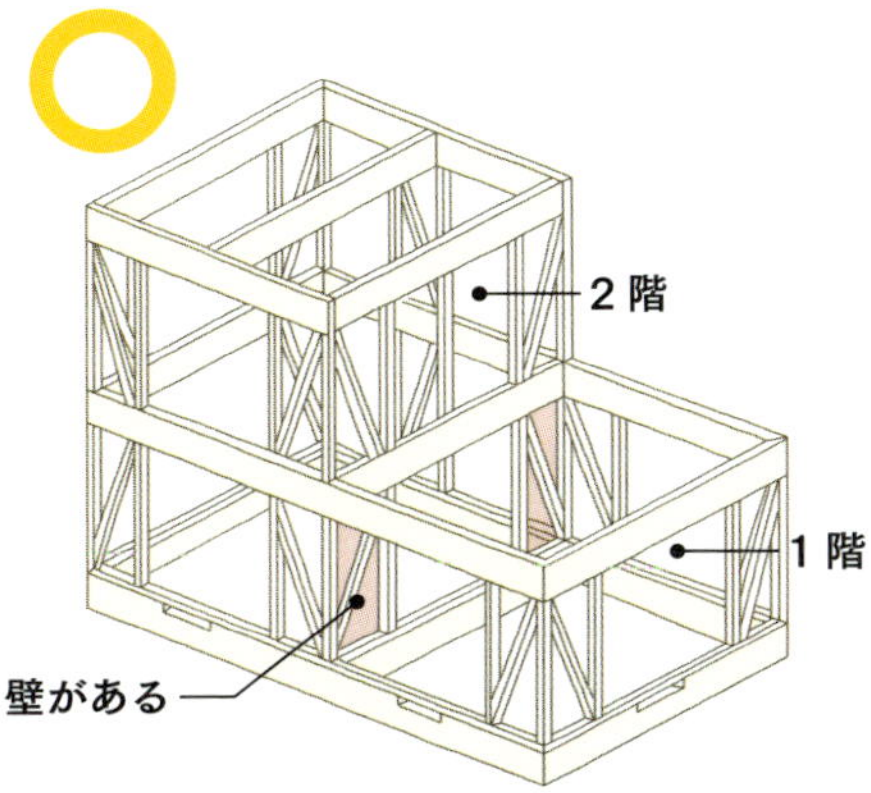

1、2階の耐力壁の位置が揃い、バランスよく配置されると強い。

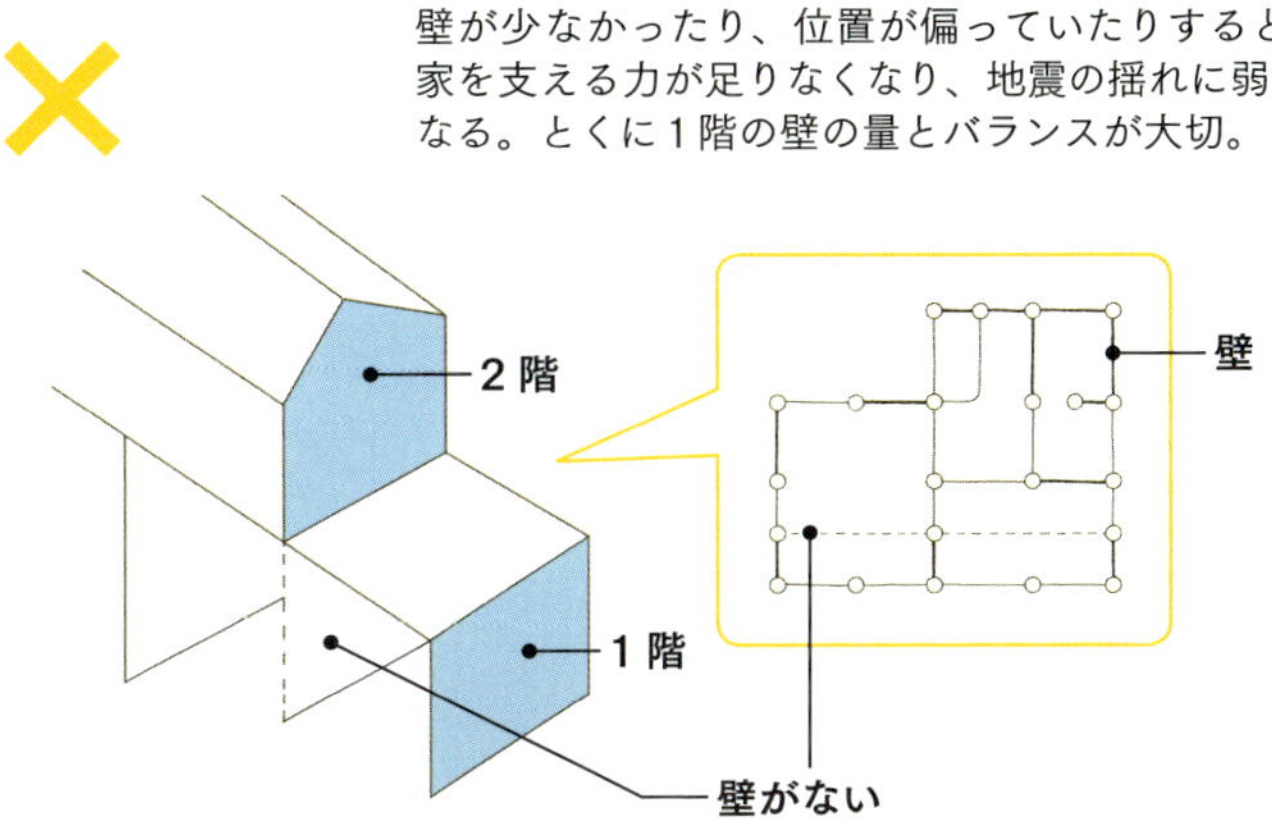

1階に壁が少なく、全体にバランスよく耐力壁が配置されていない。

Check!

〈耐震基準に関連する主な建築基準法改正〉

1971年	建築基準法施行令改正	鉄筋コンクリート造のせん断補強規定の強化。木造住宅の基礎をコンクリートまたは鉄筋コンクリート造にするなど
1981年	建築基準法施行令大改正（新耐震設計基準）	耐震設計法の抜本的な見直しが行われた。木造住宅では壁量規定の見直しなど
2000年	建築基準法改正	木造住宅では地耐力に応じて基礎を特定する（地盤調査の事実上義務づけ）、耐力壁の配置にバランス計算を必要とするなど
2007年	建築基準法改正	構造基準の再整備、建築確認・検査制度の厳格化など

家がいつ建てられたか確認しよう

耐震基準の大きな改正は1981年に行われました。一戸建てもマンションもこれ以降の基準で建てられたかどうかが、耐震性の目安の一つとなります。

は不安な面もあります。

また、建築年も耐震性の目安となります。建築基準法の耐震基準は1981年6月に大きく改正して施行されましたが、それ以前の基準で建てられた家は耐震性に問題があるケースが多いといわれています。

耐震性に不安のある場合は、まず自治体の担当部署やリフォーム会社、建築家に耐震診断を行ってもらいましょう。そのうえで、必要な補強箇所を示した図面を作成してもらい、それにしたがって工事を行います。基本的には、耐力壁の追加が主な工事となりますが、場合によっては基礎を補強することもあります。

木造軸組工法以外の、2×4《ツーバイフォー》工法（→P186）の場合は、壁や床の面で建物を支えています。壁の配置に厳しい基準があるので、構造を支えている壁の移動や撤去を行わなければ補強の必要はないことが多いでしょう。いずれにしても建築に詳しい専門家に耐震診断を行ってもらい、補強の必要性の有無を判断してもらうことが大切です。

3

内まわり

耐震補強の流れ

揺れにくくするのではなく、倒壊しないレベルまで補強します。

倒壊しないレベルにまで補強で引き上げる

　多くの自治体では、木造住宅の耐震補強に補助金を出しています。しかしその前提には、自治体の派遣する建築士（建築家）による耐震診断の受診があります。主な診断対象となっているのは、71ページで紹介した新耐震設計基準施行以前の基準で建てられた住宅です。新耐震設計基準は1981年6月1日に施行されているので、同年5月31日までに建築確認申請を受けた住宅が主に対象となります。

　もちろんリフォーム会社や建築家などに耐震診断を依頼することもでき、その場合はいつ建てられた住宅でも問題はありません。新耐震基準以降に建てられた

耐震診断から工事までの流れ

1 耐震診断を受ける

1981年5月31日以前に建築確認申請を受けて建てられた家を主な対象として、多くの自治体で耐震診断を受け付けている。その他、リフォーム会社や建築士に診断を依頼することもできる。

天井裏のチェック

床下のチェック

図面のチェックのほか、床下や天井裏にもぐり込んで、構造部のチェックも行う。

2 補強設計を行う

日本建築防災協会発行のマニュアルに基づいて、診断結果の評点がくだされ、補強のための設計が行われる。

3 補強工事を行う

設計に基づき、筋交いや基礎を追加する工事を行う。補強のためには、壁をはがさなければならず、壁を修復する再仕上げの工事も必要となる。

筋交いや基礎の追加

筋交いがない場所に、新たに筋交いを追加する。また、床下地面に鉄筋を配し、厚さ15 cm程度のコンクリート基礎を追加することも。

診断結果は、報告書としてまとめられ、説明がなされる。

からといって問題がないとは限りません。家が古くなると湿気やシロアリ被害による耐震性能の低下も考えられるため、しっかり検査してもらいましょう。

耐震診断は通常「木造住宅の耐震診断と補強方法」という国土交通省監修による日本建築防災協会発行のマニュアルに基づいて行われます。評点が「1・0」（一応倒壊しないレベル）を下回った場合に、補強を行って「1・0」以上のレベルに引き上げるのが耐震補強の目的です。評点が1・0以下の場合は、倒壊する可能性がある、あるいはその可能性が高い住宅といわれているので、補強が必要となります。

補強箇所を示した設計図に基づいて工事が行われます。多くの場合は耐力壁の追加や金物による補強が主な工事となりますが、基礎に鉄筋が入っていない場合などには、新たに基礎工事を行って既存の基礎と合体することもあります。壁や基礎の補強は大がかりな工事となるので、費用などをよく確認してから取り組みましょう。

4

内まわり

断熱リフォーム

快適なうえに省エネ。断熱すれば、暮らしが向上します。

住宅の断熱性の高め方

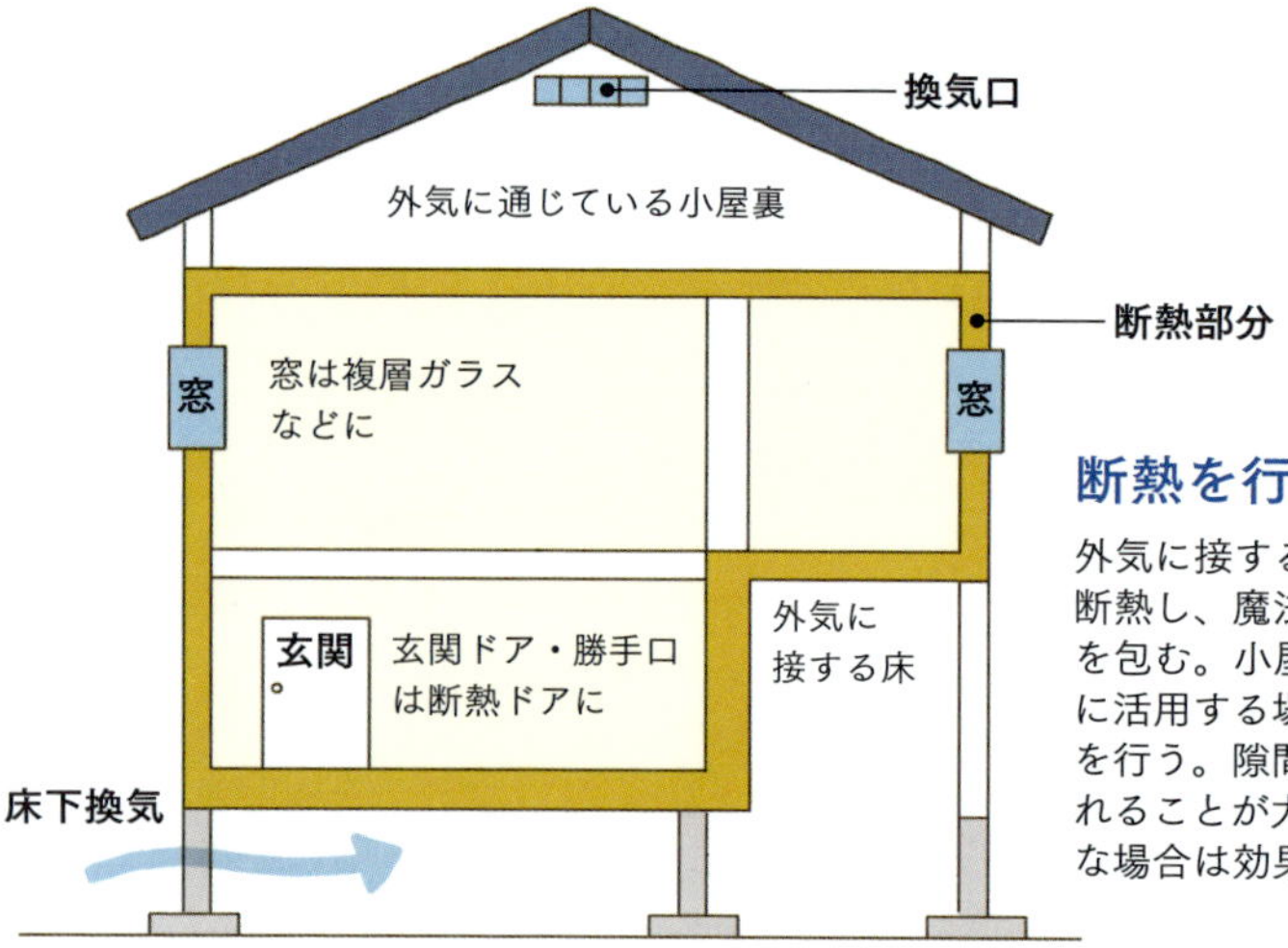
換気口
外気に通じている小屋裏
断熱部分
窓
窓は複層ガラスなどに
窓
玄関
玄関ドア・勝手口は断熱ドアに
外気に接する床
床下換気

断熱を行う箇所

外気に接する床、壁、天井を断熱し、魔法瓶のように住宅を包む。小屋裏をロフトなどに活用する場合、屋根も断熱を行う。隙間なく断熱材を入れることが大事で、工事が雑な場合は効果が激減する。

断熱の方法

断熱工事は、右のイラストのように袋に入ったグラスウールなどの断熱材を取り付ける方法と、ウレタンなど発泡系の断熱材を吹き付ける方法がある。これに加え、窓や玄関ドア、勝手口なども断熱仕様にする必要がある。

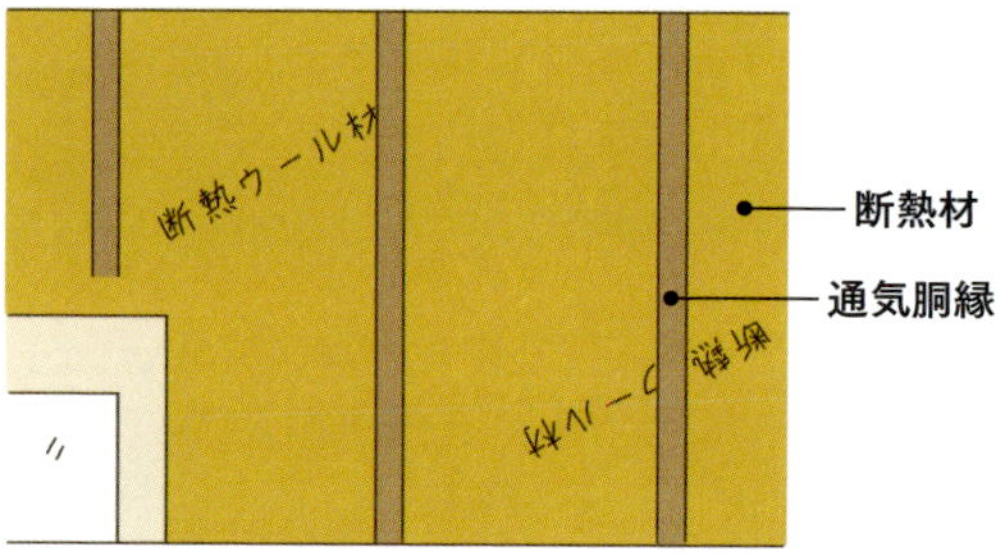
断熱ウール材
断熱材
通気胴縁

断熱性を高めると光熱費も削減できる

古い木造一戸建てに住んでいて、冬場の寒さに悩まされている人も多いと思います。新築時に断熱工事を行っていないか、行っていても現在の基準に比べて十分ではないのがその理由です。その悩みを解消するには、屋内の温度が外気の影響を受けにくいように住まいの断熱性を上げるしかありません。

住まいの断熱性は、外気に触れる床、壁、天井（屋根）に断熱材を隙間なく入れることと、窓・玄関ドアなど開口部を断熱仕様にすることで確保されます。断熱を行うと、冬場は冷たい外気の影響を受けにくく、暖かい屋内の空気を逃しま

断熱をした家はなぜ快適？

夏
熱い日差し
涼しい
外からの熱気を跳ね返し、冷房の効きを上げるため、冷房が弱くても涼しい。
冬
冬は外からの冷気を伝えず、屋内の暖気は逃さないので、暖かくなる。
暖かい
冷たい外気

Check!

〈省エネルギー基準の変遷〉

1980 年	省エネルギー基準ができる	この基準を元に住宅が断熱されるようになったが、この時点では義務づけではない。
1992 年	新省エネルギー基準に改正	基準が変わり、断熱性能を向上させたが現在の基準と比べると十分ではない。
1999 年	次世代省エネルギー基準に改正	現在の断熱性能の基準ができた。
2013 年	住宅設備の性能も加味したものに改正	照明やエアコンなどの設備の省エネ性も加味した、最新の基準。

自分の家はいつの断熱性能？

断熱に関わる省エネルギー基準ができたのは 1980 年。その後の 1999 年の改正で、現在の基準となりました。一戸建てもマンションもこれ以降の基準で建てられたかどうかが断熱性能の目安となります。

せん。夏場は外の熱気を跳ね返し、冷房の効きがよくなり、涼しい屋内環境が得られます。暖房時も冷房時も、断熱していない状態よりもずっと省エネになり経済的です。

また、しっかり断熱した家のよさは屋内の温度が、部屋と廊下で大きく違ったりしないこと。暖かい部屋から寒い廊下に出たり、お風呂に入るため脱衣したりした際に、体にヒートショックという影響を及ぼすことがありますが、それを防止することができます。

リフォームで断熱を行う場合、床下や天井ならもぐり込んで断熱工事を行うこともできますが、壁はいったん内壁をはがして断熱材を取り付け、そこに再仕上げを行わなければなりません。一部屋だけを断熱してもあまり効果が得られず、かえって隣室に結露を発生させたりします。そこで断熱は大規模リフォーム時に一緒に検討しましょう。壁をはがせば、耐震補強も同時に行うことができます。

76ページでは、開口部の断熱について説明します。

5

内まわり

開口部の断熱

熱が逃げていた大きな原因は窓にありました。

窓の断熱性が高まる複層ガラス

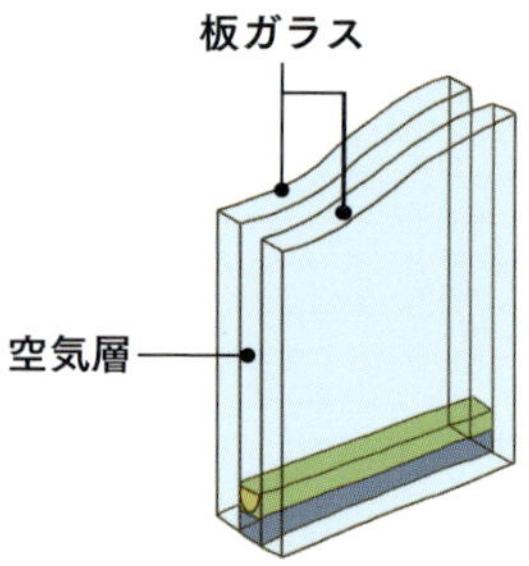
板ガラス
空気層

複層ガラス

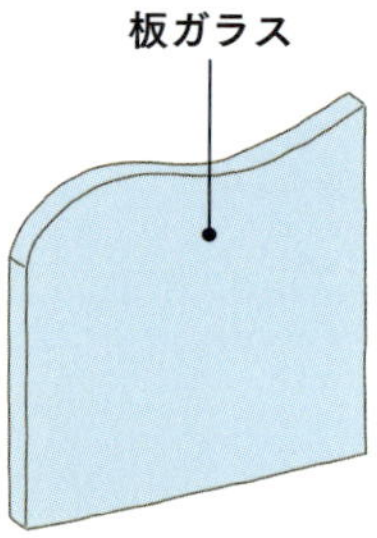
板ガラス

単板ガラス

複層ガラスは基本的なタイプと、「特殊金属膜」を間に挟んだLow-Eタイプ（高断熱と遮熱タイプ）がある。熱の伝わりやすさを表す「熱貫流率」はLow-E複層ガラスが最も低い。

熱貫流率(W/㎡・K)	
高断熱複層ガラス 遮熱複層ガラス	2.6
複層ガラス	3.4
単板ガラス	6.0

※日本建材・住宅設備産業協会ホームページ参照

Low-E 複層ガラス

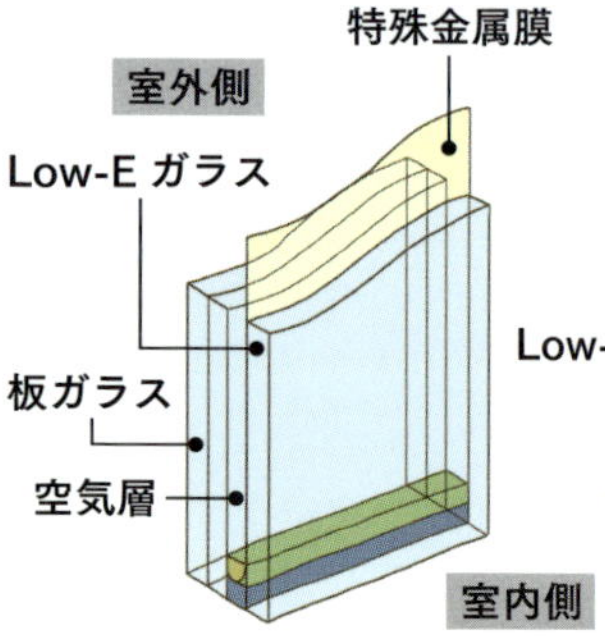
特殊金属膜
室外側
Low-E ガラス
板ガラス
空気層
室内側

高断熱複層ガラス

室内側に特殊金属膜が入っている。

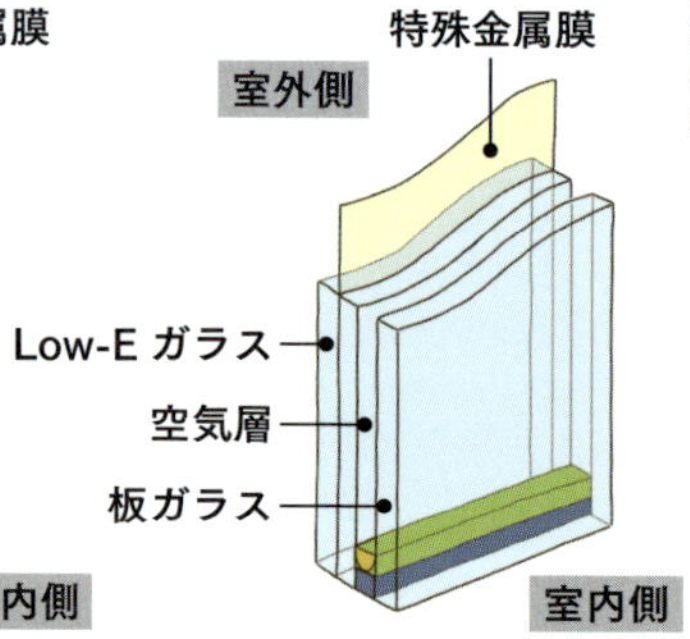
特殊金属膜
室外側
Low-E ガラス
空気層
板ガラス
室内側

遮熱複層ガラス

室外側に特殊金属膜が入っている。

サッシ交換または内窓設置で断熱性アップ

壁の中や床下など構造部を断熱しても窓から多くの熱が出入りします。そこで窓など開口部の断熱を考えてみましょう。

窓を断熱するのはガラスとサッシです。ガラスは複層ガラスに、サッシは断熱サッシにすることで断熱性は上がります。また複層ガラスにもＬｏｗ－Ｅ複層ガラス（高断熱および遮熱タイプ）があり、基本的な複層ガラスよりも断熱性や遮熱性が高くなります。

アルミサッシは断熱性が低いので、アルミの内部に樹脂（プラスチック）片を挟んで熱を伝わりにくくしたサッシ、あるいは外側はアルミで内側を樹脂にした

サッシや内窓で断熱性アップ

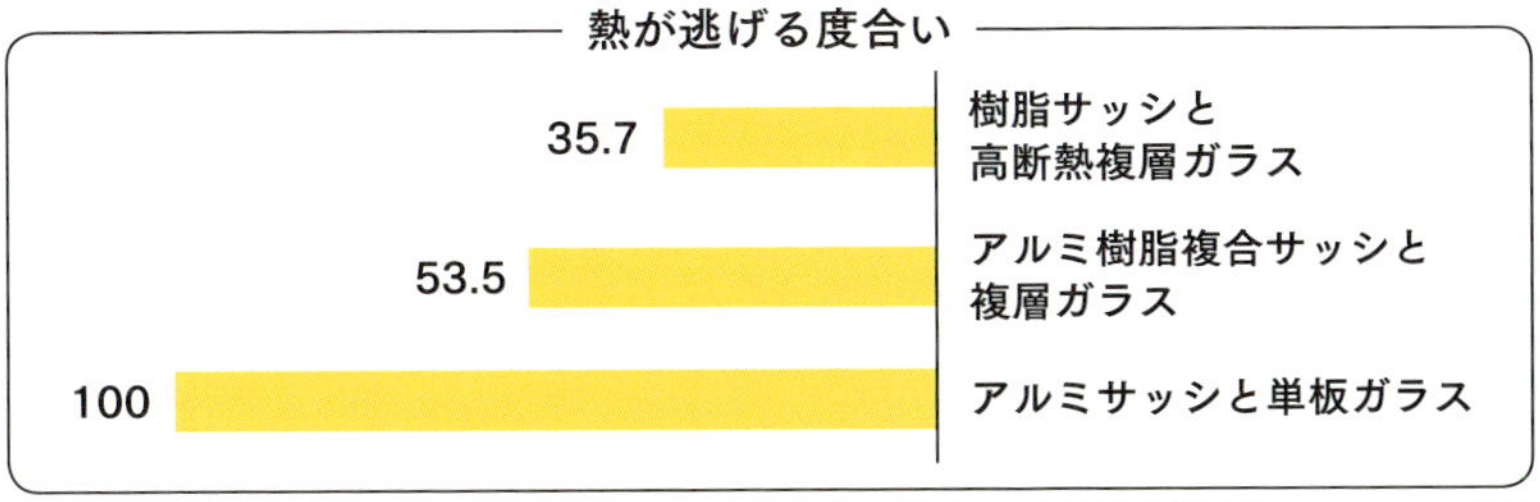
熱が逃げる度合い
35.7
樹脂サッシと
高断熱複層ガラス
53.5
アルミ樹脂複合サッシと
複層ガラス
100
アルミサッシと単板ガラス

※日本建材・住宅設備産業協会ホームページ参照

サッシを変えると熱が逃げなくなる

左のグラフのように、アルミサッシと単板ガラスの組み合わせによる熱の逃げる度合いを100としたとき、樹脂サッシと高断熱複層ガラスの組み合わせでは、その約3分の1しか熱が逃げない。

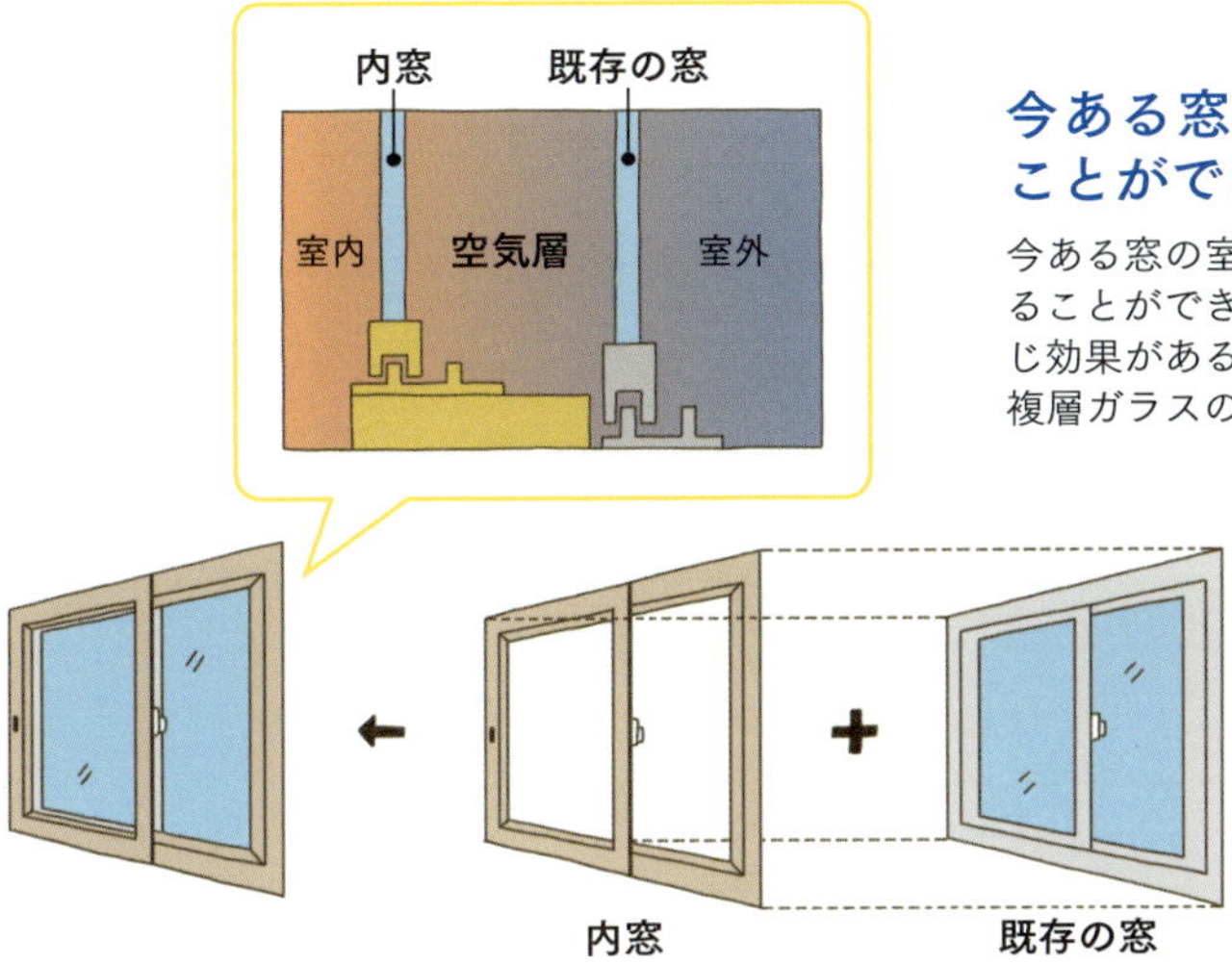
内窓
既存の窓
室内
空気層
室外
内窓
既存の窓

今ある窓に取り付けることができる「内窓」

今ある窓の室内側に、簡単に取り付けることができる内窓も複層ガラスと同じ効果がある。また、内窓にもLow-E複層ガラスのものがある。

複合サッシなどが断熱サッシとして用いられています。オール樹脂や木製にすると断熱性はより高くなりますが、コストは上がります。「アルミサッシ＋単板ガラス」と「アルミ樹脂複合サッシ＋複層ガラス」の熱が逃げる度合いを比べると、後者が約半分しか逃げなくなります。また、複層ガラスや断熱サッシは結露も防止します。このようによいことずくめの窓断熱ですが、サッシ交換は外壁を一部切り取る必要があるので大がかりな工事となります。

一方、簡単にできる窓断熱が樹脂サッシを使った「内窓」の設置で、今ある窓の内側にもう1枚サッシを設けるだけです。既存のサッシと内窓の間に空気層ができて断熱性が向上し、結露も防止できます。内窓にも複層ガラスとLow－E複層ガラスタイプがあります。

玄関ドアや勝手口ドアは、断熱材を入れて、ガラス部に複層ガラスを用いた断熱ドアが各社から出ています。断熱性に段階が設けられているので、地域に合ったレベルのものを採用しましょう。

6

内まわり

窓の位置や大きさ

光と風を味方につけて夏も冬も快適に過ごしましょう。

日差しの取り入れ方と風の流れを考える

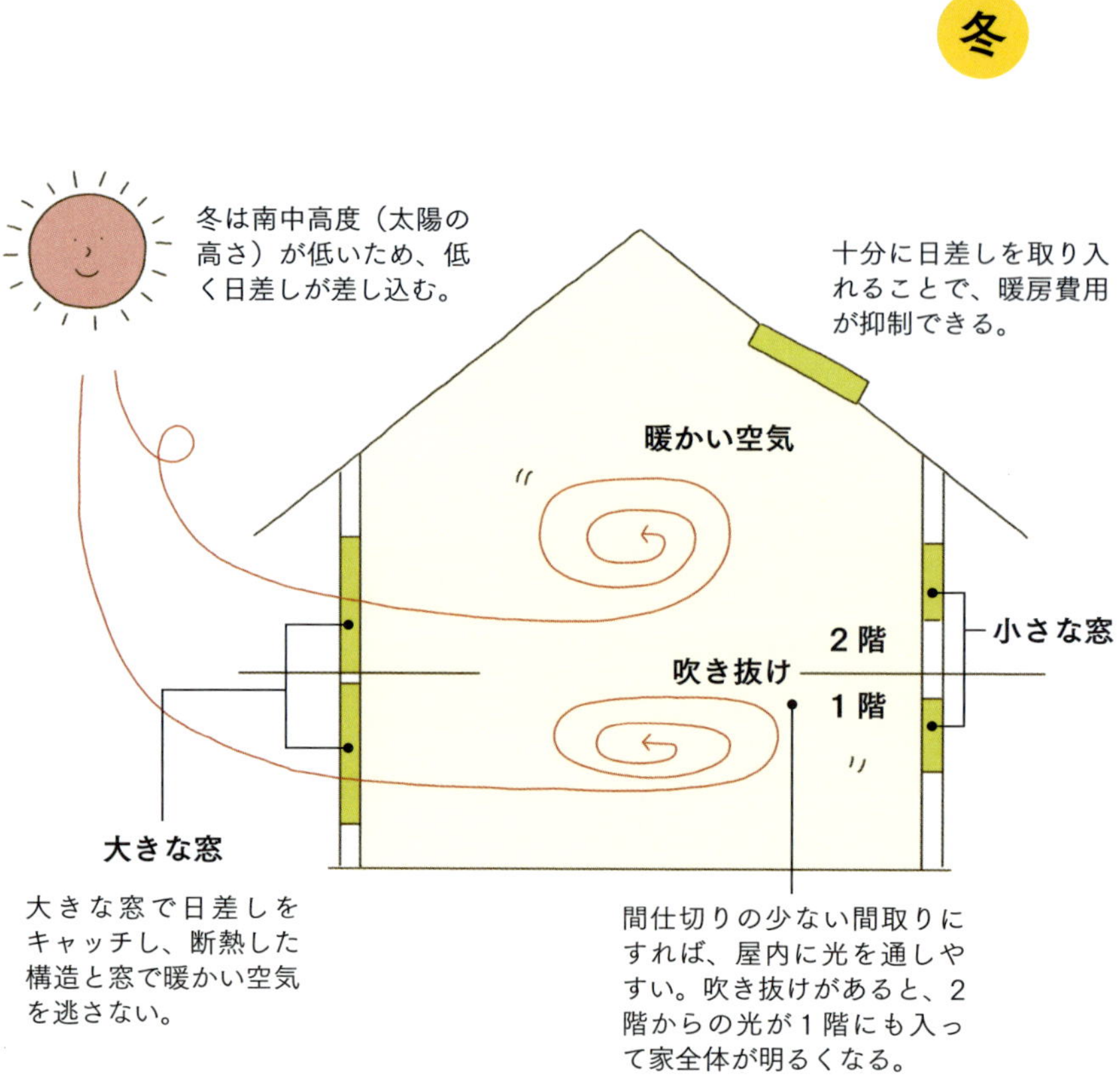

冬
冬は南中高度（太陽の高さ）が低いため、低く日差しが差し込む。
十分に日差しを取り入れることで、暖房費用が抑制できる。
暖かい空気
2階
吹き抜け
1階
小さな窓
大きな窓
大きな窓で日差しをキャッチし、断熱した構造と窓で暖かい空気を逃さない。
間仕切りの少ない間取りにすれば、屋内に光を通しやすい。吹き抜けがあると、2階からの光が1階にも入って家全体が明るくなる。

日差しや風の流れのシミュレーションを

断熱やサッシ、ガラスのことを知ったうえで、次は窓の位置や大きさのことを考えてみましょう。今の窓の状態で日差しの入り方はどうか、風通しはどうかをあらためてチェックしてみます。リフォーム会社や建築家に相談して調べてもらうのもよいでしょう。

そのうえで、日差しや風通しが十分ではないことがわかったら、窓の位置やサイズの変更および窓の追加を検討してみましょう。構造に影響のない範囲なら、窓の位置変更や追加が可能です。例えば、腰高の窓を掃き出し窓にすれば、サイズはぐんと大きくなります。また、耐

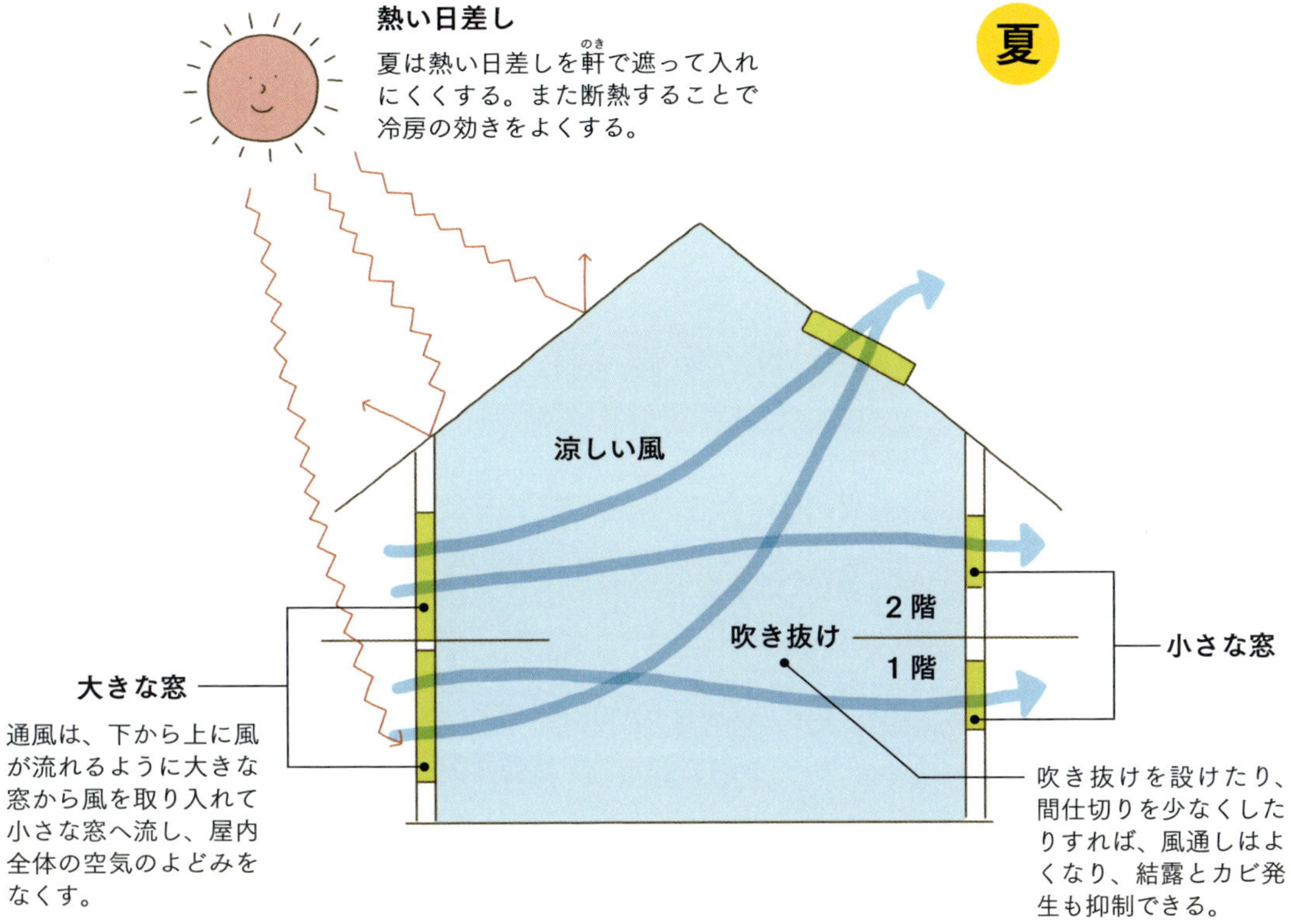
熱い日差し
夏は熱い日差しを軒《のき》で遮って入れにくくする。また断熱することで冷房の効きをよくする。
夏
涼しい風
2階
吹き抜け
1階
小さな窓
大きな窓
通風は、下から上に風が流れるように大きな窓から風を取り入れて小さな窓へ流し、屋内全体の空気のよどみをなくす。
吹き抜けを設けたり、間仕切りを少なくしたりすれば、風通しはよくなり、結露とカビ発生も抑制できる。

力壁ではない壁の場合、窓を追加できる可能性があります。通風のための小窓程度ならすぐに追加できることも多いです。

設計者には、夏と冬の日差しの方向、風の流れをしっかりシミュレーションしてもらって、最小限の変化で最大の効果が上がるよう工夫してもらいます。窓の変更は構造がからむので、耐震性の確保を慎重に配慮してくれるように依頼することです。

さらに、内部の間取りもなるべく開放的にしたほうが光や風を取り入れやすくなります。今の家が間仕切りの多い間取りなら、部屋数がそれほど必要なのかどうかを見直してみてはいかがでしょうか。窓を増やせないマンションでも間仕切りをとるだけで、明るく風通しがよくなります。ドアを引き戸に変え、夏場に開け放しておけば通風に役立ちます。

一戸建ての場合、吹き抜けを設けるのも採光通風をよくする効果的な方法の一つです。断熱と遮熱、採光通風を併せて考え、夏は涼しく冬は暖かい住まいを実現しましょう。

7

内まわり

結露の対策
換気が基本ですが湿度を調整する壁もあります。

主な換気システムの種類

機械を使った換気は3種類あります。
それぞれ自然換気と強制換気の組み合わせによる違いです。

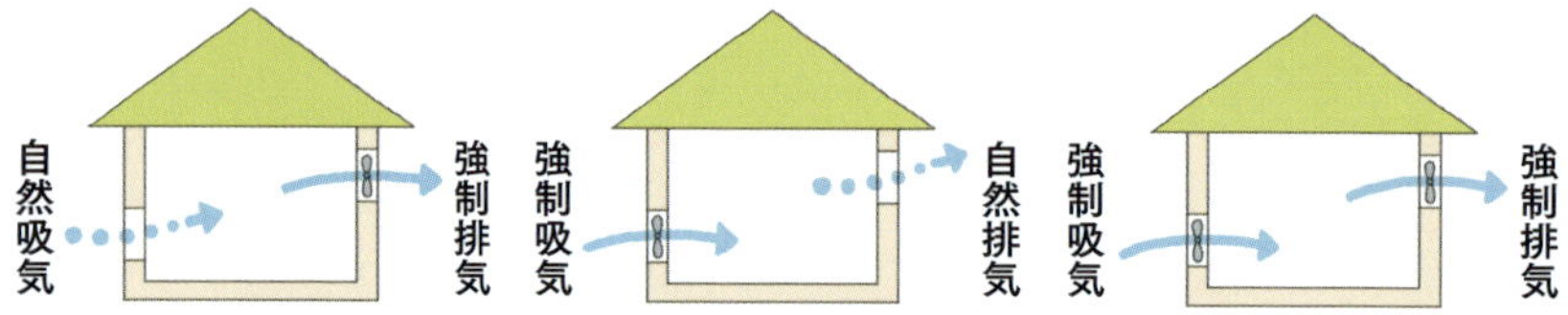

自然吸気
強制排気
強制吸気
自然排気
強制吸気
強制排気

第3種換気
排気のみ機械を用いて行う換気方法。キッチンやトイレなどで使われる。

第2種換気
吸気のみ機械を用いて行う換気方法。住宅で用いられることは少ない。

第1種換気
吸気、排気ともに機械を用いて行う換気方法。高気密、高断熱の住宅におすすめ。

浴室・洗面室24時間換気システム

浴室や洗面室などを常時低量換気できるシステム。浴室リフォームの際などに取り入れることができる。マンションも一戸建ても可能。

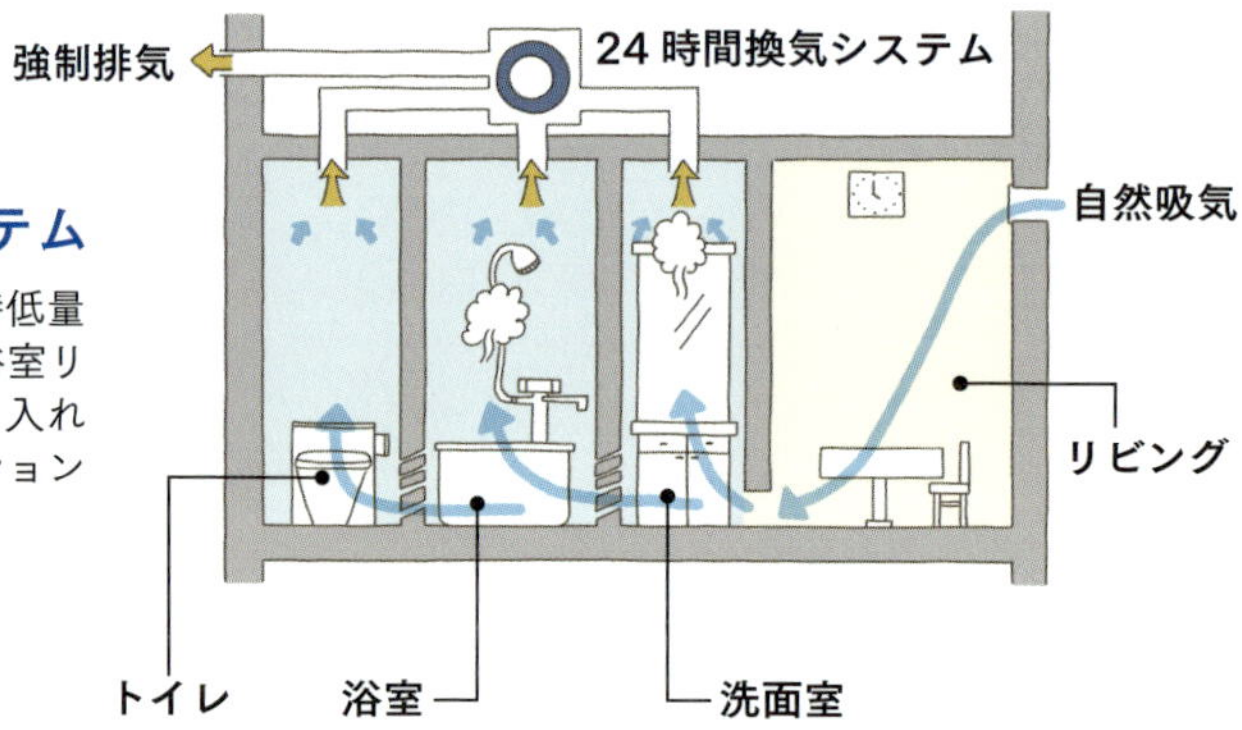

強制排気
24時間換気システム
自然吸気
リビング
トイレ
浴室
洗面室

換気システムの設置や調湿建材の採用も効果的

結露や湿気はカビやダニ発生の原因となるので、十分にその対策を行いたいものです。そもそも結露は、屋外の温度が低く屋内が暖かいとき、その温度差によって窓ガラスや壁に付いた水蒸気が原因となって発生します。窓断熱をすると内外の温度差が少なくなり、結露を抑えますが、換気によって湿気を排出することも重要な結露対策です。

断熱を行うと気密性が高くなり、自然換気が少なくなります。そこでふだんの暮らしの中でよく気をつけて、ときどきは窓を開けて風を通すようにしましょう。室内に洗濯物を干すのも湿気がこも

調湿建材で室内を爽やかに

珪藻土なら自分でも塗れる

コテで仕上げる珪藻土は、塗り方を教われば自分で塗ることもできる。リフォームのよい思い出にもなる。

主な調湿建材

写真提供：LIXIL（INAX）

エコカラット

粘土鉱物などの微細な孔《あな》をもつ原料をタイル状に焼成した、調湿効果の高い内装用の壁材。表面の色や柄はさまざま。

漆喰《しっくい》

消石灰《しょうせっかい》を主成分とした、古くから使われている塗り壁材。表面を平滑にしてツルッとした感じに仕上げる。塗るのには技術が必要。

珪藻土《けいそうど》

植物性プランクトンを主成分とする塗り壁材。多孔質で調湿効果が高い。表面はデコボコして味のある「ゆず肌」と呼ばれる表情になる。

るので干す場所に気をつけます。

マンションには各部屋に換気口が設けられています。しかしホコリがたくさん付いているようでは、効果も半減。ときどきは換気口の掃除をして、十分に換気ができるようにしておきましょう。

新築では24時間（常時）換気システムが義務づけられていますが、古い家ではほぼ設けられていません。その場合、部屋ごとに換気扇を設けたり、大がかりな工事となりますが24時間換気システムを追加したりして結露対策をしましょう。浴室など水まわりのシステムなら、マンションでも手軽に取り入れることができます。

また、調湿効果がある内装材「調湿建材」が多種類出ています。例えば、漆喰《しっくい》や珪藻土《けいそうど》を塗って壁や天井を仕上げることで、室内の調湿効果が得られます。建材メーカーが出しているタイル状で施工しやすい「エコカラット」という建材もあります。それぞれどの程度の調湿効果を発揮するのか、リフォーム会社などに聞いて判断するとよいでしょう。

8

内まわり

水まわりの移動

一戸建ての水まわりに比べ、マンションでは範囲が限られます。

キッチンの移動は LDK全体のリフォームに

水まわりの位置移動は、一戸建てとマンションで、できることとできないことが大きく異なります。一戸建ては、ほぼどんな移動でも可能です。例えば1階のキッチンを2階に移すこともできます。ただし工事が大がかりになるほど、コストは上がります。

マンションは配管の勾配《こうばい》などの関係で、今ある水まわりを移動できる範囲は限られます。古いマンションで、配水管が階下の天井裏を通っている場合は、とくに移動が難しいでしょう。

水まわりの位置移動で一番多いのがキッチンの移動です。かつてのキッチン

マンションの水まわりの移動

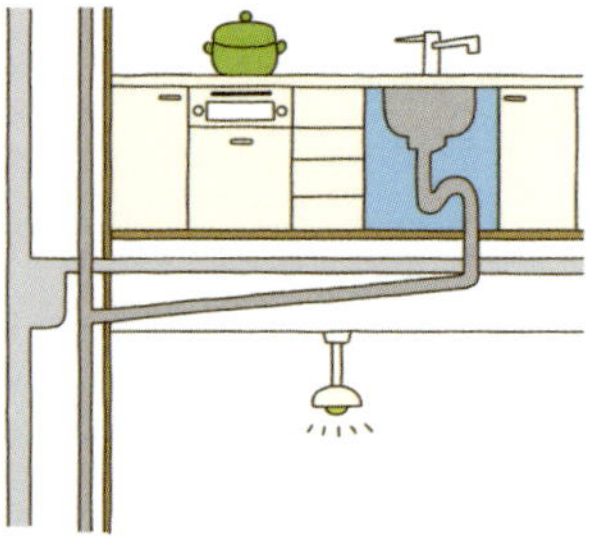

排水管が階下の住戸の天井裏にある場合

かなり古いマンションでは配水管が階下の天井裏を通っている場合があり、配管の移動は困難。

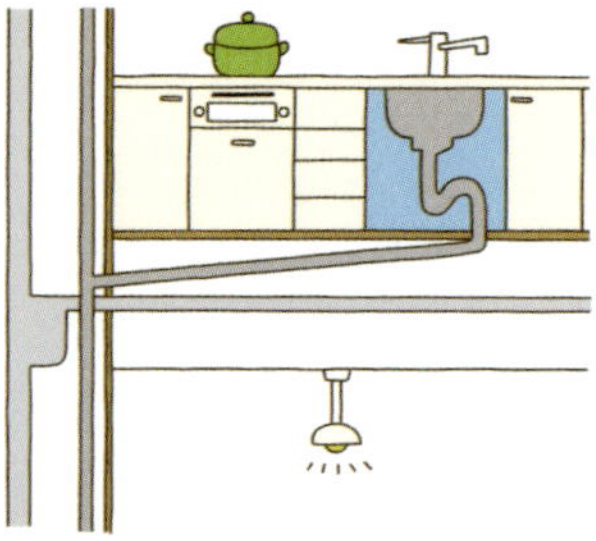

排水管が床下にある場合

移動できるが、水まわりの床とコンクリートスラブ（床下の構造）の間の空間によって距離が決まる。

Check!

家事動線が短縮できる水まわりは？

キッチンのすぐ後ろに洗面脱衣室など水まわりをまとめておくと、動線が短く掃除がしやすいですよ。洗濯機の位置も近いので、「ながら家事」がしやすく便利です。

キッチンのレイアウトパターン

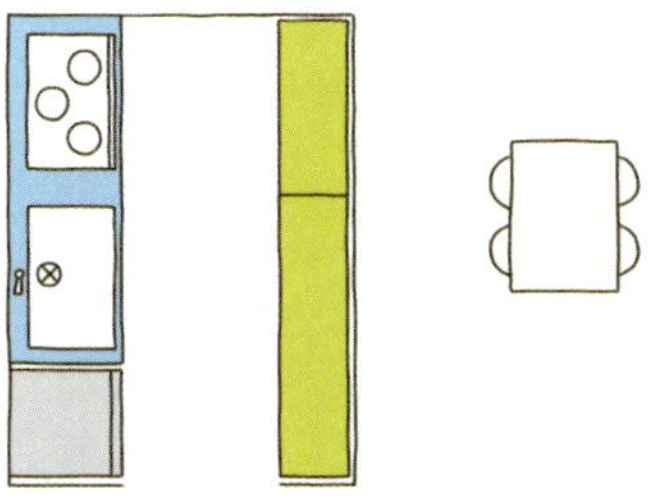

独立型

壁で仕切られ、リビング・ダイニングから独立したタイプ。視線が気にならないが、コミュニケーションがとりにくい。

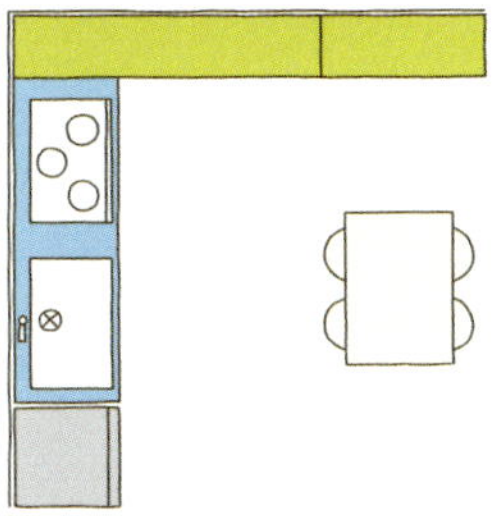

壁付け型

壁や窓に付けて設置したタイプ。作業するスペースは広いが、会話するには後ろを振り向かなければならない。

対面型（アイランド型）

キッチンの両端が壁から離れていて人が行き来でき、リビング・ダイニングと一体感が強いタイプ。このようにコンロとシンクが分かれているのはII列型。

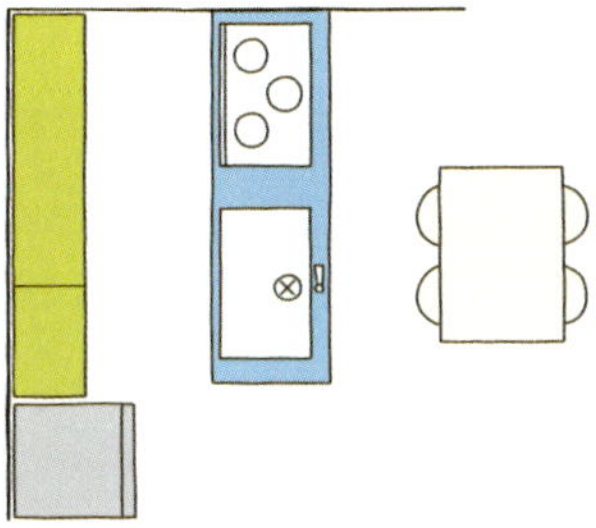

対面型（ペニンシュラ型）

リビング・ダイニングのほうを向いて作業ができるタイプ。家族との会話や子どもを見守りながらの料理ができる。

は、「壁付け型」や壁で囲まれた「独立型」が多かったのですが、現在では、リビングやダイニングにいる子どもの様子をうかがったり、家族と会話をしたりしながら料理ができる「対面型」が主流になっています。壁付け型キッチンを対面型にする程度の移動は、マンションでも可能な場合が多いです。対面型に変える場合、単にキッチンをリビング側に向けるだけでなく、LDも含めてコーディネートするリフォームを考えてみてはどうでしょうか。対面型のキッチンにもカウンターの片側を壁に付ける「ペニンシュラ型」、キッチンの両側を人が行き来できる「アイランド型」があり、これによって部屋の雰囲気もずいぶん違ってきます。

　浴室や洗面室、トイレについてはなるべくまとめてキッチンに近いところに配置すると、家事の効率がよくなります。浴室、洗面室、トイレをあえて通常の建具で仕切らず、ドアを省いたり、ガラスで仕切ったりしてオープンにするのも開放感があります。狭いと感じているなら検討してみたい手法です。

9

内まわり

設備機器の選び方

造作ならオリジナルがつくれます。設備選びは早め&慎重に。

キッチンやバスのサイズが間取りに影響

キッチンやバスなど設備機器を交換する場合は、リフォームのプランニングの打ち合わせ時にサイズや位置、スタイルの希望を述べておきましょう。

キッチンの場合、最初に決めておきたいのは間取りにも影響するサイズと対面型などのスタイル（→P83）。システムキッチンの間口サイズは15㎝刻みぐらいで選べますが、どの程度のサイズが使用可能か、位置変更はできるかなど、設計担当者に聞いて決めましょう。扉や天板の素材、水栓、食器洗い乾燥機などの機器については基本的な間取りが決まってからでもだいじょうぶですが、費用に影

設備選びのタイミング

1 リフォームプランの打ち合わせ

打ち合わせの際、キッチンなどの設備の要望も述べる。細部まで決めなくても、希望のサイズ、スタイルは決めて、間取りに反映してもらう。

2 リフォームプラン・見積もりの確定

ココで決める

このときまでに商品のグレードやオプションの採用などについて決めておく。未確定のものがあった場合、いつまで待ってもらえるかを確認する。

3 工事のスタート

設備を完全に決定し、工事が始まる。基本的に工事開始後の変更は避ける。

キッチンとバスの主なサイズ

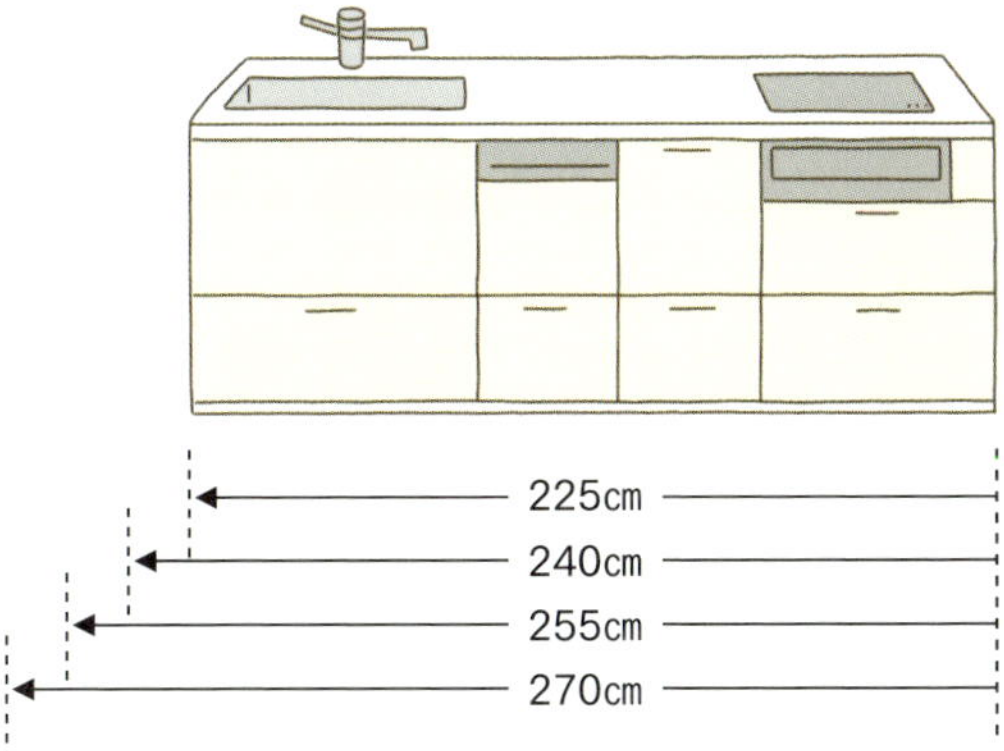
225cm
240cm
255cm
270cm

システムキッチンの間口サイズ例

規格サイズを元にサイズ調整が可能。高さの規格サイズは80cm、85cm、90cmなどがあり、微調整できる。

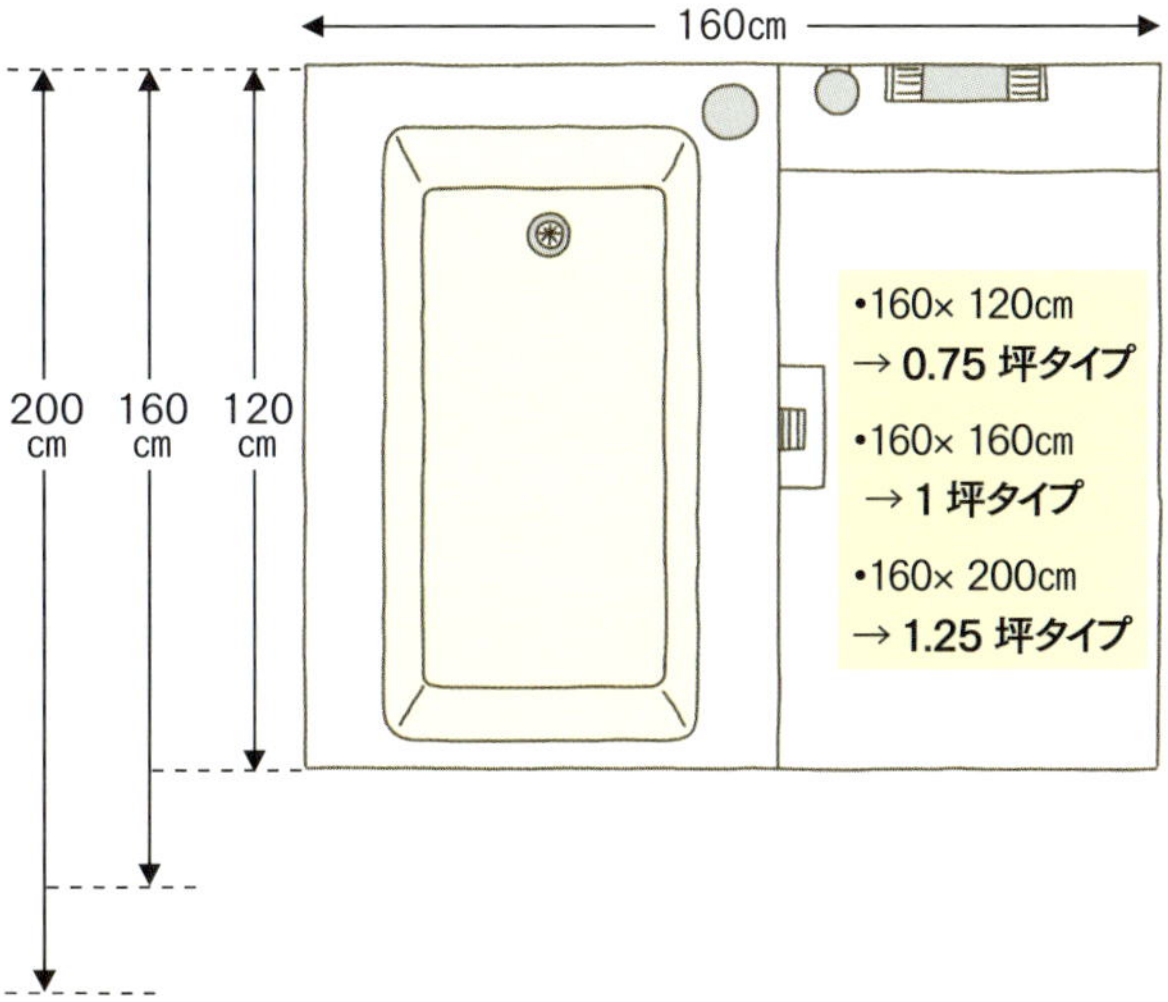
160cm
200 cm
160 cm
120 cm
•160× 120cm
→ 0.75 坪タイプ
•160× 160cm
→ 1 坪タイプ
•160× 200cm
→ 1.25 坪タイプ

システムバスのサイズ例

主にこの３種類が多く見られ、マンションでは0.75坪タイプが多い。スペースにゆとりがあれば特注も可能。

響してくるので工事に着手するまでにはすべて決めましょう。とくに扉材のグレードは費用に大きく響きます。

システムキッチンを選ばず、造作工事でオリジナルのキッチンをつくる方法もあります。こちらはよりきめ細かくサイズの設定や素材の選択ができます。オリジナル造作はリフォーム会社によって、できる場合とできない場合があるので、事前に確認しておきましょう。

バスに関してもサイズを変える場合は、最初に決めておく必要があります。システムバスの場合は、1坪や0・75坪などの規格がありますが、特注でサイズを決めることも可能です。バスについても造作が可能で、対応している会社なら板張りの壁や、タイル張りの床にするなど好みで素材も選べます。

洗面化粧台も洗面室の広さとの兼ね合いでサイズを決めておきましょう。既製品はサイズが規格化されていて、幅60cm程度からあります。洗面ボウルを選んで、カウンターは好きなデザインで造作することも可能です。

10

内まわり

室内建具の選び方

見た目や形ではなく、開閉方式から決めていきます。

室内建具（扉）の開閉方式

引き戸

溝やレールに沿って左右に動かして開閉する。壁に引き込む場合を引き込み戸、複数を重ね合う動きが出るものを引き違い戸という。

開き戸

金具（蝶つがい）を軸に弧を描いて開け閉めする。1枚の場合は片開き、2枚の場合は両開きといい、開閉方向に外開き、内開きがある。

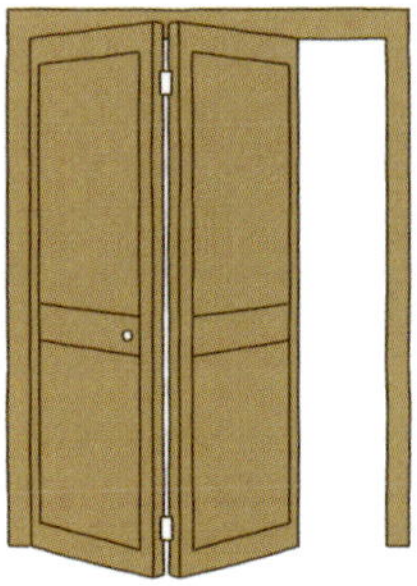

折れ戸

金具（蝶つがい）でつながれた複数枚の戸が、開いたときに折り畳むような形になり、「折り戸」「折り畳み戸」ともいう。スペースを取らず、出入りしやすい。

デザインや素材は予算と内装に合わせて

室内建具《たてぐ》には開き方が3種類あります。一番多く使われているのが「開き戸」で、いわゆるドアです。洋室の出入り口の多くはこのタイプです。次に多いのが「引き戸」。和室で使われることが多いタイプです。3つ目が「折れ戸」。クロゼットや浴室の入り口などによく用いられます。

開き戸を設けるときは、内開きか外開きかをよく考えましょう。向かい合ったドア同士がぶつかることのないように気をつけます。またトイレでは内開きにすると、中で人が倒れたりしたときに開けられなくなるので要注意です。

室内建具の素材の種類

むく材

天然木そのものを一枚板で使ったもの。木本来の質感があり、塗装をして仕上げる。

突き板貼り

天然木を0コンマ何mmという薄さにスライスして、合板（木を重ね合わせたもの）などに貼って塗装を施したもの。

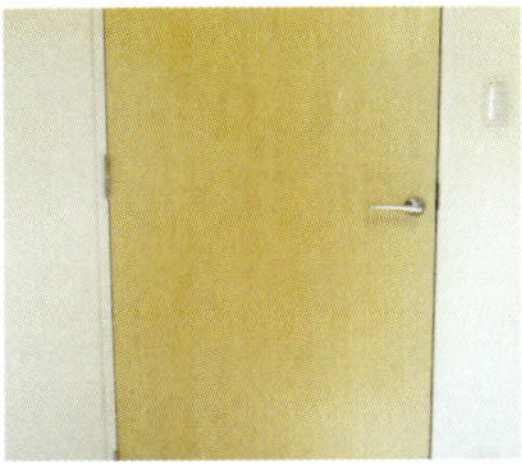

シナベニヤ

すべすべしている、白っぽいシナという素材の板を合板の上に貼ったもの。

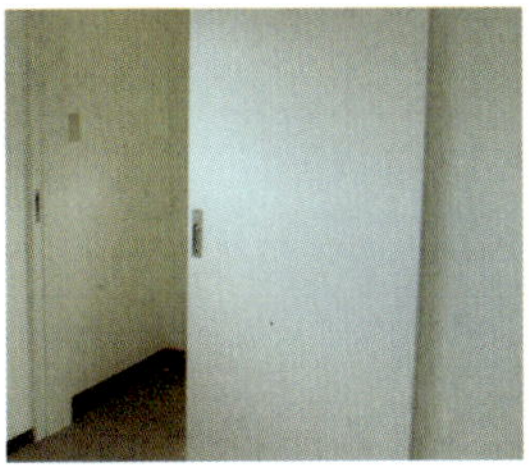

化粧シート貼り

合板や繊維板に、色や木目などの柄が付いたシートを貼ったもの。

むく材のフローリングに
むく材のドアを合わせたいな

引き戸は、洋室に用いる人も近頃増えてきました。開き戸より開けやすいことから高齢者向きであるともいわれています。また、開け放てるため、夏場に風を通すのにも好都合です。子ども室の場合には、少し開けておくと、気配がわかって安心できます。3枚引き戸はバリアフリー浴室の入り口などに向いています。

折れ戸は広々と全開できるメリットがあり、風を通したい場所、物の出し入れの多いクロゼットなどにおすすめです。

開閉方式を決めたら、デザインや素材を選びましょう。合板や繊維板の上に化粧シート（木目や色を印刷したシート）や突き板（薄くスライスした天然木）を貼ったもの、シナベニヤを使ったもの、むく材や集成材に塗装したものなどがあります。「框《かまち》」と呼ばれる四隅に枠が付いたもの、ガラス入りなどデザインもさまざまです。質感やデザインに凝ったものほど価格は上がりますが、予算と内装の雰囲気に合わせて選びましょう。既製品を選ぶ以外に、好みに合わせて造作してもらうという選択もあります。

11

内まわり

収納スペースの設置

使うモノを使う場所にしまう「個別収納」づくりがポイントです。

使うモノを使う場所にしまうのが収納の基本

「収納スペースが足りずにモノが散乱している」といったこともリフォームの動機の一つになります。間取り変更をプランニングしていく中で、効率よく収納スペースを確保しましょう。

収納の基本は、使うモノを使う場所にしまうこと。これまで収納が足りなかったリビングに天井まで高さのある「壁面収納」を設けると、子どもの学校関係の書類から医薬品、本、ＣＤやＤＶＤなど、種々雑多なものを収納することができて便利です。少し奥行きがとれるようでしたら子どものおもちゃをしまう場所を確保しておけば、来客時にすぐにしま

さまざまな収納アイデア

収納ユニットを用いた壁面収納

壁面いっぱいを活用した収納は、収納容量が一気に増えて、かつモノを１カ所に集中できるので、空間がすっきりする。しまう予定のモノに合わせて棚や引き出しをプランニングする。

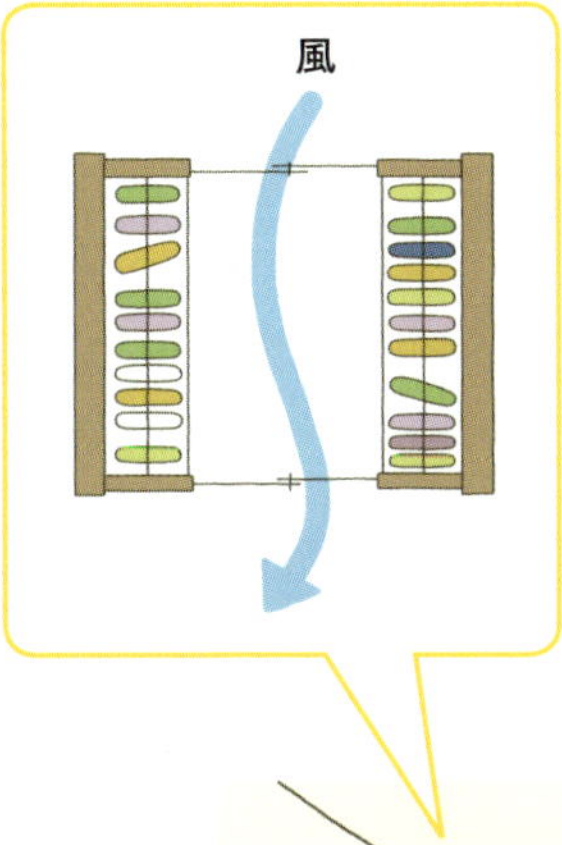

ウォークスルークロゼット

例えば、子ども室と親の寝室の間にウォークスルークロゼットを設ける。両室から使え、引き戸を開けておけば風が通る。マンションの通風性を上げるのにも効果的。

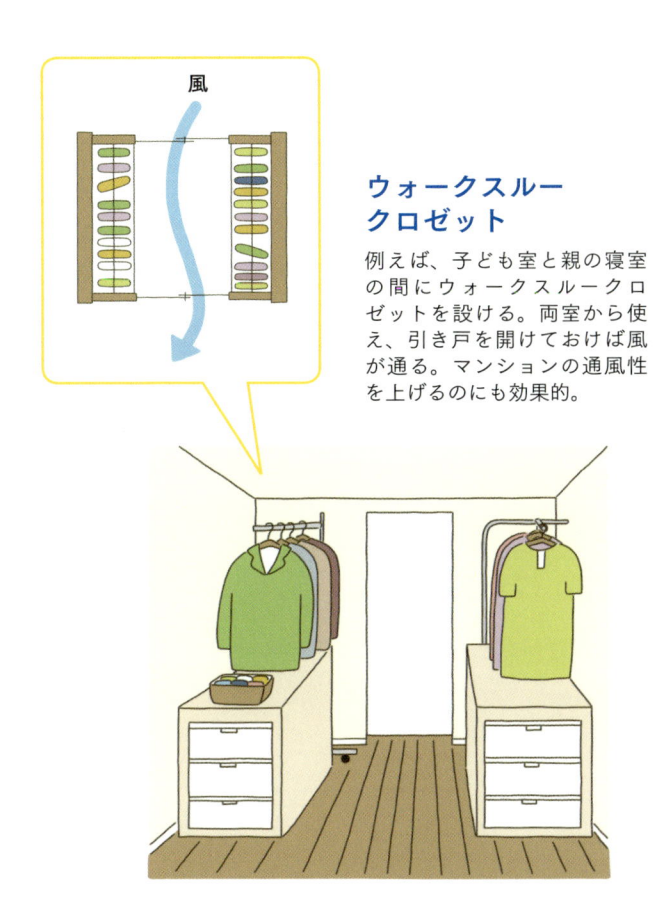

玄関の土間続きの大きな収納

靴をたっぷりしまえるほか、コートやゴルフ用品、旅行鞄など、玄関に置いておくアウトドア用品を何でもしまえて便利。

えます。

最近では各部屋に収納を適宜設けるほか、「玄関収納」や「ウォークインクロゼット」など集中的にしまえるスペースをリフォームの際に設けるケースが増えています。例えば、玄関の土間続きに大きな収納スペースを確保すると、靴がたくさんしまえるだけでなく、長いコートやゴルフ用品、大きなバッグやリュックサックなどかさばるもので、かつ玄関先に置いておくアウトドア用品がしまえて重宝します。

またウォークインクロゼットに家族の衣類をまとめて収納し、着替えも中でできるようにすると便利です。ウォークスルークロゼットは、通り抜けできるうえ、開け放しておけば風の通り道にもなり、マンションでは収納兼通風のためにも上手に活用したいスペースです。

壁面収納や玄関収納は、既製品の収納ユニットを組み合わせて用いる方法と、設けたいスペースの雰囲気や大きさに合わせてリフォーム会社などに造作してもらう方法があります。

12

内まわり

照明の工夫
素敵な空間の演出は照明計画から始まります。

主な室内照明の種類と効果

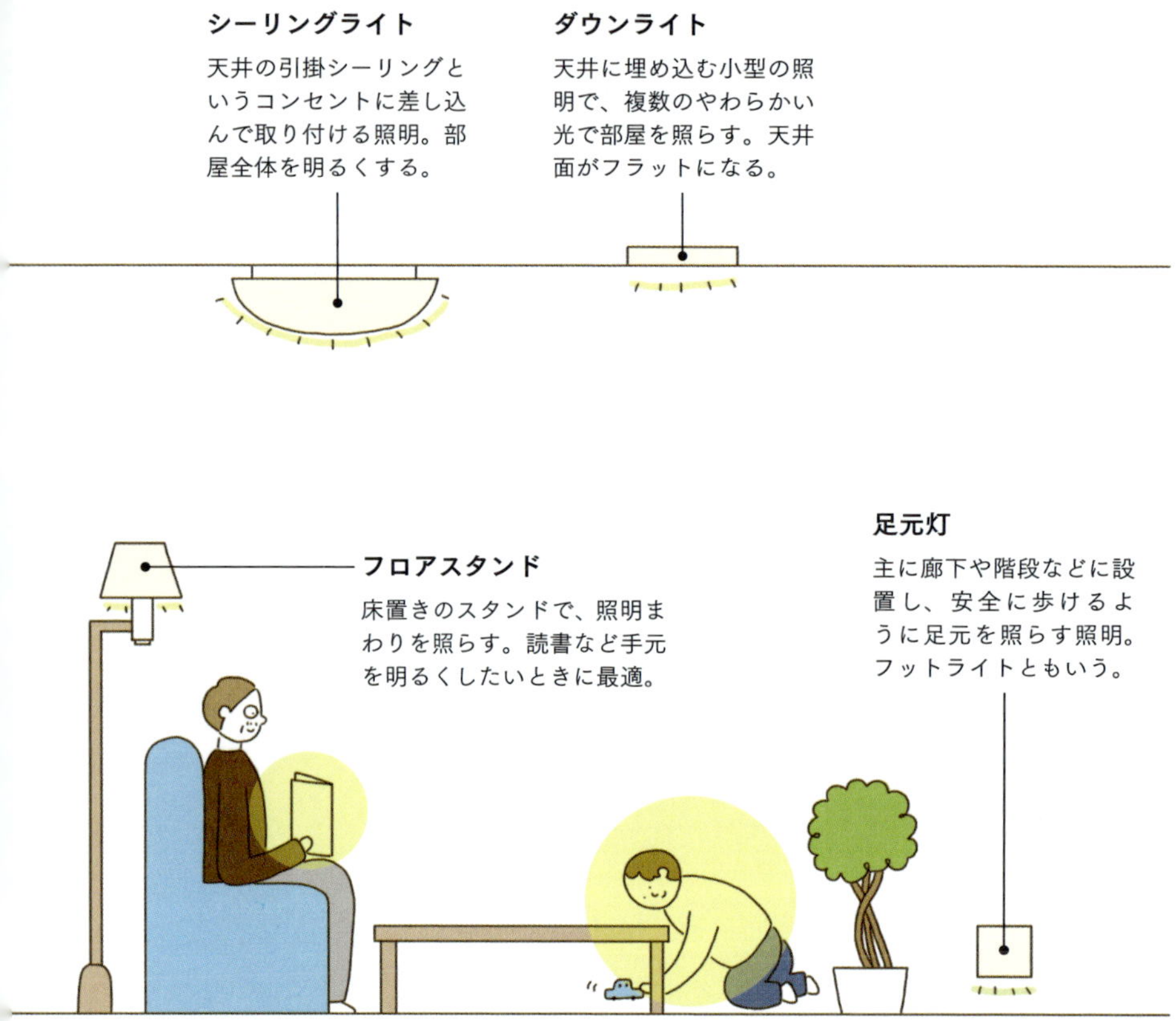
シーリングライト
天井の引掛シーリングというコンセントに差し込んで取り付ける照明。部屋全体を明るくする。
ダウンライト
天井に埋め込む小型の照明で、複数のやわらかい光で部屋を照らす。天井面がフラットになる。
フロアスタンド
床置きのスタンドで、照明まわりを照らす。読書など手元を明るくしたいときに最適。
足元灯
主に廊下や階段などに設置し、安全に歩けるように足元を照らす照明。フットライトともいう。

一つの空間に複数の照明を組み合わせる

均一な光で部屋中を照らすというのがかつての照明の考え方。その発想を転換し、リフォームを機に一つの空間に複数の照明を設置して、その演出効果を楽しんでみてはいかがでしょうか。

天井の照明は「シーリングライト」が中心ですが、ほかにも天井に埋め込んでほのかな灯りを楽しむ「ダウンライト」、部分的に光を集中させる「スポットライト」、天井から吊って食卓などを照らす「ペンダントライト」などがあります。また、壁の間接照明として「ブラケット」があります。これら以外にも、「建築化照明」といって、光源を隠して、やわらか

建築化照明
光源が見えないように天井や壁に設置し、天井やカーテンなどをやわらかく照らす。広く見せる効果がある。
ブラケット
壁に設置して間接的な光で空間を演出する照明。部屋に奥行きをつくり、広く見せる効果がある。
ペンダントライト
天井から吊り下げる照明でテーブル面などを照らす。デザイン性が高いものや大きさなど種類が豊富。
スポットライト
やや強い光で集中的に壁面などを照らす。天井にレールを設けて位置を変えられるようにすることも多い。

い光で空間を演出するタイプもあります。

これらの照明を適宜組み合わせると、そのときどきの生活のシーンにふさわしい照明効果が得られます。例えば家族で食事の際、ペンダントライトとダウンライトで集中と分散のバランスをとると落ち着いた空間になり、食事と会話を楽しむことができます。客を複数招いてホームパーティーを楽しむという場合には、スポットライトを加えて華やかに部屋を彩ってもよいでしょう。同じ空間が照明効果で見違えるように変化します。

照明器具の光源は、白熱灯、蛍光灯が主に使われてきました。しかし最近ではこれにＬＥＤが加わり、約10年といわれる長寿命とランニングコストの安さから人気になっています。シーリングライトからペンダントライト、ダウンライトまでＬＥＤの照明器具の種類が揃い、普及にともなって低価格化も見られます。

照明は92ページで述べるスイッチ・コンセントと同じく配線計画の一環として、間取り図ができた段階で専門家と話し合いましょう。

13

内まわり

スイッチ・コンセントの設置

暮らしに大きく影響します。使う家電と人を十分イメージして。

スイッチ・コンセント・照明を決める時期

1 リフォームプランの打ち合わせ

2 間取り図が提案される

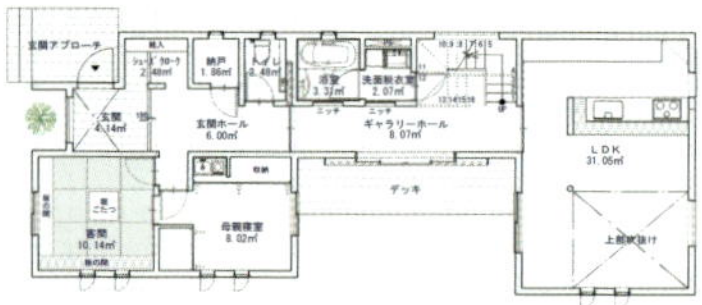

3 間取り図を検討し確定する

ココで決める

4 スイッチ・コンセント・照明の位置と数を決める

5 提案された電気配線図を確認する

電気配線図と主なマーク

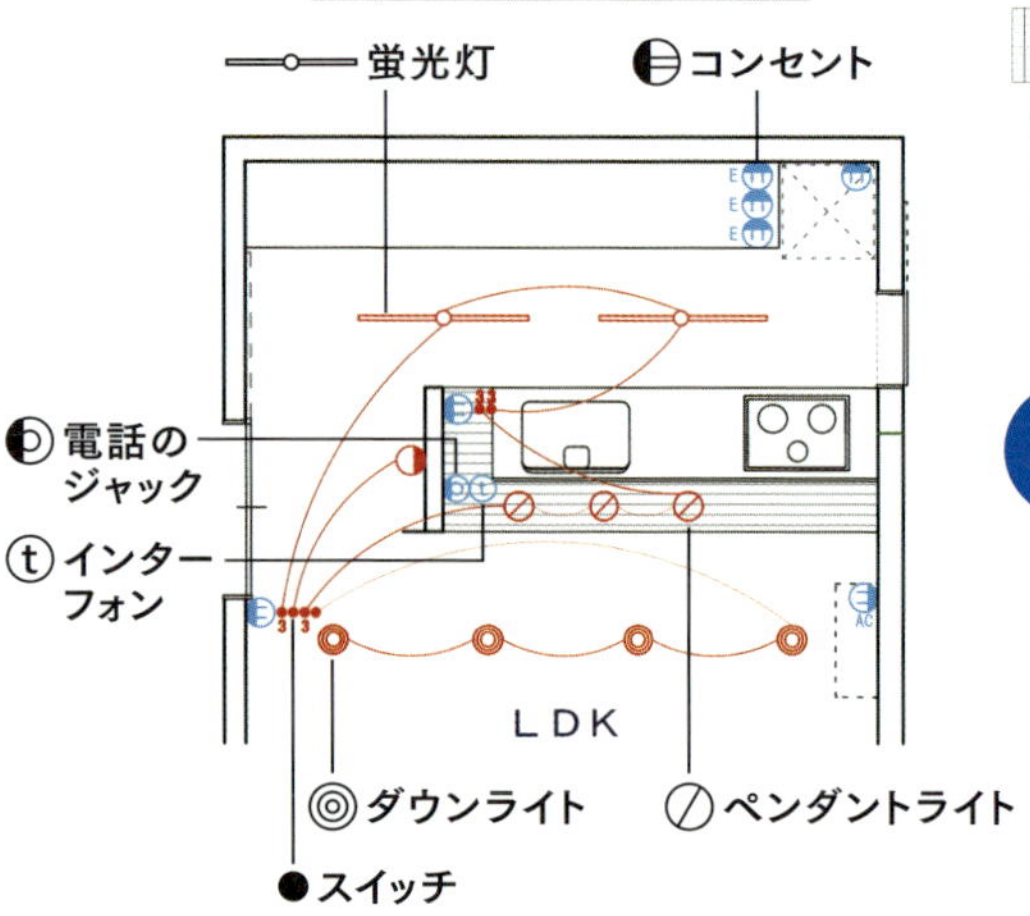
蛍光灯
コンセント
電話のジャック
インターフォン
LDK
ダウンライト
ペンダントライト
スイッチ

間取り図ができたらすぐに配線計画を

工事が完了してから「失敗だった」と思っても遅いのが、スイッチとコンセントの位置や数です。日々の暮らしに大きく影響することなので、きちんと決めてから工事をスタートしましょう。

コンセントの位置や数を決めるのは、間取りのプランニングが終わったタイミング。新しい間取り図を見ながら、どの位置でどんな家電を使うのかを書き入れてみましょう。例えばキッチンなら、電子レンジ、トースター、オーブン、コーヒーメーカー、フードプロセッサー、炊飯器、掃除機など。キッチンのそばにユーティリティを設けるのなら、照明、

みんなが使いやすいスイッチ・コンセントとは

新しいスイッチに交換する

まだ使えても、この機会に新しいスイッチに交換しては。押しやすい、取り外してリモコンになるなど、機能性がアップしている。

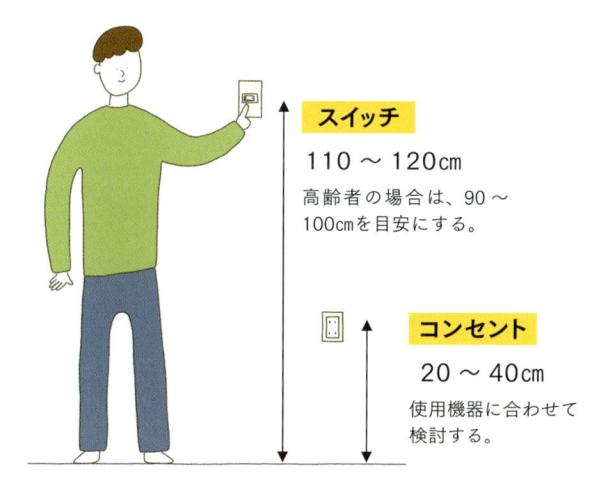

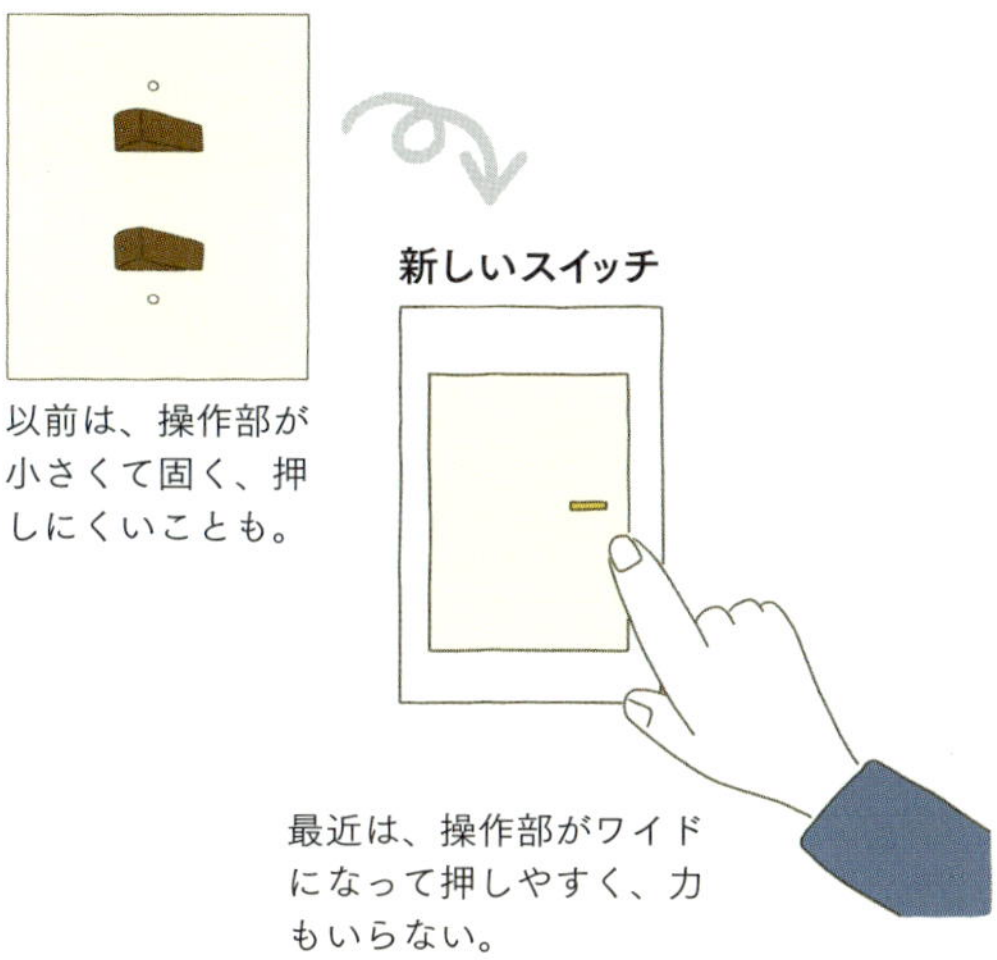
古いスイッチ
以前は、操作部が小さくて固く、押しにくいことも。
新しいスイッチ
最近は、操作部がワイドになって押しやすく、力もいらない。

スイッチ・コンセントの高さに注目

スイッチやコンセントの高さは、家族の身長、子どもや高齢者といった年齢に合わせて使いやすい位置へ設置する。

スイッチ
110 ～ 120cm
高齢者の場合は、90 ～ 100cmを目安にする。
コンセント
20 ～ 40cm
使用機器に合わせて検討する。

パソコン、プリンター、携帯の充電用など。さらにLANのコンセントも必要といった具合に、暮らしを想像しながらすべての場所で使うものを書き込んでいくと、必然的に必要なコンセントの数が決まってきます。パソコンとその関連機器など、充電が必要な機器が増えているので、多めに設けておくのがよいでしょう。

コンセントの位置で気をつけたいのは、掃除機のコードが届くかということ。いちいちコードの差し替えをしないで、広範囲に掃除ができる位置に設けておくと便利です。

スイッチは操作しやすい位置に設けます。例えばベッドで照明のスイッチをつけたり消したりしたいとき、ベッドサイドにないと不便です。取り外してリモコンになるスイッチを採用する手もあります。また2～3カ所で点灯・消灯ができる3路、4路スイッチ、玄関や廊下にセンサーで自動点灯・消灯するスイッチなども適宜設けておきましょう。スイッチはかつてよりワイドで操作しやすくなっており、それも交換のメリットです。

14

内まわり

内装のリフォーム 床や壁が劣化するほど手間と費用がかかります。

床をきれいにする方法

方法1 フローリング重ね張り

〈Data〉

- **どんなとき？→**
  既存のフローリングの破損が少なく、下地の劣化もない場合
- **廃材は？→**出ない
- **選べる床材は？→**薄いフローリング
- **費用の目安→** 6000円／㎡〜

既存のフローリングの上に新しく薄いフローリングを重ねて施工する方法。工期も短く低コスト。床の下地が傷んでいる場合はこの方法は向かない。

方法2 フローリング張り替え

〈Data〉

- **どんなとき？→**
  既存のフローリングと下地の劣化が進んでいる場合
- **廃材は？→**出る
- **選べる床材は？→**何でもOK
- **費用の目安→** 10000円／㎡〜

下地からやり直すので、老朽化している場合にふさわしい方法。床断熱も行え、きしみやたわみも解消できる。

重ね張りは騒音も少なく短工期、低コスト

内装リフォームの際、施工方法を決めて材料を選択しましょう。床と壁ともに、大きく分けて2種類の方法があります。

一つは既存の床材、壁材をはがして新しく施工する方法です。床の下地からやり直したり、断熱材を入れたりといったこともできます。

もう一つは既存の床材や壁材を残したまま新しい材料を重ねて施工する方法。例えば既存の床がフローリングの場合、下地がしっかりしているようなら、その上に重ねてフローリングを施工することができます。ただしフローリングは12〜15㎜の厚さがあるので、それだけ床が高

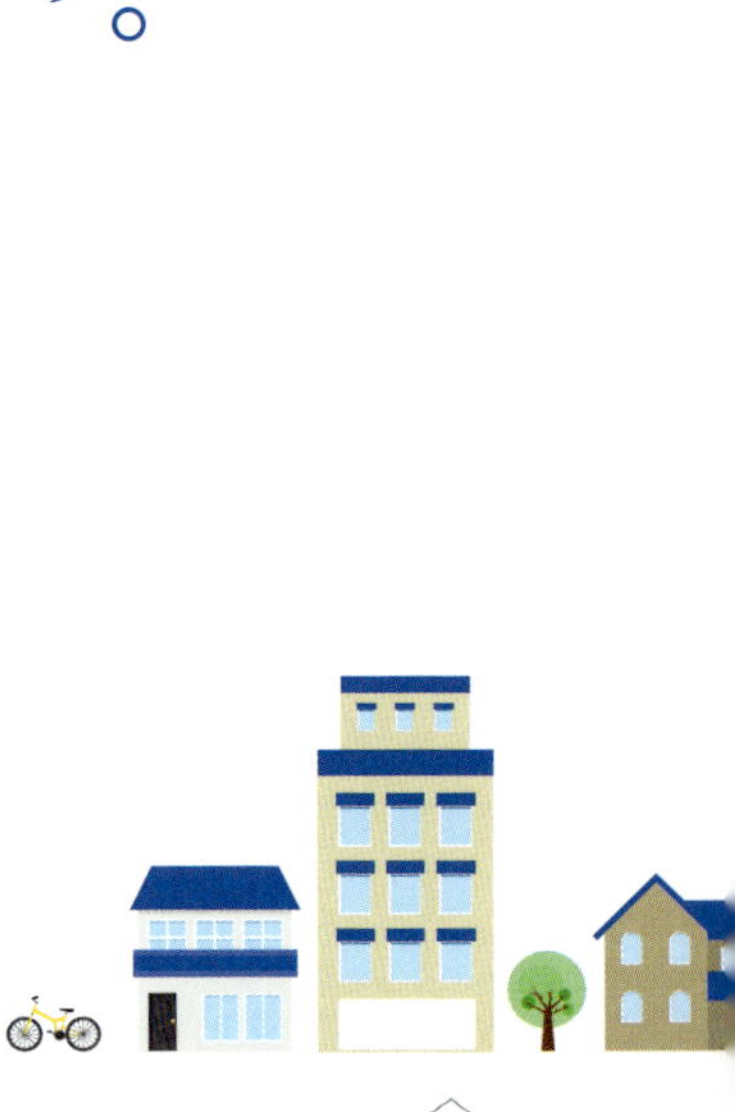

壁をきれいにする方法

方法1　ビニールクロスにペイント

〈Data〉

- **どんなとき？→**
  既存のビニールクロスの破損が少なく、簡単に補修できる場合
- **廃材は？→**出ない
- **選べる壁材は？→**既存のまま
- **費用の目安→** 1800円／㎡～

ビニールクロスの上からのペイントなら、DIYで自分でできることも。ビニールクロスが傷んだり、はがれたりしている場合は、補修をしてから行う。

方法2　ビニールクロスの張り替え

〈Data〉

- **どんなとき？→**
  ビニールクロスの劣化がかなり進んでいる場合
- **廃材は？→**出る
- **選べる壁材は？→**
  下地を変えれば何でもOK
- **費用の目安→** 2000円／㎡～

ビニールクロスをはがして、下地のボードの上に新しいビニールクロスを施工する。新たにペイントや漆喰《しっくい》などの塗り壁材を施工することもできる。

くなってしまいます。建具《たてぐ》が開閉できなくて交換しなければいけなくなったり、キッチンが低くなってしまったりといったデメリットもあります。それを避けるために薄い（3～6㎜程度）重ね張り専用のフローリングを採用する方法もあります。たわんだり、きしんだりする場合は、下地に問題があるので張り替えがおすすめです。

一方、ビニールクロスの上に重ねてビニールクロスを張るのは、ノリが付かないので通常はやりませんが、ペイントはできます。珪藻土《けいそうど》や漆喰《しっくい》にもビニールクロスの上から塗れるように加工したものがあります。ただし、既存のビニールクロスがはがれたり、傷付いていたりする状態ではこの方法はおすすめできません。

既存材に重ねて施工する場合は、既存材の解体・撤去費用がかからない分、安く工事ができます。また、床の張り替え時には大きな騒音もしますし、ホコリも立ちます。そうしたことを避けられ、短い工期でできるのも重ねて施工する方法のメリットです。

15

内まわり

床材の選び方

常に足と接している部分です。慎重に選びましょう。

床材を選ぶ際の比較ポイント

床暖房を検討している場合、熱伝導率が重要になります。
熱伝導率が大きい床材がおすすめです。

機能＼床材	タイル・石	コルク	畳	クッションフロア	カーペット	フローリング
肌触り	△	○	○	◎	◎	○
断熱性	△	◎	○	◎	◎	○
クッション性	△	◎	◎	◎	◎	○
すべりにくさ	△	◎	◎	◎	◎	○
汚れにくさ	○	○	○	△	△	◎
熱伝導率 W/（m・k）	タイル 1.3 石 3.5	0.063	0.11	0.19	0.073	0.15

◎すぐれている　○普通　△あまりよくない　※熱伝導率の数字は大きいほど熱を伝えやすい。

手入れのしやすさも十分に考慮して

床材は常に足に接している部分。選ぶときには見た目に加え、肌触りや断熱性が大きな要素となります。肌触りのよさや断熱性の高さでいうとカーペットが筆頭に挙げられます。しかし、かつてほどカーペットの床は多くは見られないようになりました。清潔感があり、手入れがしやすいことから木質のフローリングが好まれるようになったからでしょう。

フローリングは大きく分けると、むく材と複合フローリングの2種類で、それぞれ質感も異なります。むく材には天然の木独特の温もりや爽やかさがあります。一方、複合フローリングは樹脂系の

主な床材

クッションフロア

ビニール系の床材で、色・柄が豊富でクッション性がある。水まわりに多く用いられている。

カーペット

じゅうたんと同じ。天然素材のウールのほか、アクリル、ナイロンなどの合成繊維がある。目の詰まったもの、毛足の長いものなどを用途に応じて選ぶ。

複合フローリング

合板などの基材に、化粧単板（木目を印刷した化粧シートや天然木を薄くスライスした突き板）を貼ったもの。傷付きにくさなど機能を付加したものもある。

むく材フローリング

文字どおり一枚板のフローリング。さまざまな樹種があり、樹種によって見た目のテイストや価格が変わってくる。

タイル

主に陶製のものを指す。水にも熱にも強いため、玄関やユーティリティなどに用いられることが多い。

コルク

コルクガシの樹皮を使った、弾力性のある床材。空気を含むため、やわらかい。コルクに似せた合成コルクもある。

畳

稲わらで作った畳床を、乾燥させたいぐさを編み込んだ畳表でくるんである、日本特有の床材。

塗膜で覆われていることが多く、肌触りはむく材とは異なります。しかし反りにくく安定させた商品、表面に傷が付きにくいよう加工した商品もあるなど、複合フローリングならではのよさもあります。遮音性の高い複合フローリングもあり、マンションのように一定の遮音性が求められる場合に適しています。

コルクは弾力性と清掃性の両方を併せもつ床材です。肌触りもよく、転んでも衝撃が緩和されるので、子ども室などに用いるとよいでしょう。

それほど見た目のよさを要求されないトイレや洗面室などの水まわり空間では、低コストで、汚れ落としがラクなクッションフロアが多く用いられています。

水まわりの内装に高級感をもたせたい場合には、タイルを用いてもよいでしょう。玄関まわりの土間には大きいサイズのタイルが用いられています。

畳は稲わらの床に、いぐさを表に用いた昔ながらのものと、ボードを用いた建材畳の2種類があります。建材畳はダニの発生が抑えられるといわれています。

16

内まわり

壁材の選び方
コストがものをいう壁材。部屋の目的で使い分けましょう。

広く使う壁材はコストが大きくものをいう

壁材（および天井材）は使用する面積が広いだけに、選ぶときにはコストが大きな要素となります。ビニールクロスを選ぶ人が多いのは、低コストが大きな理由です。また、手軽に色・柄を選べるというメリットもあります。最近では汚れ落としが容易だったり、珪《けい》藻《そう》土《ど》を染み込ませたりといった機能を付加したものも出ています。機能が付加されていても価格は大きく変わりません。

雰囲気的にビニールクロスでは物足りない場合、和紙や布のクロスを選ぶこともできます。この場合材料費が高く、ビニールクロスより数倍以上かかりますが、

壁材を選ぶ際の比較ポイント

木質系壁材	ペイント（ペンキ塗装）	塗り壁（左官工事）	壁紙	壁材／機能
◎	○	○	△	肌触り
◎	○	○	○	断熱性
◎	△	△	△	汚れにくさ
△	○	○	◎	メンテナンス
△	○	◎	△	燃えにくい

◎すぐれている　○普通　△あまりよくない

主な壁材

塗り壁（左官工事）

珪藻土《けいそうど》、漆喰《しっくい》などが人気で、職人の手により独特な味わいが出る。防火性、断熱性、さらに一部の素材は調湿性も優れている。

壁紙

ビニールクロス、和紙など紙素材のもの、布を使ったものなど。一般的にはコスト的な理由でビニールクロスが使われることが多い。

木質系壁材

合板などの基材に化粧シートや突き板を貼ったもの、むく材などがある。腰高までのみ施工するケースも多い。

ペイント（ペンキ塗装）

左官工事より手軽で、ひび割れの心配もない。塗り壁に比べて色のバリエーションが多彩。

肌触りや見た目のやわらかい質感はビニールクロスにはない味です。

壁一面をアクセントカラーとして楽しみたい場合は、ペンキ（水性塗料）によるペイントがおすすめです。色の種類も豊富なので、部屋の雰囲気や用途に応じて使い分けるとよいでしょう。ただし、下地のつなぎ目などを平滑に仕上げないとペイントのよさが半減します。

左官工事をともなう珪藻土や漆喰《しっくい》の塗り壁は、材料費以上に施工費が高くなるのでビニールクロスやペイントよりコストがかかります。既存壁への重ね塗りでもビニールクロスの数倍以上のコストは見込んだほうがよいでしょう。ただし、塗り壁ならではの独特の深みのある味わいや調湿・消臭効果があります。

木質系の素材は、腰壁などによく用いられます。インテリアのアクセントになるほか、傷に強いタイプの化粧シートを貼ったものはペットのひっかき傷への対策としても効果的です。

これらの壁材をコストや目的、インテリアなどを考慮して選びましょう。

全体工事のチェックリスト

		項目	チェック
準備・仮設工事	1	仮設トイレは設けるか設けないかを施工会社から聞きましたか?	☐
	2	ゴミ置場や建設資材などを置けるスペースはありますか?	☐
	3	庭先などで作業できるスペースが多少なりともありますか?	☐
	4	工事用駐車スペースはありますか? また、2tトラックが入る道路幅はありますか?	☐
木工事	1	断熱材はどんな方法で入れるか聞きましたか?	☐
	2	既存建物との接続場所は上手に施工されていますか?	☐
	3	不具合があればそのたびに説明してくれますか?	☐
	4	仕上がった場所に保護シートなどがかぶせられていますか?	☐
	5	廃材などがきれいに掃除された現場になっていますか?	☐
	6	シックハウスの表示がされている建材を使用していませんか?	☐
屋根・バルコニー工事	1	軒樋《のきどい》、縦樋の劣化と取り付け状況を確認しましたか?	☐
	2	小屋裏を見ることができる点検口は設けてありますか?	☐
	3	バルコニーは防水のため居室の床から12㎝下で、勾配《こうばい》は1/50に施工されていますか?	☐
建具《たてぐ》工事	1	開閉と建て付け具合は確認しましたか?	☐
	2	施錠が必要な部屋はどの部屋か確認しましたか?	☐
	3	ドアストッパーや戸当たりなど必要な金物の確認はしましたか?	☐
内装工事	1	床鳴りやキズなどはないですか?	☐
	2	接着不良の所はないですか?	☐
	3	既存内装と新たに指定した内装の柄とのバランスは考慮しましたか?	☐
	4	取り付けの不具合や塗装の塗り残しなどはないですか?	☐
	5	既存間取りとの段差や納まりなどはイメージどおりにいきましたか?	☐
給排水工事	1	各水まわりの水圧は十分ですか?	☐
	2	トイレなどの水の流れ具合は問題ありませんか?	☐
	3	指定した品番やカラーの機器が取り付けられていますか?	☐
	4	器具の固定やコーキングなどの処理はきれいに仕上がっていますか?	☐
電気工事	1	容量アップの場合は注意が必要ですが、分電盤は変える必要はありませんか?	☐
	2	使う用途に応じて、LEDなども採用していますか?	☐
	3	エアコンなど、容量の多い機器の配線はどのように考えましたか?	☐
その他	1	担当者は追加変更などの相談を気持ちよく受けてくれそうですか?	☐
	2	増額工事などの見積もりはタイミングよく提出してくれそうですか?	☐
	3	工事終了後までに、メンテナンスの方法などを聞いておきましたか?	☐
	4	設備機器、器具などすべての保証書や取扱説明書を最後に受け取りましたか?	☐

Chapter 5

部屋別リフォーム

各部屋の機能をあらためて見直し、
リフォーム時のポイントをチェックしましょう。
使い勝手がよくなる実例やアイデアも紹介しています。

1

部屋別

リビング・ダイニング

家族の「気づき」を感じさせる空間づくりをしましょう。

リビング・ダイニングの考え方

■ 必要な設備・器具は？

必要
- インターホン
- エアコン
- 火災警報器

あると便利
- LAN 配線　・床暖房
- FF 暖房　・ガス暖房
- 天井埋め込みスピーカー
- 暖炉　・薪ストーブ

■ どんなことに配慮する？

- 家族それぞれの動きや目線がさりげなく伝わるような動線と家具のレイアウトにする。
- リビング＋ダイニング、リビング＋ダイニング＋キッチン、独立型と、ライフスタイルに合わせて選択する。

■ 照明計画の考え方は？

- 生活シーン（食事、団らん、読書など）に応じた照明計画を行う。
- 明るさのコントロールができる照明を使えば、雰囲気の演出ができる。
- 10 畳の部屋に対し、6 個くらいの補助ダウンライトを付けるとよい。

■ 広さ・寸法の目安は？

- リビングは 10 畳が目安。
- ダイニング＋キッチンのセミオープン形式は、ダイニングスペース 6 畳以上が目安。
- 天井に高さの変化をつけることで開放感を演出できる。
- 広さがあれば、リビングとダイニングの間に段差を設けるのもよい。

■ 湿気、換気の対策は？

- 通風計画と窓の開閉方法をリフォーム前に確認する。
- 窓ガラスに断熱ガラスや遮熱ガラスを採用するか検討する。
- ダイニングで焼肉や鍋をする機会が多そうなら、天井換気扇を検討する。

■ 仕上げはどうする？

- 飽きのこないナチュラルな素材と色使いを心がける。
- 空間のイメージをはっきりさせる。

例えばこんな材料で！

床　：フローリング、一部畳
壁　：珪藻土《けいそうど》、一部板張り
天井：板張り

みんなの視線や気配を感じあえるように

リビング・ダイニングはふだんから家族が集まってすごす場所。集まりやすく、リラックスして会話が弾む空間にすることを心がけましょう。家族がお互いの気配を感じつつ、思い思いにすごせる雰囲気を演出するのがポイントです。

例えば小上がりの和室や勉強コーナーを設けて、洗濯物を畳むなどの家事ができたり、子どもが勉強できたりするスペースがあってもよいでしょう。また、長く気持ちよくすごすには内装材のテイストに気をつけます。さらに、窓からの景色を楽しめるようにしたり、照明計画にも配慮したりしましょう。

実例

北側の壁に、大きなはめ殺しの窓を設け、リビングに開放感を与える。

リビング入り口の近くにある角をカーブにし、かつ下部を照明で演出。やさしく人を誘う。

リビングの一角にある、多目的に使える小上がりの畳コーナー。下部は引き出し収納にしてある。

ダイニングのコーナーに大きな出窓を設け、借景を楽しむ工夫（ただし耐震補強が必要）。

アイデア

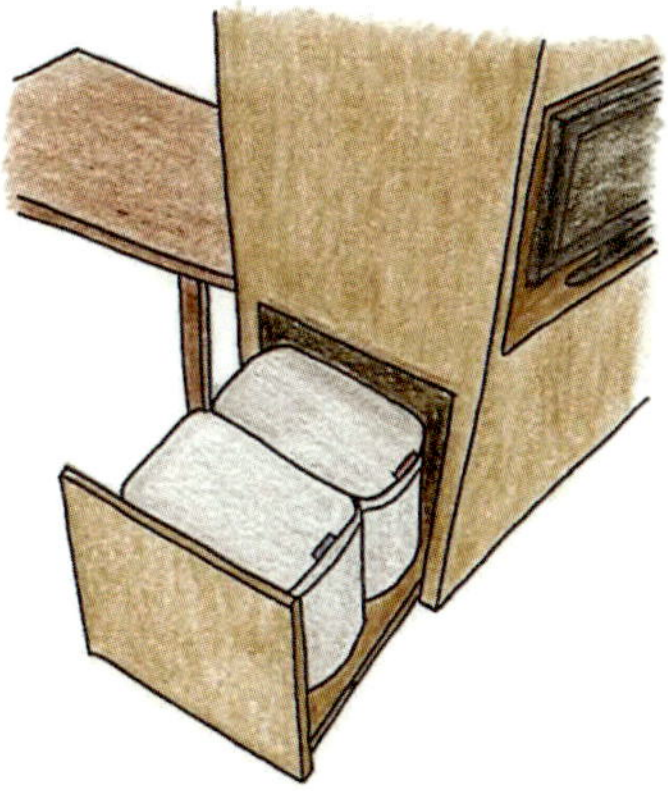

リビングとダイニングを収納家具で仕切る。中央にテレビ、その下部にはゴミ箱を収納。

全開できる折れ戸のサッシを設け、ベランダとリビングの段差をなくすと一体感が。

2

部屋別

キッチン

作業のしやすさに加え目線の位置にも注意します。

キッチンの考え方

▣ 必要な設備・器具は？

必要
- IH（ガス）コンロ
- レンジフード
- 換気扇　・給湯リモコン
- インターホン
- 火災警報器（熱式）

あると便利
- 専用コンセント　・足元暖房
- フットスイッチ（水の出止め）
- バーベキューグリル

▣ どんなことに配慮する？

- 各キッチン形式のメリットデメリットを確認し、家族形態に合わせる。
- キッチンの位置を変えるなら、給水・配水管の経路の再検討が必要となる。
- リビング＋ダイニング＋キッチン、ダイニング＋キッチンの場合、目線の位置を確認。

▣ 照明計画の考え方は？

- 全体照明と作業用部分照明を設ける。
- 広さ３～５畳の場合は、インバーター蛍光灯（高周波に変えて点灯するもの）で40W、５～７畳の場合は80Wが目安。

※キッチンスペースは電気を多く消費するので、現在の回路契約を確認する。

▣ 広さ・寸法の目安は？

- キッチンの幅は2.4m以上あると使いやすい。
- キッチンと背面の食器棚の間は90㎝以上確保する。
- 冷蔵庫はダイニング側から近い位置か、それとも一番奥か検討（冷蔵庫の扉の開閉方法に影響する）。

▣ 湿気、換気の対策は？

- 臭いや煙の発生する場所なので空気の循環に工夫が必要。
- 採光と通風、換気を兼ね備えた小窓があると快適。
- 勝手口を設けると、通風も可能に。
- 給気口と排気口の位置の確認をする。

▣ 仕上げはどうする？

- 長い時間立って作業をすることもあるため、下半身が疲れないように弾力性のある材料を選ぶ。

例えばこんな材料で！

床：クッションフロア、コルク
壁：キッチンパネル、
　　ハードなビニールクロス、タイル

キッチン収納はスペースを活かして

キッチンはオープンにするのか、セミオープンか、独立型かといったスタイルから決めます（→P83）。リビングやダイニングにいる人とのコミュニケーションも配慮し、不満点を整理して、わが家に合うスタイルを探しましょう。

オープンにしたいが、シンクの中が見えるのは嫌であれば、105ページの実例のようにカウンターを高くしたり、格子を造作したりという方法もあります。また、キッチンは収納をどう確保するかも大きなテーマです。カウンター下など、デッドスペースを上手に活用しましょう。

実例

キッチンカウンターの下部をダイニングやリビングで使う用具の収納スペースに。

手元が丸見えになるのが気になるなら、タテ格子を付けてセミオープンキッチンに。

状況に応じて折り畳みできるカウンターで、省スペース効果を発揮。

収納ボックスでキッチンを隠し、後ろの食器棚も引き戸を設けて目隠しする。

アイデア

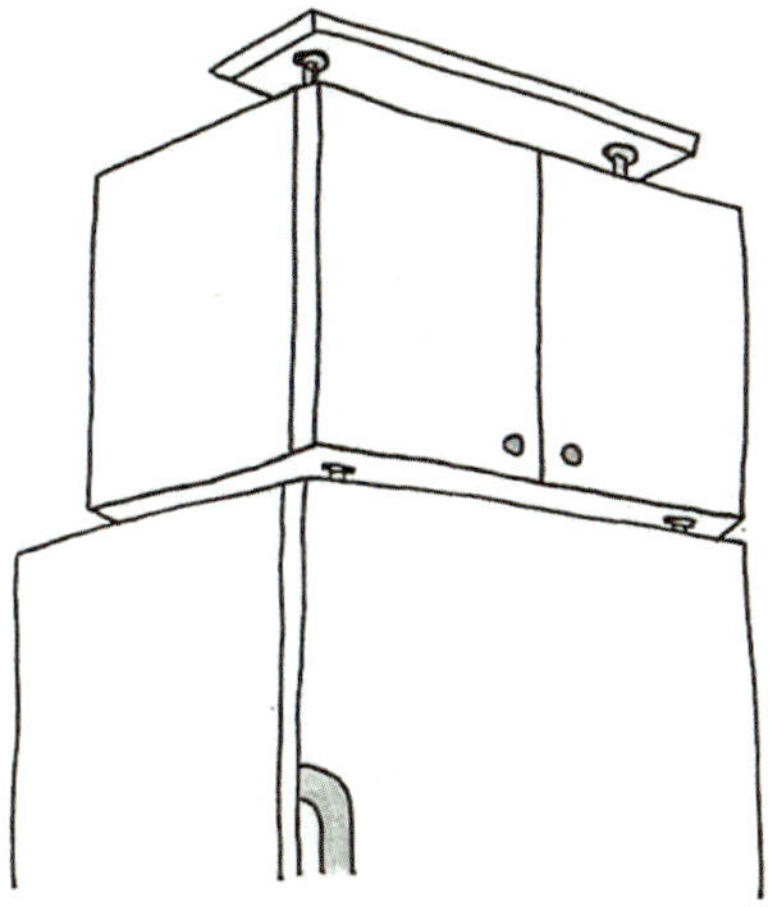

冷蔵庫の上部に耐震ポールを兼ねた収納ボックスを設ける。

キッチンのとなりに折り畳み式カウンターを設け、家事をしながら子どもの様子を確認。

3

部屋別

寝室

暗くして寝る寝室ですが日当たりのよい場所がおすすめです。

内装や照明の工夫で落ち着ける場所に

寝室は睡眠をとるという健康に大切な行為を行う場所。今が寒くて湿気の多い場所であれば、日当たりのよい場所に移動させましょう。採光しにくい場合、窓を大きくする、あるいは窓の下にガラスブロックの壁を設けて光を採り入れる方法などがあります。

また、寝室は眠る前にリラックスする場所でもあります。内装は落ち着いた、やわらかい色調を選び、照明の設け方も配慮しましょう。明るさをコントロールできる照明器具や間接照明、スタンドなどを効果的に使いたいものです。

寝室の考え方

▣ 必要な設備・器具は？

必要

- エアコン
- インターホン
- 火災警報器（煙式）

あると便利

- 加湿器 ・床暖房 ・ LAN 配線
- 電動窓シャッター
- 将来用のコンセント（電動ベッドなどのため）
- 全熱交換式換気扇

▣ 照明計画の考え方は？

- 十分な明るさの全体照明。
- 建築化照明（→ P91）などで雰囲気をつくる。
- 枕元、足元などに部分照明を利用。
- リモコン操作できるようにする（ベッドから点灯・消灯を可能に）。
- 枕元から光源が直接目に入らないように配慮。

▣ 湿気、換気の対策は？

- 窓の位置と大きさを再確認する（隣家との距離を考えてブラインドや窓フィルムで対応）。
- 窓はできれば２方向に設置するのが望ましい。
- 書斎・趣味のスペースなどを併用するのであれば、天井換気扇を設ける。

▣ どんなことに配慮する？

- できれば日当たりのよい場所に移動（高齢者は１階が望ましい）。
- バルコニーなどを付けて直接外部に出られると便利。
- 家具で凹凸を付けない。ウォークインクロゼットなどは造り付けがよい（地震対策）。

▣ 広さ・寸法の目安は？

- ７畳以上の広さを目安に。
- ベッドメイキングのためのスペースも確保する。
- 室内扉の幅は 70㎝以上。
- 天井の高さは 2.3m 以上。

▣ 仕上げはどうする？

- 全体的にリラックスできるよう、やわらかい色使いにする。

例えばこんな材料で！

床：フローリング、コルク、じゅうたん、畳

壁：珪藻《けいそう》土《ど》、布クロス

実例

夫と妻の寝室を引き戸で分ける。お互いに独立した生活ができるが、すぐに行き来もできる。

高い窓を設けて、ベランダ側の窓と２方向から採光・通風が得られるようにする。

天井の色を黒くして、やわらかいスポット照明を設置し、安定した眠りに誘う。

南側の明るい場所に寝室を設け、下部のガラスブロックからも採光する。

アイデア

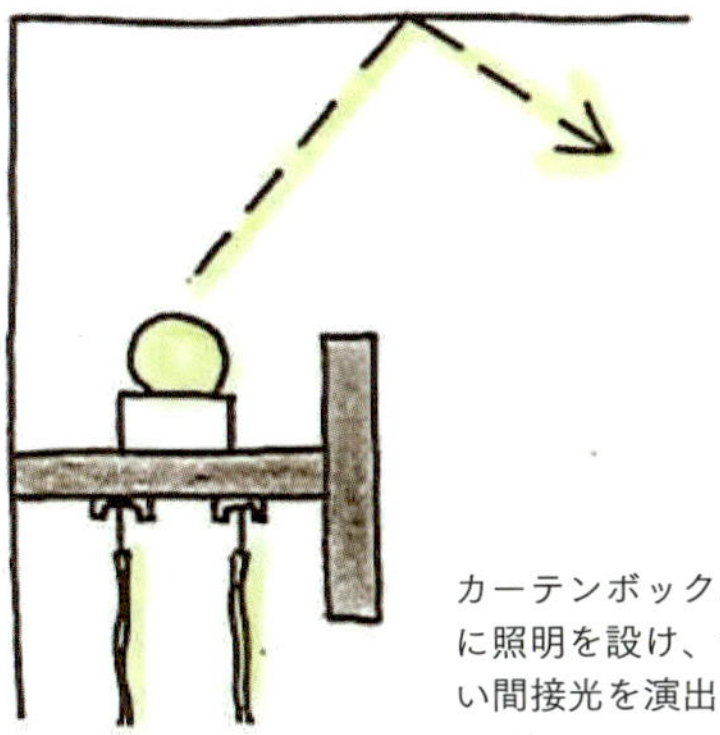

カーテンボックスの上部に照明を設け、やわらかい間接光を演出。

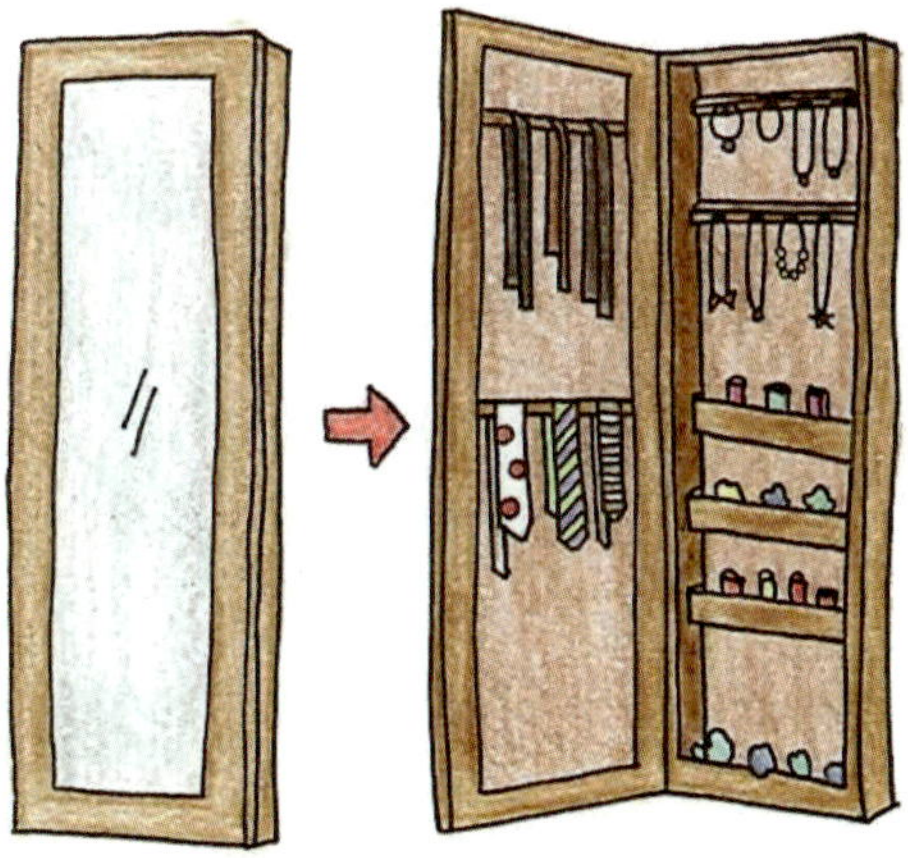

壁の厚みを利用しネクタイや小物などの収納スペースを造作。扉には姿見を。

4

部屋別

子ども室

灯りが見えるドアに替えれば大きな安心になります。

子ども室の考え方

▣ 必要な設備・器具は？

必要
- エアコン
- 火災警報器（煙式）

あると便利
- 加湿器
- LAN 配線
- インターホン
- 予備のコンセント
- 全熱交換式換気扇

▣ 照明計画の考え方は？

- 全体照明と部分照明の両方で明るさを確保する。
- 4.5 畳で 20W 蛍光灯 2 本、6 畳で 20W 蛍光灯 3 本を目安に。
- リモコン操作できるようにする（ベッドから点灯・消灯を可能に）。

▣ 湿気、換気の対策は？

- 窓を開けると外がうるさい場合には、全熱交換式換気扇を採用するとよい。
- ガラリ付きドアで廊下側の風を室内へ。
- 上部に小窓の付いたサッシを採用。
- 子ども室が 2 階北側で暗い場合は、天窓を検討。

▣ どんなことに配慮する？

- 子どもの現在の年齢に加え、これからの成長も考えて計画する。
- 開口部が多いとベッドや机など家具のレイアウトが制限されるので注意。
- 密室化しない工夫をする。
- ワクワクする楽しさも演出してあげる。

▣ 広さ・寸法の目安は？

- 4.5 ～ 6 畳を目安に。
- 子どもの成長にともなって収納が増えるので、そのスペースを確保。
- 広いスペースを家具で仕切って子ども室にすれば、将来広いスペースを夫婦の寝室に使うこともできる。
- 小屋裏の活用も考えてみる。

▣ 仕上げはどうする？

- 子どもの成長に合わせてビニールクロスのデザインを選ぶ。

例えばこんな材料で！

床：フローリング、コルク
壁：ビニールクロス、ペイント、一部板張り、シナベニヤ

親が子どもの気配を感じられる工夫を

子ども室はリフォーム時の年齢に応じてやることが変わってきます。小さいうちは、成長を前提に一部屋を複数で使わせ、成長すれば仕切れるようにしておくとよいでしょう。小学生になったら一部屋で使っていた部屋を仕切る方法を考えてみます。

また、完全に親の視線をシャットアウトしてしまうのは問題です。例えば小窓の入っているドアを用いたり、引き戸を用いたりすれば、心理的な距離感を多少もたせつつ親の気配を感じさせることができます。子どもと一緒に考え、工夫してみましょう。

実例

小屋裏を利用したロフトベッド。大きくなったら収納として利用しても。

廊下から子ども室が見えるようにガラス窓を設け、子ども室の密室化を防ぐ。

将来は2部屋に仕切れるよう、広さにゆとりをもたせておく。

柱を残して将来は2部屋に。奥の部屋が暗くならないようトップライトを設置。

アイデア

限られたスペースしかない場合、壁と2段ベッドを一体化させる方法も。

窓枠のまわりに木の枠をかぶせると、窓辺が温かくやわらかな雰囲気に。

5

部屋別

玄関

玄関は住まいの顔。センスと機能をアップさせましょう。

収納を増やすなど機能的にも、より便利に

玄関は住まいの顔。リフォームを機にセンスアップし、また機能的にも高めましょう。

土間との段差が気になっているようであれば「式台」（上がり口に設置する一段低い踏み板）を設けるとよいでしょう。明るくしたいならホールの奥に地窓を設けても。華やかにするには飾り棚を設けてはいかがでしょうか。

リフォームを機に玄関収納を増やすこともできます。土間続きに大きな収納を設けると、靴だけでなくコートやバッグ、傘など玄関先にあると便利なものをたくさんしまえます。

玄関の考え方

▣ 必要な設備・器具は？

必要
- ゆっくり開閉する玄関扉
- 将来、手すりを設置するための、壁の中の下地

あると便利
- 電気錠
- 寒冷地なら、玄関を暖める壁パネルヒーター
- 予備のコンセント

▣ どんなことに配慮する？

- バリアフリーの視点からも考える。
- 駐車場との関係と、玄関ポーチと上がり框《がまち》の段差を考慮する。
- 玄関収納スペースは十分かチェック。

▣ 照明計画の考え方は？

- 全体照明のほかにブラケットや足元灯を併用する。
- 暗い外から入ってくるので、明るすぎないように。
- 玄関から廊下へは、３路スイッチを併用する。
- 「遅れ消灯」なども取り入れる。

▣ 広さ・寸法の目安は？

- １坪（1.8 × 1.8m）を目安に。
- 玄関扉は物の搬入も考えて、やや広めに（親子扉など）。
- 上がり框《がまち》の高さは、一般的に 18㎝以下。高いと感じたら手前に式台を設ける。

▣ 湿気、換気の対策は？

- 下駄箱など履物収納は湿気やカビ、臭気の原因になるので、内部空気の循環を図る。
- 気になるのであれば、除湿機を設けるスペースやコンセントを設けておく。

▣ 仕上げはどうする？

- 防滑性や耐湿性に優れ、掃除がしやすいこと。

例えばこんな材料で！

床：タイル、石
壁：ビニールクロス、ペイント、珪藻土《けいそうど》

実例

玄関の横を広げ、シューズクロークを設けると靴以外も収納できる。

収納の下に地窓を設けると玄関が明るく、広がりも出る。

玄関近くに洗面台を設け、外から帰ったらすぐに手や顔を洗えるようにする。

玄関の正面にアイポイントとして、入り口アーチと同じ形の飾り棚を設ける。

アイデア

一般的に門扉にある郵便ポストを玄関扉の近くに設け、外に出ずにすむようにする。

玄関土間に靴を履くためのベンチを設け、中はシューズボックスにする。

部屋別

6 廊下

廊下をただの通路にしておくのは実にもったいない話です。

カウンターや書棚を造作し楽しい空間に

廊下をただの通路にしておくのはもったいない話です。リフォームを機に新しい活用法を考えましょう。

廊下の壁際にカウンターを設置すれば接客スペースや収納、飾り棚などとして活かせます。その際、最低でも幅60㎝は通路として残しましょう。カウンターは手を置けるので、手すりの役割を兼ねることもできます。

また、書棚を造作すれば、ちょっとしたライブラリーになり、親子のコミュニケーションにも役立ちます。壁をへこませたニッチを設ければ、通路を狭くしないで楽しい空間ができます。

廊下の考え方

▣ 必要な設備・器具は？

必要
- 掃除用コンセント
- 一般コンセント

あると便利
- インターホン
- 天井換気扇
- パネルヒーター
- ピクチャーレール

▣ どんなことに配慮する？

- 玄関や階段との関係性で廊下の役割を考える。
- 廊下の幅を一部広げ、ニッチ（壁面をへこませた飾り窓のようなもの）を設ける。
- デッドスペースの活用を図る。
- 廊下の取れる壁、取れない壁をチェック。

▣ 照明計画の考え方は？

- LEDダウンライトで天井をスッキリさせる。
- 建築化照明、壁付け照明などでやわらかい雰囲気をつくる。
- 壁紙の張り替えにより既存のスイッチの汚れが気になったら取り替える。

▣ 広さ・寸法の目安は？

- 廊下の幅は一般的には80～90㎝程度。
- 廊下の壁厚を利用して本を置きたいなら、奥行き10㎝を目安に。
- 収納スペースをつくりたいなら、廊下の幅を60㎝は確保する。

▣ 湿気、換気の対策は？

- 廊下が部屋に囲まれている「中廊下」は採光しづらく湿気や臭気がたまりやすいので、天井換気扇を設ける。
- 居室側から高窓などを利用して、風の通り道をつくる。

▣ 仕上げはどうする？

- 床材は防滑性があり、多少弾力性のあるものを選ぶ。
- 採光しづらい廊下は、明るい色の仕上げ材を選ぶ。

例えばこんな材料で！

壁：ビニールクロス、ペイント、珪藻土《けいそうど》、腰壁の板張り、シナベニヤ

実例

廊下の一部にカウンターを設け、下部を収納に。作業台と収納を兼ねられる。

廊下から小さいデッキを設けると、採光・通風、広がりが得られる。

廊下に設けたニッチは小さな博物館。 家族が思い思いの物を飾れる。

廊下に奥行きの浅い本棚を設けて、家族のライブラリーに。

アイデア

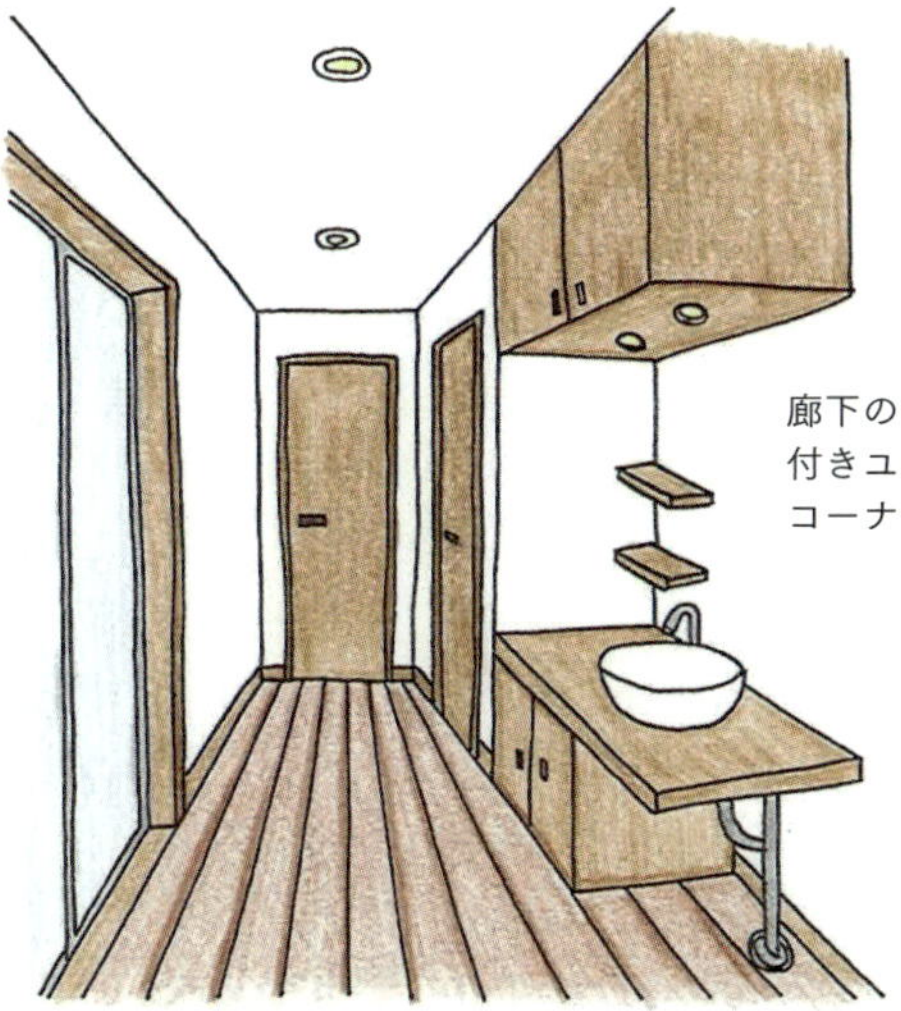

廊下の一部に手洗い付きユーティリティコーナーを設ける。

一部にガラスをはめ込み、下階に光を。夜は下階の明かりがフットライトに。

7

部屋別

浴室

こだわりの空間を実現したいならオリジナルの造作バスも一案です。

自由さが魅力のオリジナルの造作バス

浴室のリフォームはシステムバスを採用するか、造作するかで大きく変わります。システムバスは費用的に造作より安く、施工も均一に仕上がるという安心感があります。しかし個性的に仕上げたいなら造作でしょう。

とくに一戸建ての場合、サイズも自由になり、窓の設け方も工夫できます。窓は庭との関連も重視して設け、浴槽は広さを確保してゆったり入れるようにしましょう。また内装に木を多用すると、見た目から温もりを感じられます。石やタイルを自由に使うことができるのも造作浴室の魅力の一つです。

浴室の考え方

▣ 必要な設備・器具は？

必要
- 風呂リモコン
- 手すり
- 緊急ブザー
- 鏡
- 天井換気扇

あると便利
- 換気暖房乾燥機
- ミストサウナ
- 収納ボックス

▣ どんなことに配慮する？

- 浴室のみか、それともとなりの脱衣室や洗面室もリフォームするか、バランスを確認。
- 採光や通風など、窓の位置を再確認。
- 温熱環境に配慮する。
- 施工が変わるため、在来工法にするかユニットバスにするか考える。

▣ 照明計画の考え方は？

- 心身を癒す温かみのある白熱灯がよい（防湿タイプ）。
- 広さ 1.8×1.8m で 60W を目安に。
- 窓の影が映るのを防止する。
- 足元まで明るくする。

▣ 広さ・寸法の目安は？

- 浴室のスペースは 1.8×1.8m、1.8×1.6m が目安。
- ユニットバスの表記「1818」は、1.8×1.8m という大きさを表している。
- 浴槽縁の高さは 40㎝までが目安。
- 出入り口の幅は 65 ～ 75㎝が目安。
- 将来を考え、バリアフリーの視点からも考える。

▣ 湿気、換気の対策は？

- 湿気が多くカビや臭気が発生しやすい場所なので、積極的な換気を心がける（自然換気と機械換気を組み合わせる）。
- 冬場は他室との温度差をできる限りなくす。
- できれば小窓を設ける。

▣ 仕上げはどうする？

- 内装材は肌触りがよく、防滑性、水はけ、接触温熱感、衝撃吸収性のあるものを。

例えばこんな材料で！

床：水はけがよく、温かさを感じさせるタイル

壁：大きいタイル（300×300㎜）を選び、高級感を演出。

実例

腰壁には石を使い、上部にはヒノキを板張りして豪華な造作浴室に。

はめ殺しの窓を設け、坪庭を設けて眺める。通風は右の小窓からできる。

木にこだわり、浴槽をヒノキで造作すると温もりが生まれ、よい香りも。

素通しのガラスで開放的に。壁の一面のみ鮮やかなタイルを用いて、アクセントに。

アイデア

木の香りを楽しめるように、浴槽のフタだけでもヒノキの板にしてみては。

水栓の下に奥行のある棚を設け、省スペースなバスグッズカウンターに。

8

部屋別

洗面脱衣室

手洗い、メイク、洗濯、収納…洗面脱衣室は「多機能空間」です。

用途に合わせて収納や照明の工夫を

洗面脱衣室は、浴室（ときにはトイレも）を含めて計画しましょう。スペースが広くとれないときは、完全に間仕切りせず、腰高の壁やガラスのドアを設けることで開放的で明るい洗面脱衣室になります。

メイクをしたり、洗濯をしたりと多機能な空間でもあるため、収納や照明に工夫を。洗濯機のとなりに便利なオープン棚を設けるのもおすすめです。ゆとりがあればツインボウルと長いカウンターを設けてもよいでしょう。また、照明は明るさ以外にもメイク室としての雰囲気も大切にします。

洗面脱衣室の考え方

■ 必要な設備・器具は？

必要
- 家電（洗濯機、乾燥機など）
- 家電用コンセント　・鏡
- タオルかけバー・天井換気扇

あると便利
- タッチレス水栓
- スイング三面鏡
- 足元暖房　・涼風暖房機
- タイマー付き換気扇
- パネルヒーター

■ どんなことに配慮する？

- 浴室と合わせて考える。
- シャンプー、リンスなど消耗品の収納スペースを確保する。
- おしゃれで清潔感が感じられるインテリアに。
- 洗濯機の設置位置を考える。

■ 照明計画の考え方は？

- 全体照明（60W）と鏡まわりの部分照明（25W）。
- 防湿性のある器具。
- 浴室のスイッチなど、ほかの部屋との使い勝手も考慮して位置を決める。
- スイッチなどを壁に付けたいなら引き戸は避ける。

■ 広さ・寸法の目安は？

- ２畳を目安に。
- 風呂上がりにバスタオルをかけられるタオルバーを取り付ける壁があると便利。
- 使用する時間帯が２人以上同じなら、ツインボウルにする。
- 天井の高さは2.4m以下でも問題ない。

■ 湿気、換気の対策は？

- 湿気がたまりやすいので、換気に十分留意する。
- 自然換気を基本に、天井換気扇、換気暖房乾燥機などを浴室側へ取り付ける。

■ 仕上げはどうする？

- 床材、壁材などは汚れにくく湿気に強く、掃除しやすいものを。

例えばこんな材料で！

床：ビニール床タイル、コルク、Ｐタイル、リノリウム、竹フローリング

実例

洗面台の上部に電動開閉式の高窓を設けると、光と風を十分に取り込める。

浴室、洗面脱衣室、トイレを一つにまとめる。トイレ横の棚は洗面脱衣室、トイレの共用で使う。

洗面コーナーの前の全面を鏡にしてスッキリと。収納は反対側に壁面収納を設ける。

写真のような斜めにできたスペースでも、三角形の洗面コーナーが設けられる。

アイデア

壁面にタオルウォーマーがあると、暖かくてフカフカのタオルをいつも使える。

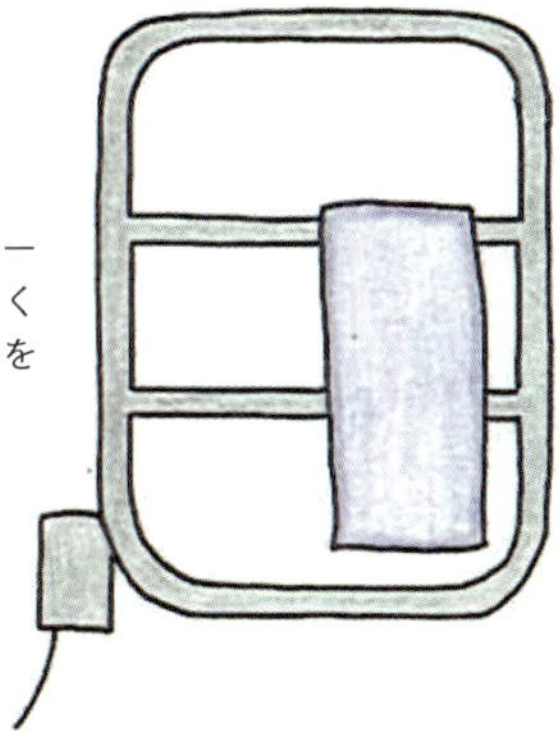

洗濯機とタオルの収納をとなり合わせに設けると機能的に。

9

部屋別

トイレ

トイレは小さな応接室。狭いからこそおしゃれな空間に。

内装と小物選びに センスを発揮して

狭い場所ですが、日に何度かそこですごし、お客様も迎える場所がトイレ。小さな応接室と心得て、おしゃれな演出を心がけましょう。

ポイントになるのは内装と小物です。ビニールクロスで一面だけ色を変えたり、好みの色でペイントしたり。むく材の腰壁や珪藻土《けいそうど》、漆喰《しっくい》といった壁材はトイレを爽やかな場所にしてくれます。手洗い器、ペーパーホルダー、スイッチといった小物類も念入りに選びましょう。床材はとくに汚れにくくて、掃除しやすい素材を選びます。クッションフロアなどビニール系の素材が一般的です。

トイレの考え方

必要な設備・器具は？

必要
- 換気扇
- トイレリモコン
- アース付きコンセント
- ペーパーホルダー

あると便利
- 手洗いカウンター
- 緊急ブザー
- 温風ヒーター
- パネルヒーター
- 収納ボックス

どんなことに配慮する？

- 狭いからこそ、インテリア小物はおしゃれに。
- 既存の配水管の位置に新規の便器が取り付け可能かどうかを確認する。
- 上階に新規のトイレを設ける場合は、給水・排水管の経路を確認。下階への音にも注意。

照明計画の考え方は？

- 40Wを目安に。
- スイッチのON・OFFが多いので蛍光灯は向かない。
- センサーによる点灯・消灯も考えてみる。ただし、長時間座ったままでいると消えてしまうことも。

広さ・寸法の目安は？

- 幅1.0m×長さ1.5mの広さが目安。
- 介護スペースを確保するのであれば、便器側に50㎝前後のスペースを確保する。
- 緊急の救助や介助を考えるのであれば、扉開口有効幅80㎝以上を確保する。

湿気、換気の対策は？

- 天井換気扇を取り付ける。
- タイマー付き換気扇があると便利。
- ドア下部にすき間を設け、通風を促す。
- 小窓があると自然換気ができる。

仕上げはどうする？

- 寒々しくならない色使いを心がける。
- 汚れにくく、掃除しやすいものを選ぶ。

例えばこんな材料で！

床：ビニール床タイル、コルク
壁：抗菌ビニールクロス、ペイント、一部板張り（腰壁）

実例

棚や鏡などに木を使って、温もりを演出。素材の違いで雰囲気が変わる。

スギ板の腰壁で爽やかに。天井はやわらかくカーブさせ、自然塗料の柿渋を。

男性用便器を別途設けると、汚しにくく、掃除がラクになる。

可能なら２方向に窓を設けて、風通しをよくする。

写真提供：神保電器

写真提供：KAWAJUN

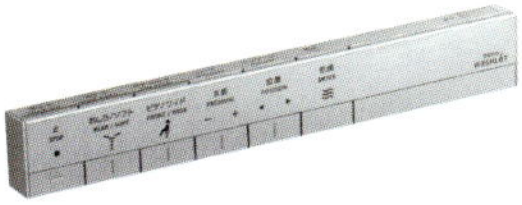

写真提供：TOTO

ガラス棚の透明感あるペーパーホルダーや、シンプルでスタイリッシュなスイッチやリモコンを採用。

アイデア

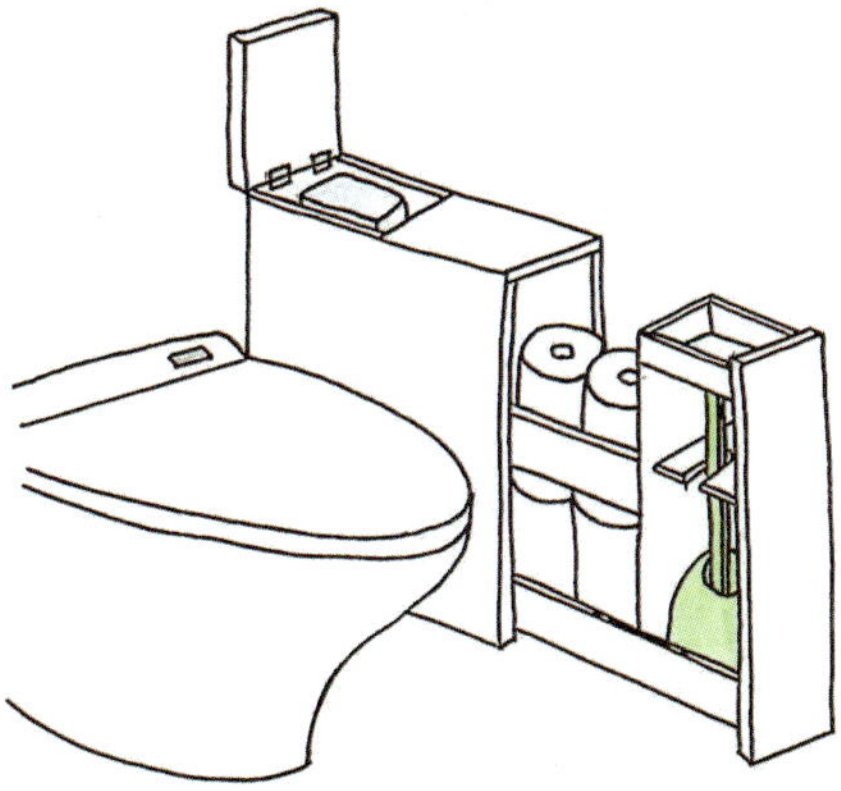

トイレットペーパーや掃除道具などがまとめられる収納が近くにあると便利。

10

部屋別

ユーティリティ

「裏方」の工夫が家事をラクにするポイントです。

スペースがなければ廊下なども活用して

ユーティリティとはちょっとした家事スペースのこと。洗濯物を畳んだり、アイロンがけをしたり、家計簿をつけたり、人によって用途はさまざまです。何をしたいのか、目的意識をもって設ける位置や広さを考えましょう。

キッチンの近くに設けてもよいですが、スペースがとれない場合は廊下の一部に設ける手もあります。例えばバルコニーや室内物干しの近くに設ければ、洗濯物をとりこんだり、アイロンをかけたりするのに便利。その場合、風通しのよい位置に設ける、換気口を設けるなど、湿気・換気に注意することが大切です。

ユーティリティの考え方

▣ 必要な設備・器具は？

必要
- アイロンなどの専用コンセント
- 家電（洗濯機、乾燥機など）

あると便利
- 洗濯物用流し
- ランドリーパイプ（電動）
- 天井換気暖房乾燥機
- 小物収納ボックス

▣ どんなことに配慮する？

- 小さくてもよいので、自分の使い勝手に合った家事コーナーがあると便利。
- キッチンやダイニングの近くに設けるのか、独立したスペースに設けるのか決める。
- 洗面脱衣室のリフォーム時に、併設することも可能。

▣ 照明計画の考え方は？

- 全体照明を基本に考えておく。
- 使い方（家事作業・家事事務など）によって明るさを決める。
- 明るさをコントロールできると便利。
- 作業用の手元灯があると便利。

▣ 広さ・寸法の目安は？

- 限られたスペースになるので、収納ユニットまたは家事デスクなど、利用目的をはっきりさせてスッキリと使うことがポイント。
- 広さはあまり意識しなくてよい。

▣ 湿気、換気の対策は？

- 雨の日に室内物干しスペースにすることも考え、湿気対策を考えておく。
- 湿気がたまりやすいので天井換気暖房乾燥機を付ける。
- 基本は自然換気。
- 給気口・排気口を設けておくとよい。

▣ 仕上げはどうする？

- 清潔感があって、明るい雰囲気にまとめる。

例えばこんな材料で！

床：フローリング、ビニール床タイル、コルク

壁：一部タイル、シナベニヤ

実例

洗面脱衣室手前の廊下に収納量たっぷりのユーティリティを設ける。

スペースがなければ、廊下の一部にユーティリティを設けるのも手。

バルコニー近くのユーティリティなら、洗濯物干しの際に便利。

室内干しスペースを兼ねる。風を取り入れ、トップライトで採光する。

アイデア

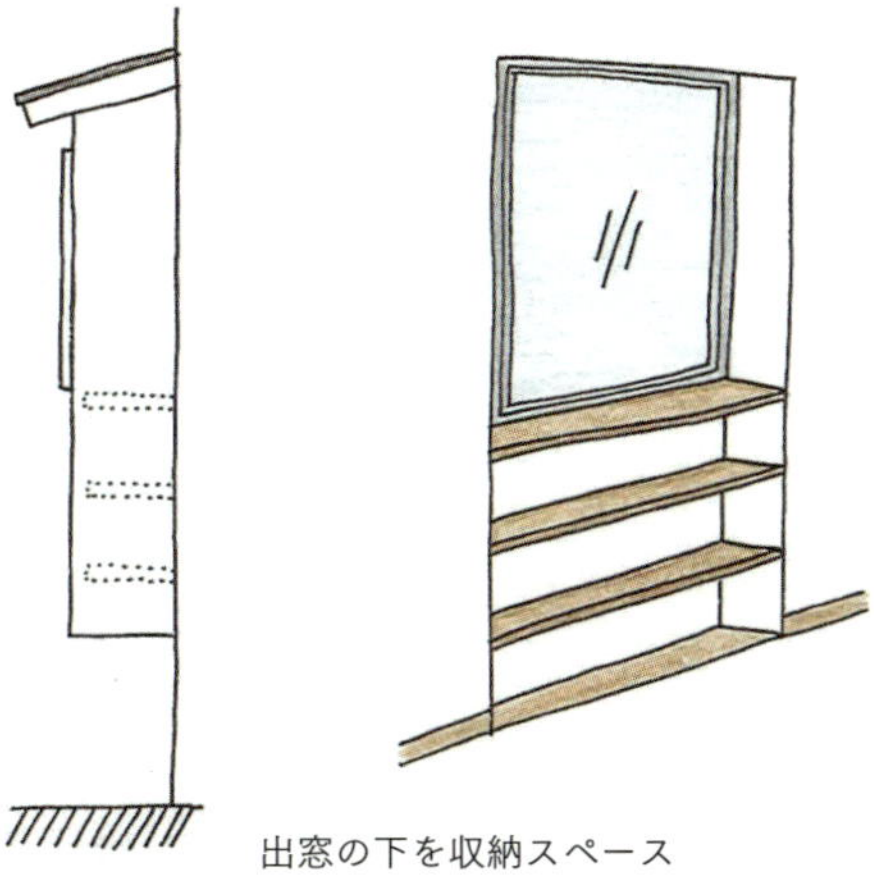

出窓の下を収納スペースに利用する。

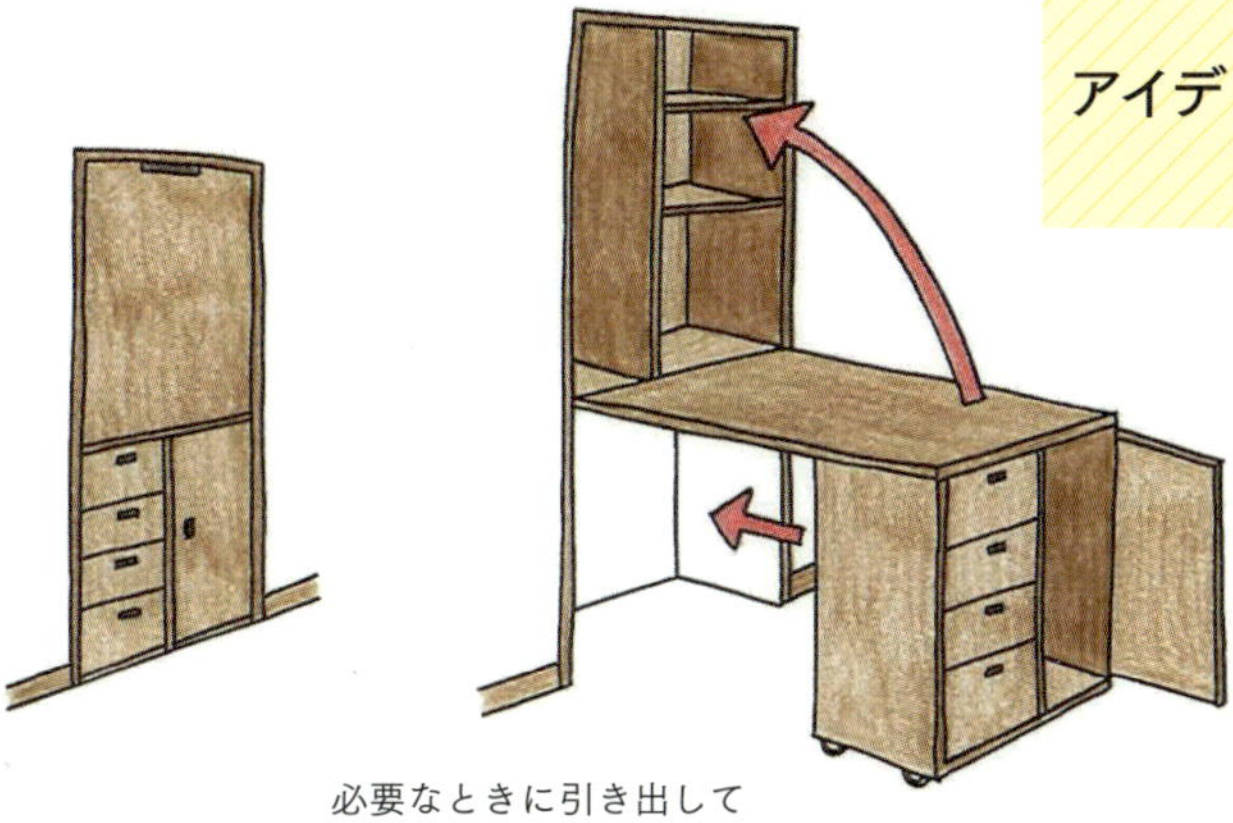

必要なときに引き出して使える家事台と収納で、省スペースに。

部屋別チェックリスト

	項目		チェック
玄関	1	履物・傘・アウトドア用品・コートなどの収納スペースは十分ですか？	□
	2	将来手すりを設置できるように、下地を設けてありますか？	□
	3	照明スイッチは人感センサー、またはパイロットランプ付きなども必要か考えましたか？	□
廊下・階段	1	掃除用や季節ごとに使うコンセントは設けましたか？	□
	2	将来もふまえ、手すりの形状や取り付け位置を考慮しましたか？	□
	3	照明器具の球を取り替える際のために位置や高さは確認しましたか？	□
リビング・ダイニング	1	持ち込み家具のサイズをリフォームする図面の中で確認しましたか？	□
	2	エアコンとソファなどの位置関係は確認しましたか？	□
	3	大きな窓ガラスがある場合、防犯対策など何か配慮しましたか？	□
	4	大きな絵などを飾るなら下地を入れる必要がありますが、確認しましたか？	□
キッチン	1	買い物搬入・ゴミ搬出の動線は確認しましたか？	□
	2	分別するゴミ置場は確保されていますか？	□
	3	冷蔵庫の大きさ、スペース、位置は確認しましたか？	□
	4	スイッチ・コンセントは電化製品のレイアウトを考えたうえでの位置になっていますか？	□
	5	電子レンジなどは専用回路の配線になっていますか？	□
洗面・脱衣室	1	換気扇は設けましたか？	□
	2	タオルかけ、手すりなどを設けられる壁面はありますか？	□
	3	床下点検口はどこに設けるか考えましたか？	□
	4	洗濯機に温水は必要ですか？	□
	5	消耗品や小物の収納について考えましたか？	□
浴室	1	浴槽縁の高さは40cmを目安として考えましたか？	□
	2	給湯能力はどのくらい必要か確認しましたか？	□
	3	冬場でも他室との温度差が少なくなるよう工夫されていますか？	□
トイレ	1	将来手すりを設置できるように、下地を設けてありますか？	□
	2	広さやバリアフリーなどを考慮して計画を立てていますか？	□
	3	給排水管の経路はどのようになっているか確認しましたか？	□
	4	掃除用具やトイレットペーパーなどの収納について考えましたか？	□

Chapter 6

資金計画と見積もり

リフォームにはまとまった資金が必要になります。
工事が大がかりになるとローンを利用することも。
資金について考えてみましょう。

1

資金計画

費用の目安
工事内容と施工範囲で金額は大きく変わってきます。

リフォーム費用を比べると？

耐震補強
木造一戸建て（延べ床面積30坪程度）の耐震補強。
目安 130〜150万円

壁紙の張り替え
6畳の部屋の壁と天井のビニールクロスを張り替える。
目安 5〜6万円

工事内容で費用は大きく変わってくる！

おおよその費用をつかんでおく

家全体をリフォームする人もいれば、水まわりだけ、リビングだけ、といった具合に部分的に行う人もいます。その工事の範囲によって、費用は大きく違ってきます。

例えば、キッチンリフォームにしても、位置を変えずに機器交換のみを行えば、ほとんど内装費用はかからず、機器代と取り付け費程度ですみます。ところがキッチンのスタイルを壁付けから対面に変え、ダイニングやリビングの内装も変えるとなると、比較的大がかりになり、費用がぐんと上がります。

また、部屋のリフォームにしても内装

主なリフォーム費用の目安

床暖房
12畳のリビングに電気式床暖房を設置

目安　100〜150万円

トイレ
便器・便座を交換し、内装を一新

目安　50〜80万円

浴室・洗面室
システムバスと洗面台を交換、内装を一新

目安　150〜200万円

LDK
キッチン交換と、LDK30㎡程度の内装を一新

目安　250〜300万円

キッチン
位置を変えずにキッチンのみを交換する

目安　80〜100万円

内窓の設置
既存サッシ1カ所の内側に内窓（2枚）を設置

目安　7〜10万円

壁面収納
幅3.5m、天井まである収納を設置

目安　50〜100万円

壁紙の張り替え
6畳の部屋の壁と天井のビニールクロスを張り替え

目安　5〜6万円

床の張り替え
6畳の部屋のカーペットをフローリングに張り替え

目安　10〜15万円

塗り壁にする
6畳の部屋の壁・天井を珪藻《けいそう》土《ど》で仕上げる

目安　15〜20万円

全面リフォーム（一戸建て）
木造一戸建て（延べ床面積30坪程度）、耐震補強や断熱も含む

目安　1000〜1500万円

全面リフォーム（マンション）
60〜70㎡のマンションの全面リフォーム（間取り変更含む）

目安　600〜800万円

外装
一戸建て（延べ床面積30坪程度）の家の屋根・外壁の塗り替え

目安　100〜150万円

耐震補強
木造一戸建て（延べ床面積30坪程度）の耐震補強

目安　130〜150万円

和室→洋室
6畳の和室を洋室に変え、収納も設置

目安　70〜100万円

を変えるだけなのか、収納や床暖房を設けたりもするのか、といった工事内容の違いで費用が変わってきます。つまり、さまざまな要素を付加することで費用も増えていくということです。

　おおよその費用がつかめるよう、上に費用の目安一覧表を載せました。これを参考に、水まわり（キッチン、浴室・洗面室、トイレ）の設備交換＋内装の費用を足してみると、ざっと300万円程度かかります。

　そして、間取り変更をともなう大規模リフォームの場合には、マンションで600〜800万円程度、一戸建てで1000〜1500万円程度が目安です。マンションの場合はいったん内部を全部解体してイチからやり直す場合、一戸建ての場合は耐震補強や断熱工事も含む費用になります。

　もちろん、グレードの高い材料を用いると費用は上がっていきます。次の126ページで、どのような要因でリフォーム費用が変わるのか、費用のしくみを見てみましょう。

2

資金計画

工事費のしくみ
リフォーム工事費を決めるのは「材料費」と「施工費」です。

材料費で工事費が変わる！

例えば…

むく材のフローリングとクッションフロア、複合フローリングでは、人件費はあまり変わらないが材料費が倍以上に変わることがある。

材料のグレードと工事の手間で費用が変動

リフォーム工事費を構成する要素は、大きく材料費と施工費に分けられます。材料費はキッチン、バスなどの設備機器やフローリング、ドアといった建材にかかる費用。施工費はつまり人件費で、施工する職人にかかる費用です。

例えばシステムキッチンの場合、同じサイズでも30万〜２００万円ぐらいのものまでさまざまです。この大きな差は、主に材料費の違いから生まれます。キャビネットの扉の素材や仕上げ方、天板（ワークトップ）がステンレスなのか人造大理石なのか、水栓やコンロ、レンジフードのグレード、食器洗い乾燥機、浄

施工費で工事費が変わる！

例えば…

壁紙と塗り壁では、材料費の差以上に後者の人件費が高く、トータルで３～５倍にもなることがある。

Check!

材料費 ＋ 施工費

↓

リフォーム工事費！

２つの要素をチェック！

リフォームプランを決めるときは、材料費と施工費、それぞれの要素を考慮しましょう。

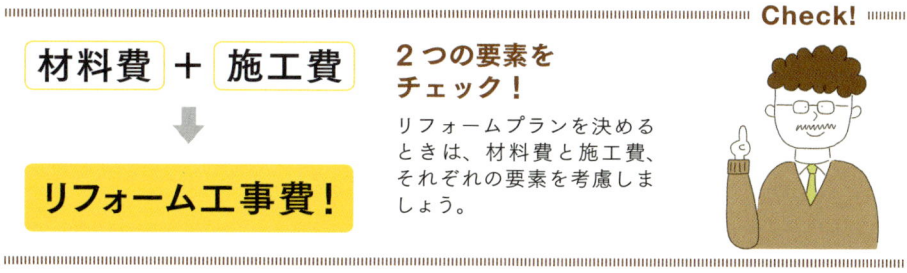

水器といったオプションの有無など、さまざまな要素が費用に影響しています。

　また、むく材のフローリングと合板《ごうはん》を基材にした複合フローリングでは費用が大きく違います。ドアも同様で、化粧シートや突き板を張ったものよりむく材のほうがはるかに高価です。

　施工費に関していうと、例えば漆喰《しっくい》や珪《けい》藻《そう》土《ど》といった塗り壁材は、材料費もビニールクロスよりやや高くなりますが、それ以上に塗る手間がかかるので人件費に大きく影響します。造作キッチンや造作浴室なども施工費が既製品よりも多くかかります。収納は大工がつくれる範囲のものなのか、家具工事に相当するものなのかで、造作費用が大きく変わります。家具工事のほうが凝ったつくりになるので、コストが高いのです。

　このように工事費は、材料面でのグレードの違いと工事にかかる手間の両面から変動します。予算オーバーなどで、コストを調整したいときには、材料のグレードを落とすか変更できないか、施工の手間を下げられないか再検討しましょう。

3

資金計画

予算の立て方

リフォームに使えるお金は今後の出費予定と相談しましょう。

リフォーム資金を出してみよう

貯蓄額

Ⓐ　　　　　　万円

教育費や老後資金は残して計画を

ここでは、ローンを利用しないという前提でリフォームに使えるお金を計算してみましょう。

自己資金だけでリフォームをするメリットは、何といっても金利が発生しないことです。利息を支払う必要がなく、毎月の返済負担に悩むこともありません。144ページで述べるように、現金でリフォームをしても一部税金が戻る優遇制度もあります。しかし手もちのお金をすべて使ってしまうと、何か起こったときに大変なので注意が必要です。

リフォームのために貯めたお金があれば、それを使えばよいのですが、それだ

教育費

子どもの人数に合わせ、今後かかる教育費の予定を立てる。

老後資金

老後資金として、月に必要としそうな額を想定して予定を立てる。

今後の出費予定

教育費	万円
旅行	万円
車の購入	万円
老後資金	万円
そのほか	万円
B 合計	万円

A 貯蓄額 － B 出費予定の合計 ＝ リフォーム費用

けでは必要な金額に足りないという場合もあるでしょう。そこで、すべての貯蓄額をいったん計算してみます。その後、今後の生活に必要なお金を差し引きましょう。例えば、教育費や老後資金、車の購入費などです。

　教育費は長年かかるものなので、積み立てておく必要があるでしょう。教育費はほかの物価と違って上がることはあっても下がることがないことにも注意が必要です。将来は計算した金額よりさらに必要になる可能性もあります。

　また、老後にゆとりのある生活をおくりたいのであれば、必要最低限以上の金額を残しておかなければなりません。

　大きな旅行や車の購入予定があれば、その資金も残しておきましょう。そして何より、病気や退職など万一のために半年分程度の生活費を残しておく必要もあります。

　それらを全部差し引いたお金が、あなたがリフォームに使えるお金ということになります。

4

資金計画

ローンの借り方

一見有利に見える住宅ローン。短期で借りるならリフォームローン。

無理のない返済に抑えるのがコツ

自己資金だけではリフォーム費用が足りない場合は、ローンの利用も検討してみましょう。

ローンを利用するメリットは、お金が貯まるまでリフォームするのを待つ必要がないことや、税金の優遇幅が大きいことなどです。一方で、金利が発生し、利息を支払わなければならない、毎月返済を続けなければならないという負担が生じることも心得ておきましょう。

リフォームで使えるローンには、有担保の「住宅ローン」と無担保の「リフォームローン」や「クレジット」があります。住宅ローンは、新築や中古住宅

自分に合ったローンを選ぶ

大規模リフォームをしたいから住宅ローンね！

住宅ローン

有担保。新築や中古住宅購入で使えるローンと同じで、金利が低く、借入額も多い。

短期間で返せそうだし、リフォームローンにしよう！

リフォームローン

無担保。金利が高く、借入額の上限も比較的少ない。「クレジット」なども同じ。

リフォームローンと住宅ローンを比較

リフォームローン	住宅ローン
抵当権設定が不要	抵当権設定が必要
審査が早い	審査期間が長い
借入限度額が少ない（300万円～500万円など）	借入限度額が多い
返済期間が短い（10年～15年など）	返済期間が長い（最長35年）
金利が高い	金利が低い
諸費用が少ない	諸費用が多い

購入で使えるローンと同じで、金利が低く、借入限度額も多いのが特徴。一方、無担保のリフォームローンなどは、金利が高く、借入限度額の上限も比較的少なく設定されています。

住宅ローンのほうが有利なようですが、無担保ローンには、手数料がいらないなど諸費用が少なくすむ、審査が早く通りやすいなどのメリットがあります。短期で返せる場合には検討してみましょう。ただ金利が違うと、毎月返済額が同じでも借入可能額が違ってきますし、金利が高い分だけ利息が増えます。

ローンを利用する場合に重要なことは、いくら借りられるかではなく、「毎月いくらなら返せるのか」を十分に検討することです。これまで自己資金を貯めてきたのなら、その積立額を今後も返済にあてられるでしょう。賃貸住宅に住んでいて、中古住宅を買ってリフォームしようという場合には、これまで支払ってきた毎月の家賃程度が目安となります。

今後の教育費なども十分計算に入れて、無理のない返済計画を立てましょう。

5

資金計画

中古住宅購入時のローン

ローンを一本化したいならリフォーム会社探しをお早めに。

物件探しとリフォームの依頼先選びを並行して

従来、中古住宅を購入してリフォームする場合、住宅購入費用は住宅ローンで、リフォームは現金かリフォームローンに分かれているのが一般的でした。しかし最近は、購入費用とリフォーム費用を一括して住宅ローンを利用できる金融機関が増えています。低金利で借りられ、手続きも一本化できて便利です。

この場合に気をつけたいことは、ローンの申し込みをする際にリフォームの見積書や契約書が必要になることです。

購入する中古物件が決まると、不動産会社に購入申し込みを行います。その後ローンの可能性を探るために、一つまた

中古住宅を購入する場合の流れ

① 物件・リフォーム会社探し

同時に

物件探しと同時並行で、リフォーム会社や建築家といった依頼先と打ち合わせを進める。

② 物件決定・不動産購入申し込み

同時に

住宅ローン事前審査

リフォーム見積書を金融機関に提出する。

③ 不動産売買契約

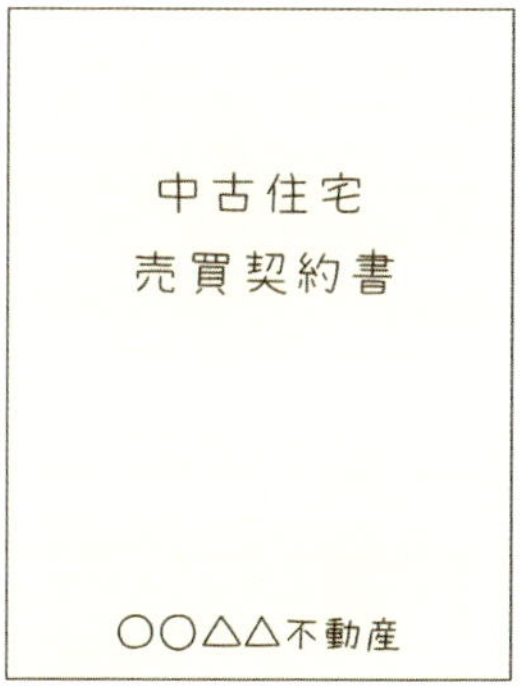

同時に

住宅ローン本審査

リフォーム工事契約書を金融機関に提出する。

④ 物件の引き渡し

同時に

住宅ローン契約・融資実行

融資が行われ、ローン返済がスタートする。

⑤ リフォーム工事スタート

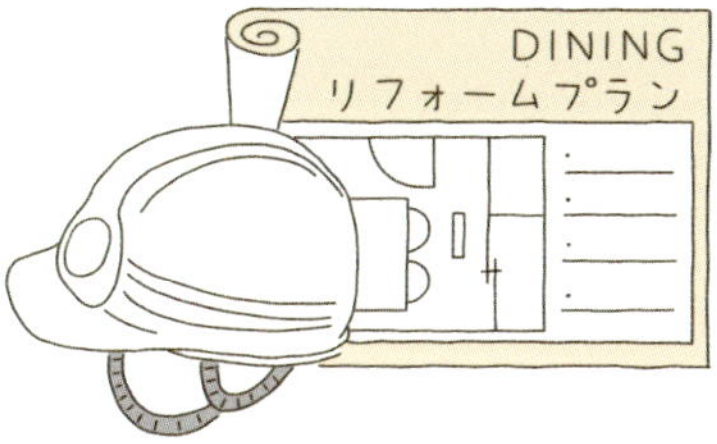

不動産購入申し込みから売買契約までは約1～2週間。プラン・見積もりを用意していないと間に合わない。

は複数の金融機関にローンの事前審査を申し込みます。その際にリフォーム会社の「見積書」が必要になります。さらに、不動産売買契約を経て、ローンの申し込みをする段階になると、大規模リフォームでは「工事契約書」を提出しなければならない場合もあります。

しかし購入申し込みから契約までの期間は、せいぜい1週間から2週間しかありません。場合によってはさらに急がされることもあります。この間にリフォーム工事の見積もりだ、契約だと一気に行うのは、かなり無理があります。少なくとも、それ以前にリフォーム会社を決めておかないと無理でしょう。

このように、リフォームを前提に中古住宅を購入する場合は、物件探しと並行してリフォームの依頼先選びをしておく必要があります。そしてリフォーム会社には中古住宅を探していることを伝え、プランの要望や全体の予算のことなどを相談しましょう。最近では、物件探しからリフォームまで一貫してサポートしてくれる会社もあります。

6

見積もり

見積もりのとり方

現場調査は各会社の力量を見るよい機会にもなります。

現場調査に来てもらい要望・予算を伝える

見積もりは、自分のやりたいリフォームがいくらでできるのかを提示してもらうこと。その依頼は現場調査時に行います。現場調査はリフォームを予定している家の状態を調べるのが目的で、調査結果をふまえ、要望を聞きながらプランニングします。そしてそのプランがいくらでできるのか出したのが見積もりです。

見積もりを複数の会社に依頼して、比較検討しようという場合は、来てもらう日程の調整が必要です。工事規模にもよりますが、1社2時間以上はかかると思ったほうがよいので、同日なら時間をずらすように設定しましょう。

現場調査前に知っておこう

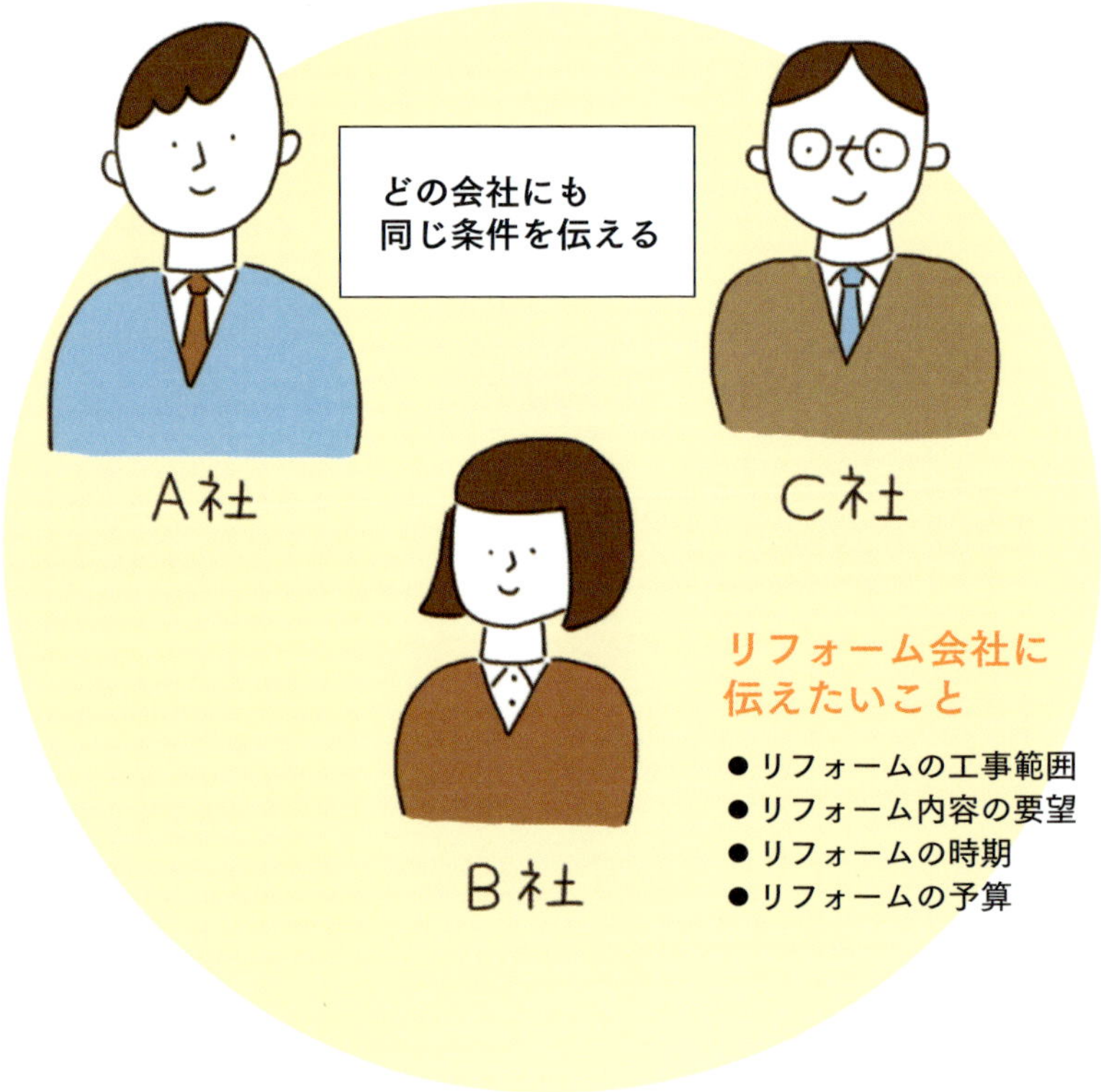
どの会社にも
同じ条件を伝える
A社
C社
B社
リフォーム会社に
伝えたいこと
● リフォームの工事範囲
● リフォーム内容の要望
● リフォームの時期
● リフォームの予算

用意しておきたいもの

- あれば家の図面をコピーしたもの
- 築年数・過去のリフォーム履歴がわかるもの
- イメージが伝わる写真など

現場調査で行うこと

- 採寸・写真撮影
- 構造内部の調査
- 施主の要望などのヒアリング

当日までに部屋をある程度片付けておくほうが、作業がはかどるでしょう。また、家の図面は調査の参考になるので、あれば用意しておきます。またリフォームや増築の履歴もあれば、その際の図面に工事をした年月を加えて準備しておきましょう。

　現場調査の前後に、施主からリフォーム条件の要望を伝えます。スムーズに伝えられるよう、やりたいことやだいたいの予算は事前にメモしておきましょう。複数の会社に依頼する場合は、条件や要望を変えないで伝えないと、後で比較検討がしにくくなります。また、予算や要望を書いたメモは会社の数だけコピーしておきましょう。

　各社の現場調査のやり方をよく見ておくと、会社を選ぶ判断材料の一つになります。あまりに短時間で終わるようなら調査が十分か少し心配です。また、話の中でこちらの要望を上手に聞き出してくれるか、プロらしいアドバイスをしてくれるかなど、担当者の力量を推し量るよい機会にもなります。

7

見積もり

見積書の読み方

費用総額ではなく「何をどう使っているか」が重要です。

見積書を確認するポイント

工事の内訳がなく「一式」ばかりのあいまいな見積もりは要注意。

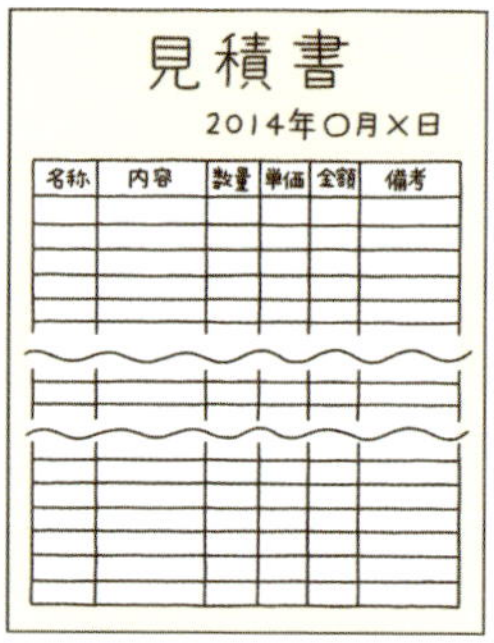

見積書に出てこない工事は行われない。

使用されている材料のグレードと金額を見比べる。

商品や材料を確認し数量や金額をチェックする

　見積書の体裁は会社によって異なりますが、おおむね137ページ上記のようなものです。工事の種類ごとにその内容（設備なら商品名や品番、木工事なら木材の種類など）が記載され、その量と単価、合計金額が記載されます。つまりどの商品をどれだけ使って、それはいくらなのかがここですべてわかります。

　したがって、見積書を見ていくときは、自分が入れてほしいと要望したものが入っているのか、その金額はいくらになっているのかを確認します。設備などは、メーカーの希望小売価格がカタログに記載されていますが、取引条件などか

見積もりの例とチェック箇所

内装工事

名称	規格	数量	単位	単価	金額	備考
畳敷き	900×900　ヘリなし	9	畳	13,000	117,000	
板の間	米松　エンコ板　105×15	8	枚	8,625	69,000	
床	杉むくフローリング	12.4	㎡	3,500	43,400	●▲木材会社
	同上　張り手間	12.4	㎡	2,500	31,000	
壁	ビニールクロス	385.8	㎡	1,000	385,800	

名称：どの場所のどんな工事かがわかる。

規格：使用する材料の大きさや厚さ。さらに設備の品番など。

数量：どれだけ使用するか。

単位：使用する際の計算方法。畳、枚、㎡など。

単価：1単位の価格。

金額：各工事にかかる合計の価格。

備考：オプションやメーカー名といった備考。

らリフォーム会社によって、施主に引き渡す際の金額が異なることが多いものです。その違いも比べればわかります。

リフォーム会社によっては、希望したものと類似の商品をより安く仕入れてくれる場合もあります。そういうときは事前に商品説明を聞くなどして、どういう商品なのかを確認しておきましょう。

見積書をチェックするとともに、併せてプランの内容を設計図で確認しましょう。リフォームの範囲や間取り変更の内容などは設計図を見ないとわかりません。設備機器にしてもオプションの有無などを含む内容の詳細は、見積書だけではわからないこともあります。設計図を見るとともに、担当者から説明をよく聞いておくことが大切です。また、同じ材料を使っても「張り替え」と「重ね張り」の違いのように、工事内容によって施工費用がかなり変わる場合があります。そのあたりも確認しておきたいところです。このように内容を比べることが大切で、各社の総額だけを見て比較しないようにしましょう。

8

資金計画

工事費の支払い時期

工事規模によって支払い回数が変わることがあります。

工事費支払い回数の例

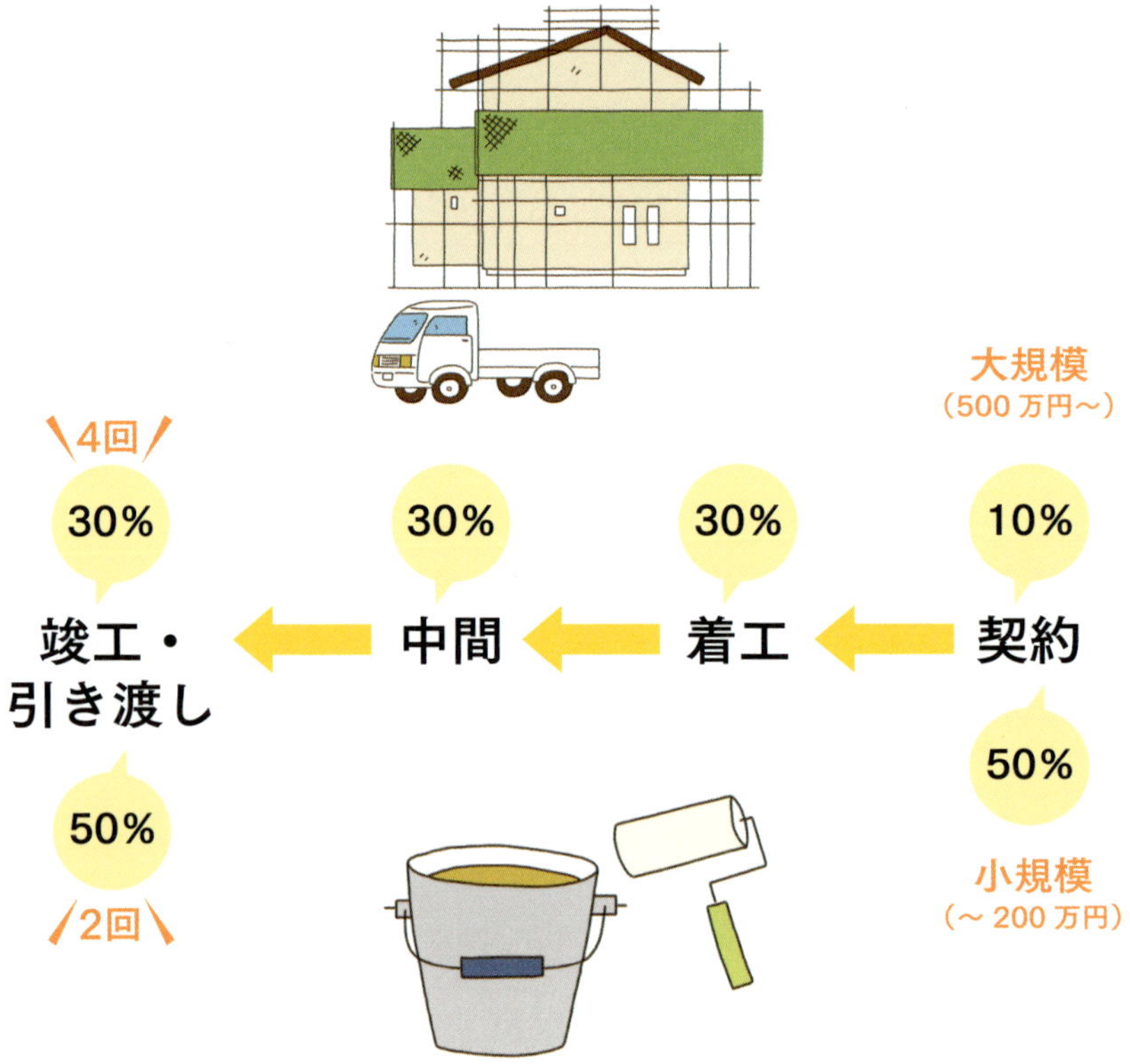
大規模
（500万円～）
4回
30%
30%
30%
10%
竣工・引き渡し
中間
着工
契約
50%
50%
2回
小規模
（～200万円）

ローン利用の場合は「つなぎ融資」の必要も

リフォーム工事費は、一度にまとめて支払うわけではありません。小規模リフォームでも着工前に2分の1程度を支払い、工事が完了してから残金を支払う場合があります。大規模になると、契約時、着工時、竣工（工事の完了）後の3回程度に分けて支払う場合が多いでしょう。これらに加えて工事の中間で支払う場合もあり、その場合は4回になります。

着工時や途中での支払いは、調達する材料費や職人への支払いなどのため、いわば前金的な意味合いがあります。建築業界の慣例的なしくみですが、回数や時期は会社によって違うこともあります。

中古住宅購入時のつなぎ融資の例

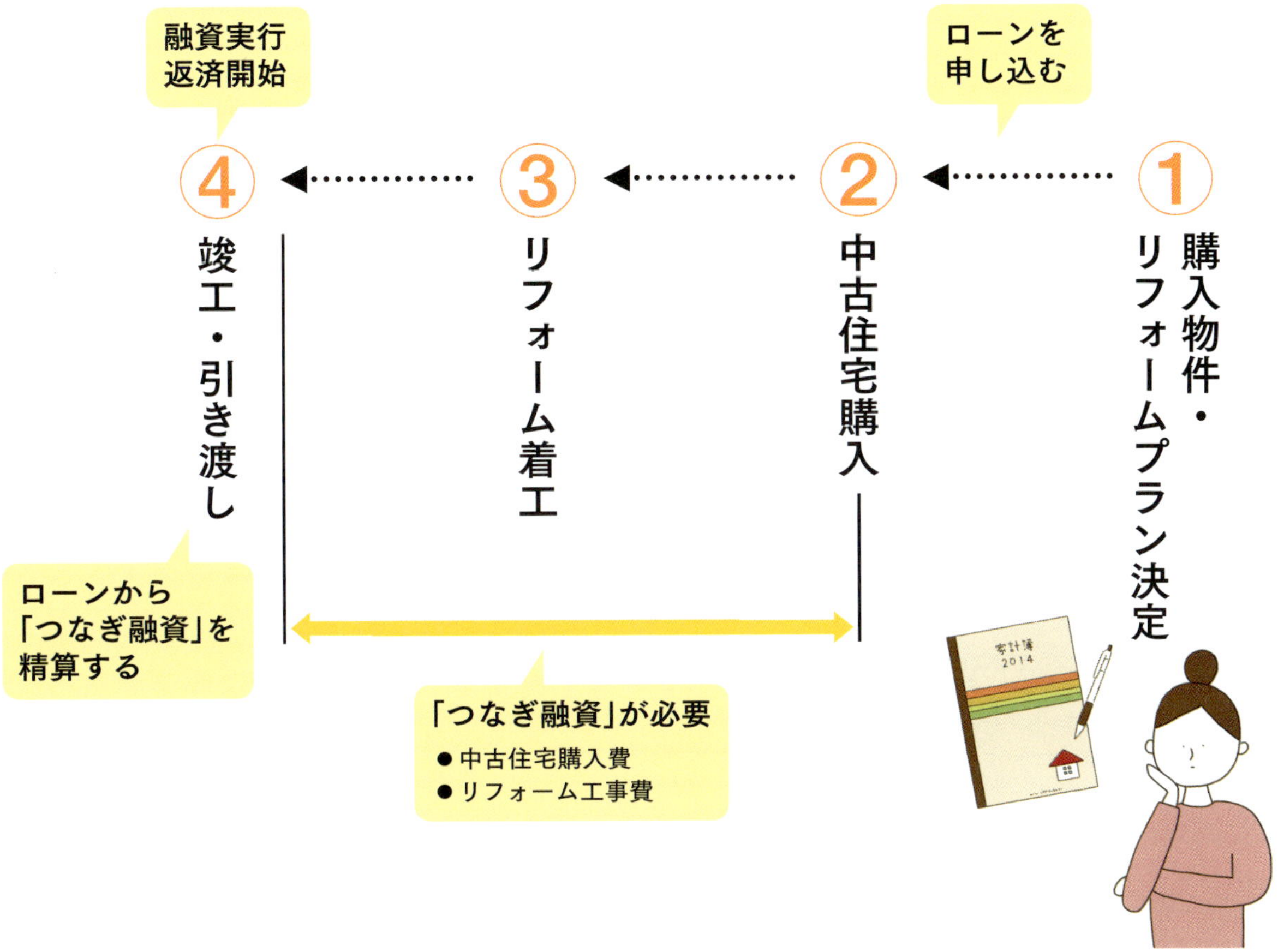
1
購入物件・リフォームプラン決定
ローンを申し込む
2
中古住宅購入
3
リフォーム着工
4
竣工・引き渡し
融資実行
返済開始
「つなぎ融資」が必要
●中古住宅購入費
●リフォーム工事費
ローンから「つなぎ融資」を精算する
家計簿
2014

このため施主としては、支払い時期を聞いておき、お金を用意しておく必要があります。支払時期と回数について取り決めたうえで契約書に記載しましょう。

　ローンを利用する場合は、支払い時期に合わせて、そのつど必要な額の融資を実行してもらう必要があります。金融機関によっては、支払い時期に合わせて融資を実行してくれるケースもあり、その場合は問題がありません。そうではなく竣工後にまとめて実行される場合は、工事の途中での支払いのために別の融資を受ける必要があります。それを「つなぎ融資」といいますが、つなぎ融資を利用した場合は、その間の金利が発生し、利息を支払わなければなりません。通常の住宅ローンより金利が高くなることが多いです。竣工後に住宅ローンが実行されたら、金利分も含めて精算します。

　中古住宅を購入してリフォームする場合には先に購入費用を支払わなければなりませんから、そこでつなぎ融資を利用しなければならない場合があります。金額も大きいので早めに確認しましょう。

9

資金計画

予算オーバーの原因

プランの詰めが甘いと追加費用が発生しがちです。

リフォームで予算オーバーする主な理由

途中で設備・建材のグレードを上げた

コスト調整のため優先順位を決めておく

リフォームでは、心づもりをしていた予算を結果的に大きくオーバーしてしまう人が多いようです。どうしてそうなるのでしょうか。

その原因として多いのが、当初の見積もりよりも設備や建材のグレードを上げてしまうことです。当初は標準的なキッチンにする予定だったのに、ショールームで別の商品を見て、つい目移り。そちらを選んでしまうというものです。カタログを見ているうちにオプションを次々に採用してしまう、ということもよく起こりがちです。

見積もりをもらってから、実際に工事

仕様があいまいなまま
工事がスタートしたため、
途中変更が出た
そこに収納を
付けたいんですが…
リフォーム結果が気に入らず、
やり直しが出た
区切れば
よかった
かな…
予期しない補強工事が発生した
ボロッ
床が
腐って
ますねえ…

を始めるまでの期間は、ケースによって違いますが、1~2カ月程度が一般的です。この間に決め切れていなかった設備や建材を選ぶとついつい、よりよい物がほしくなります。予算内で収めたかったらほかのグレードを下げて、コストを調整するしかありません。そのためには、自分の中で優先順位を決めておく必要があります。

また、プランの詰めが甘いまま工事をスタートしたため、途中であれこれ工事を追加してしまうこともあります。例えば、予定のなかったところに壁面収納を追加したり、手を付けないでおこうと思っていた部屋まで工事を依頼することになったり、というもの。設計図は契約をするまでにしっかり目を通して、できあがりをイメージしておきましょう。

壁をはがしたら木材が腐食していて補強が必要だったということもリフォームではしばしば起こります。これについてはリフォーム会社に事前によく調べてもらうしかないのですが、ある程度、予備費を用意しておくと安心です。

10

資金計画

工事費以外の費用

「工事費」だけがリフォーム費用ではありません。

工事費以外にかかる費用

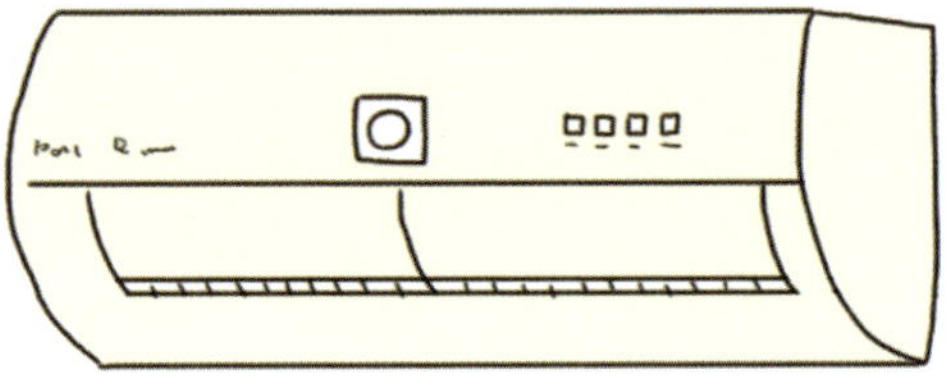

家具・カーテンなどの購入費

- ソファ
- テーブル
- 収納棚やタンス
- テレビボード
- ベッド
- カーテン
- ブラインド
- テレビ
- エアコン
- 冷蔵庫

など

忘れないように リストアップを心がけて

工事費以外にもさまざまな費用がかかります。そのつど慌てなくてもすむよう、事前に必要な費用をリストアップして金額を調べておきましょう。

リフォームすると、家具やカーテンも新調したくなるもの。家具は造作した収納などは工事費に含まれますが、そのほかのものは別。照明もダウンライトのように造作が必要なものを除いて、工事費には含まれません。カーテンやエアコンもリフォーム工事費とは別です。

工事費に含まれているもの、含まれていないものを確認し、それ以外についてはふだんからインテリアショップなどに

仮住まい・引っ越し・トランクルーム代

家の一部の改装により置けなくなった荷物のためにトランクルームを借りることがある。また、それまで暮らしていた家を大規模リフォームする場合、仮住まいと引っ越し代が必要。

その他の諸費用

中古住宅購入のとき

- 仲介手数料
- 不動産取得税

など

リフォーム工事をするとき

- 工事請負契約の印紙税

融資を受けるとき

- 手数料
- 登記費用
- 保証料
- 火災保険料

増築するとき

- 設計監理費
- 建築確認申請費用
- 登記費用

など

出かけて欲しい商品を探し、費用を調べておきましょう。一気に購入すると、100万円以上かかる場合もあるので、優先順位をつけて徐々に買い揃えるのも一つの手です。

住みながらリフォームできない場合は、2度の引っ越しと仮住まいが必要になります。引っ越し費用は、専門業者に来てもらって見積もりをもらいます。仮住まい先は近くの不動産屋に足を運んで、探しておかなくてはなりません。その際に家賃もチェックを。トランクルーム代はインターネットなどで会社を探し、費用の見当をつけておきましょう。

それ以外に「諸費用」といわれる関連費用があります。現金でリフォームをするのか、ローンを利用するのか、増築も行うのか、中古住宅を購入してリフォームするのかといった内容に応じて諸費用の金額は変わります。住宅ローンを利用するときや、中古住宅を購入するときは諸費用が多くなります。金融機関やリフォーム会社などに必要な金額を聞いて、準備をしましょう。

11

資金計画

活用したい優遇制度
あなたの地域の〝おトク〟な制度を見逃していませんか。

よくある補助金の制度

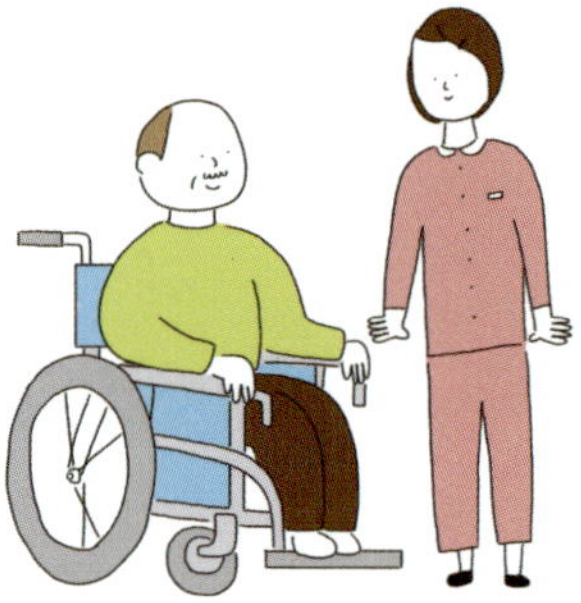

介護のための改修

一定の介護改修には介護保険により、工事費の９割まで補助金が支給される（工事費用の限度20万円、補助金の支給額限度18万円）。

耐震診断・耐震補強

多くの地方自治体で、耐震診断および耐震補強工事に補助金が支給される。詳しくは各自地体に問い合わせを。

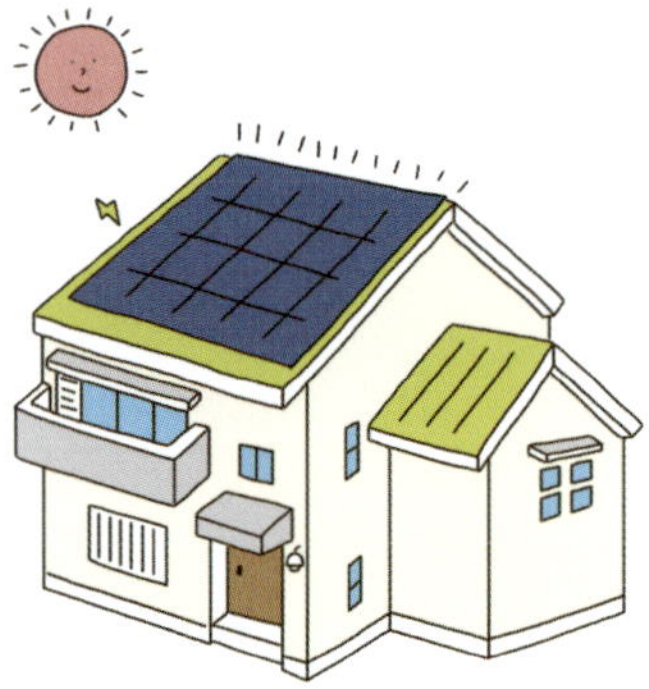

省エネ設備

太陽光発電システムや家庭用燃料、ヒートポンプ給湯器などに補助金を支給する地方自治体もある。詳しくは各自地体に問い合わせを。

ローンでも現金でも税金の優遇制度が使える

リフォームをすると一部の税金が戻ってくる制度や補助金が支払われる制度があります。上手に使うとおトクになるので覚えておきましょう。

補助金が支払われるリフォームの代表的なものは耐震補強です。多くの地方自治体が耐震診断および耐震補強に補助金を出す制度を実施しています。１９８１年の新耐震基準以前に建てられた家を対象としており、補助金額などは自治体によってさまざま。ホームページを見るか直接問い合わせて確認してください。

介護のために行う改修に対しても一定金額まで補助金が出ます。改修の内容が

税金の優遇制度

住宅ローン減税

居住開始年月	控除対象となる借入限度額	控除率	10年間の最大控除額
2014年4月～2019年6月	4000万円	年末ローン残高の1%	400万円

※ 10 年以上のローンを活用してリフォームや住宅購入を行った場合に利用できる。所得税から控除しきれない場合は、住民税からも控除される（上限 13 万 6500 円）。

ローン型減税（省エネ・バリアフリー・三世代同居リフォームが対象）

<table>
<tr><th>居住開始年月</th><th>省エネ・バリアフリー・三世代同居工事対象限度額</th><th>控除率</th><th>5年間の合計最大控除額</th></tr>
<tr><td rowspan="3">2014年4月
～2019年6月</td><td>250万円</td><td>年末ローン残高の2%</td><td rowspan="3">62万5000円</td></tr>
<tr><th>そのほかの工事対象限度額</th><th>控除率</th></tr>
<tr><td>750万円</td><td>年末ローン残高の1%</td></tr>
</table>

※ 5 年以上のローンを利用してリフォームする場合に利用できる。

投資型減税（耐震・省エネ・バリアフリー・三世代同居リフォームが対象）

居住開始年月	控除対象工事限度額	控除率	1年間の最大控除額
2014年4月～2019年6月	バリアフリー　200万円 耐震　250万円 省エネ　250万円（350万円） 三世代同居　250万円	工事費等の 10%	バリアフリー　20万円 耐震　25万円 省エネ　25万円（35万円） 三世代同居　25万円

※現金またはローンを利用してリフォームする場合に利用できる。省エネの（ ）内の数値は併せて太陽光発電設備を設置する場合。

決まっているので、こちらはケアマネージャーに相談します。

大規模リフォームや中古住宅を買うときなど、借入額の多いときに非常におトク感があるのが「住宅ローン減税」です。ローンの年末借入残高の１％が支払った所得税から戻り、戻り切らない分が一定限度まで住民税から戻るというものです。消費税率のアップにともない、控除の限度額もアップしました。

この住宅ローン減税は返済期間10年以上のローンを利用したときに使える制度です。一方、５年以上のローンを利用してリフォームをしたときに使えるのが、リフォームの「ローン型減税」。省エネとバリアフリーおよび三世代同居リフォームが対象で、これらのリフォーム以外の費用も含めた借入額から５年間で最大62万５０００円まで戻ります。

現金でリフォームした場合に使えるのが「投資型減税」（ローン利用でも可）です。上記の限度額を上限として、支払った所得税から戻ります。

12

資金計画

リフォームの保証・保険

保証や保険加入があるかないかは会社によって違います。

リフォーム工事の保証書とは

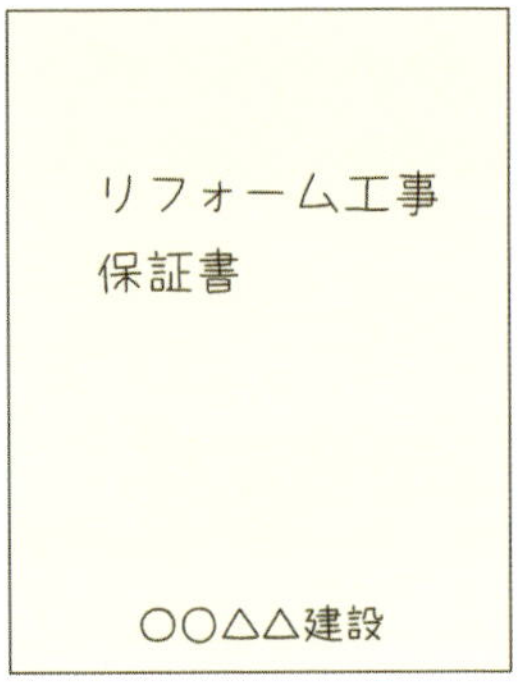

保証書があれば、工事後一定期間内に生じた不具合について、無償で補修してもらうことができる。

例えば…

ドアなどの建具《たてぐ》が開きにくい。

例えば…

天井などから雨漏りする。

保証を確実なものにするのが瑕疵《かし》保険

リフォーム工事完了後に何か不具合が見つかったときはどうなるでしょうか。

その心配を払拭してくれるのが「保証書」の存在です。これは、保証期間を決めて、その期間内なら不具合を無償で直してくれるというものです。家電などの保証と同じです。

リフォームの場合は、部分ごとに保証期間を決めていることが多いのですが、長い場合は、構造上主要な部分や雨漏り防止部分について10年間保証するという会社もあります。建具《たてぐ》や内装などは1～2年が多いようです。すべての会社が保証をしてくれるわけではないので、保証

リフォーム瑕疵《かし》保険のしくみ

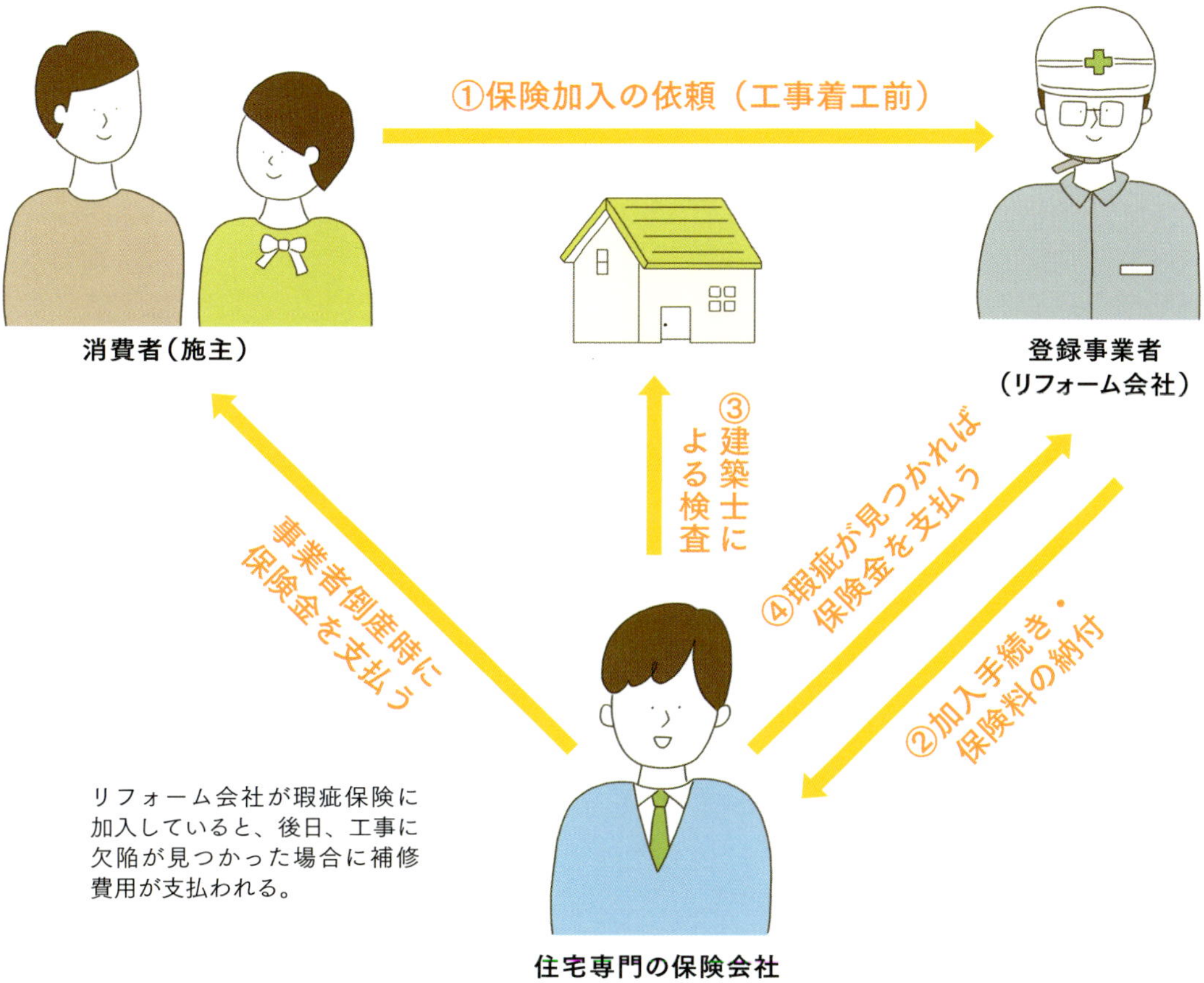
①保険加入の依頼（工事着工前）
消費者（施主）
登録事業者
（リフォーム会社）
③建築士による検査
④瑕疵が見つかれば保険金を支払う
②加入手続き・保険料の納付
事業者倒産時に保険金を支払う
住宅専門の保険会社

リフォーム会社が瑕疵保険に加入していると、後日、工事に欠陥が見つかった場合に補修費用が支払われる。

の有無や期間については、事前に確認しておきましょう。

　保証を確実なものにするのが、「リフォーム瑕疵《かし》保険」です。瑕疵とは欠陥のことで、リフォーム会社が特定の保険会社に保険料を支払うことで、欠陥が見つかったときに保険金が保証されるというもの。万一そのリフォーム会社が倒産しても、その際には保険金が施主に直接支払われます。

　リフォーム瑕疵保険の対象部分は、リフォーム工事を行ったすべての部分です。保険期間は、構造上主要な部分が5年間、そのほかは1年間です。保険に加入できるのは、保険法人への登録会社に限られ、保険の申し込みは工事ごとに行います。この制度を利用したい場合は、登録会社を探し、保険の申し込みを依頼しましょう。登録会社は「住宅瑕疵担保責任保険協会」のホームページで検索ができます。

　ただ保証制度がなくても、不具合に誠実に対応してくれるリフォーム会社もあります。あらかじめ、どのような対応になるのかを聞いておきましょう。

Column

施主支給のワナとは?

施主自らが使いたい材料を用意して、それを使うのが「施主支給」。
うまくいけばよいのですが、トラブルが起こることもあります。

安い材料がそのまま使えるとは限らない

ある現場で、施主から「インターネットで安いむく材のフローリングを見つけたのでそれを使いたい」と申し出があり、施主に使用する面積を伝えました。

その後現場に納入され、梱包を開けてみると、多少反っていたり、やや節が気になったりするものがありました。反っているフローリングは使えないため、施主に販売元へ返品の交渉をお願いしましたが返品はできませんでした。

原因は製品そのものにあるのか、運送屋かそれとも現場での資材管理にあるのかと、責任の所在があいまいだったためです。インターネットで購入した製品に万が一キズや不具合が生じたとき、これは床材に限らず起こりうる問題です。結果、不足分を工務店のほうで調達したので高い買い物になってしまいました。

Chapter 7

防ぎたいトラブル

せっかくのリフォーム、
気持ちよくスムーズに進めたいものです。
よくあるトラブルを例に、
これを防ぐためのポイントをチェックしましょう。

1

トラブル

格安リフォームの注意点

チラシの「大幅値引き」にはカラクリがあります。

商品の値引き広告に要注意！

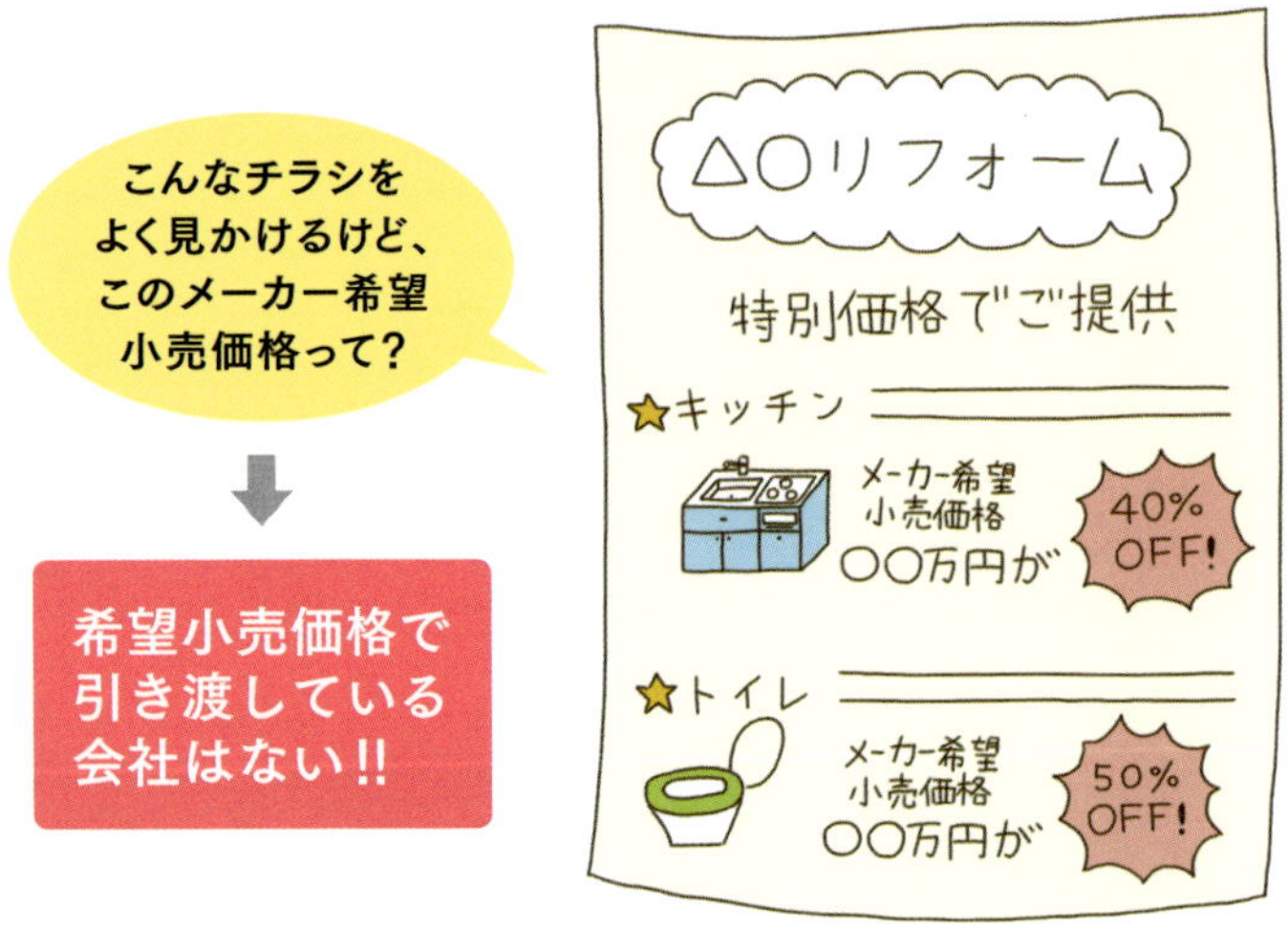
こんなチラシをよく見かけるけど、このメーカー希望小売価格って？
希望小売価格で引き渡している会社はない!!
△○リフォーム
特別価格でご提供
キッチン
メーカー希望小売価格○○万円が
40％OFF！
トイレ
メーカー希望小売価格○○万円が
50％OFF！

Check!

チラシのようにうまくいかない理由

チラシのように驚くほど安くなるのはまれなケース。あらかじめ決まっている材料・器具以外を希望したり、チラシにある工事範囲外の工事もしたりします。こうして、別途費用が発生しがちです。

見かけ上の安さに惑わされない

インターネットやチラシで「システムキッチン50％引き！」「システムバス65％オフ！」などのうたい文句を見かけることがあると思います。本当にこんな大幅値引きでリフォーム会社はやっていけるのでしょうか？

ところがそんな心配は無用です。実はカラクリがあるのです。値引きの元になっているのが「メーカー希望小売価格」というもの。リフォーム会社や工務店で希望小売価格のとおりに引き渡しを行っているケースはありません。相場的には希望小売価格の70～80％、なかには50％前後というケースもあります。つまり、

予算内でコストを下げるには

残せるものは残す

今あるものを利用してリフォームすることで予算が抑えられないか、検討してみる。

機能を重視する

見栄えをよくすると予算が上がる。毎日使うことを考え、機能を重視する。

優先順位を決める

どこを一番リフォームしたいのか、優先順位の高い場所から進める。

もともと一般的に希望小売価格よりも安く施主に提供しているのです。

　どれだけ安くなるかはリフォーム会社とメーカーとの取引関係によって違ってきます。さらに型落ち品や在庫品の場合は、通常よりも安く提供できて当たり前なのです。あまりこの種のチラシには乗せられないほうがよさそうです。

「坪単価○万円でできる全面リフォーム」といったチラシも見かけますが、こちらも注意が必要です。なぜならあらかじめ決められている「標準仕様」でやれば、間違いなくその価格でできるのですが、その標準仕様を超えて設備・建材を選んだり、工事範囲を広げたりすれば、費用がアップしてしまうからです。これは当然のことですが、標準仕様をしっかり確認しないままに、坪単価から全体の費用を出してしまうと、大幅に予算オーバーということになりかねません。

　見かけ上の安さに惑わされず、例えば上記のような方法で、予算の範囲内でコスト調整を行うのが、希望を実現する早道といえそうです。

2

トラブル

悪質な訪問販売

契約を後悔しても8日以内なら解除できます。

絶えないリフォーム訪問販売のトラブル

屋根が
傷んでいるようです。
お安く修理
できますよ

国民生活センターに寄せられたリフォーム訪問販売によるトラブル相談

年度	2008	2009	2010	2011	2012	2013
相談件数	5,318	5,777	6,054	6,397	6,488	6,606
上記相談件数のうち判断不十分者契約※	248	278	313	285	286	309

相談件数は2014年3月31日現在。
※判断不十分者契約とは、高齢や病気など何らかの原因で十分な判断ができない人による契約。

契約の解除は8日以内にクーリングオフで

リフォームのトラブルで多いのは、業者が自宅に訪問してきて契約をしたというケースです。国民生活センターの電話相談でも相談件数がいっこうに減る気配がありません。同センターへの最近の相談事例からいくつか紹介しましょう。

●2年前に保証付きの屋根塗装工事をした。雨漏りが生じたので業者に連絡をしたが、忙しいといって直しに来ない。

●「お宅の鬼瓦が傾いているのが気になる。今なら1000円で直してあげる」といわれ、修理をお願いした。作業後、このままだと雨漏りするから屋根全体を修理したほうがよいといわれ、約20万円の

訪問販売はクーリングオフの対象

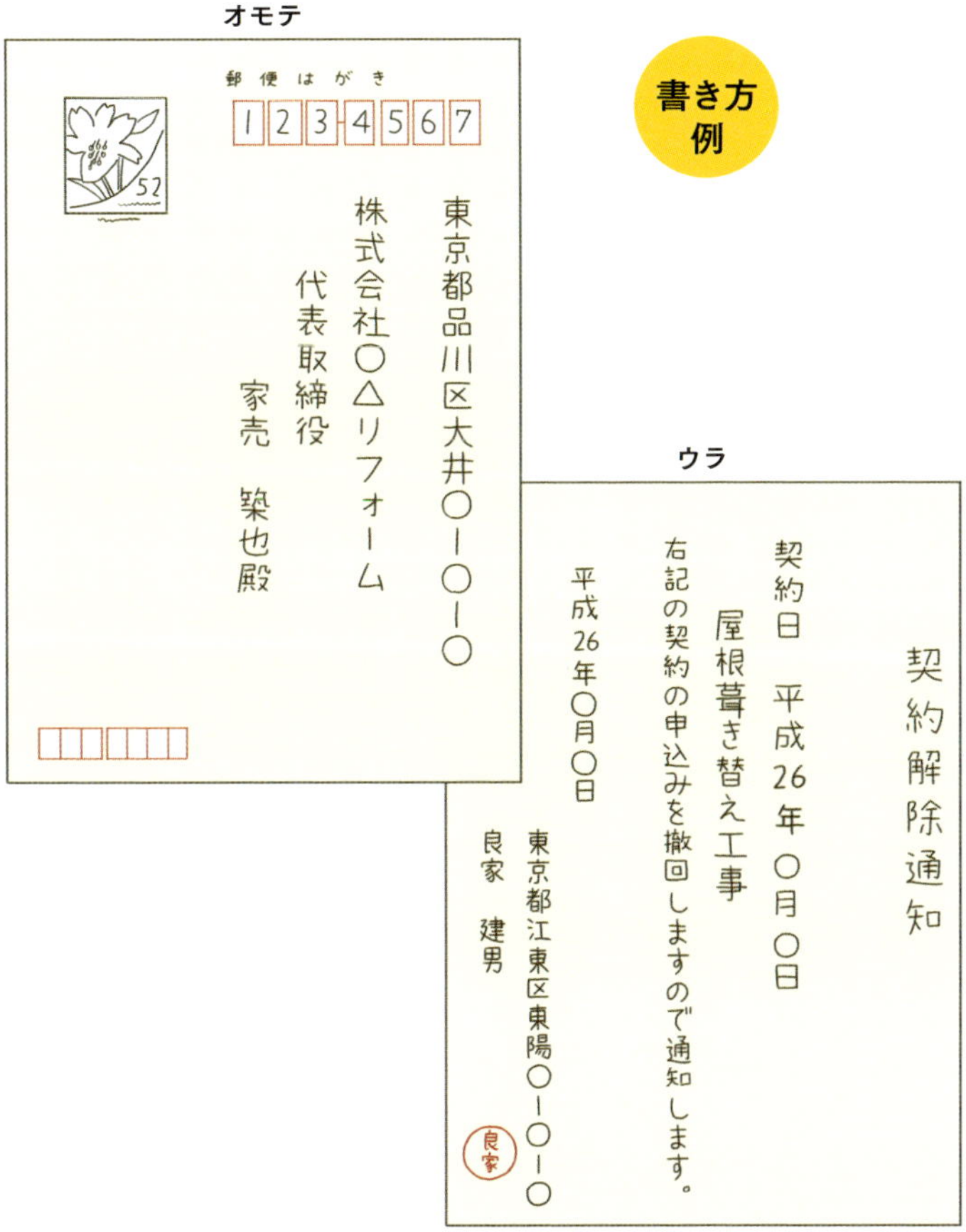
書き方例
オモテ
郵便はがき
123-4567
52
東京都品川区大井〇-〇-〇
株式会社〇△リフォーム
代表取締役
家売　築也殿
ウラ
契約解除通知
契約日　平成26年〇月〇日
屋根葺き替え工事
右記の契約の申込みを撤回しますので通知します。
平成26年〇月〇日
東京都江東区東陽〇-〇-〇
良家　建男
良家

契約解除通知は必ず書面で行います。「特定記録郵便」や「内容証明郵便」で行うと確実

契約をしたが、契約を急ぎすぎたと後悔。

●実家を訪問してきた業者が家に上がり込み、高齢の父と外壁工事の契約をした。契約のさせ方に問題はないか。

こうした事例がたくさん紹介されていますが、見積もりなど、適切なプロセスを経ずに契約にもち込もうとするのが、共通の手口です。信用できない場合は契約を避けるのが一番よいのですが、もし契約してしまった場合は、クーリングオフ制度を活用しましょう。

クーリングオフは、訪問販売などを対象とする特定商取引法で定めている制度です。訪問販売は契約書面受領日から8日以内に郵便などの書面で行えば、契約を解除できます。発送した証拠が郵便局に残る内容証明郵便などを利用するのがよいでしょう。この方法を使えば、差し出し日と内容を郵便局が公的に証明してくれるので確実です。契約解除の文書を発信した時点で効力を発揮するので、契約から8日以内に発信していれば相手に届くのが8日目を過ぎていても問題ありません。

3

トラブル

あいまいな契約①

口約束では証拠が残りません。リフォーム契約は書面がすべて。

工事請負契約書の書面例をチェック

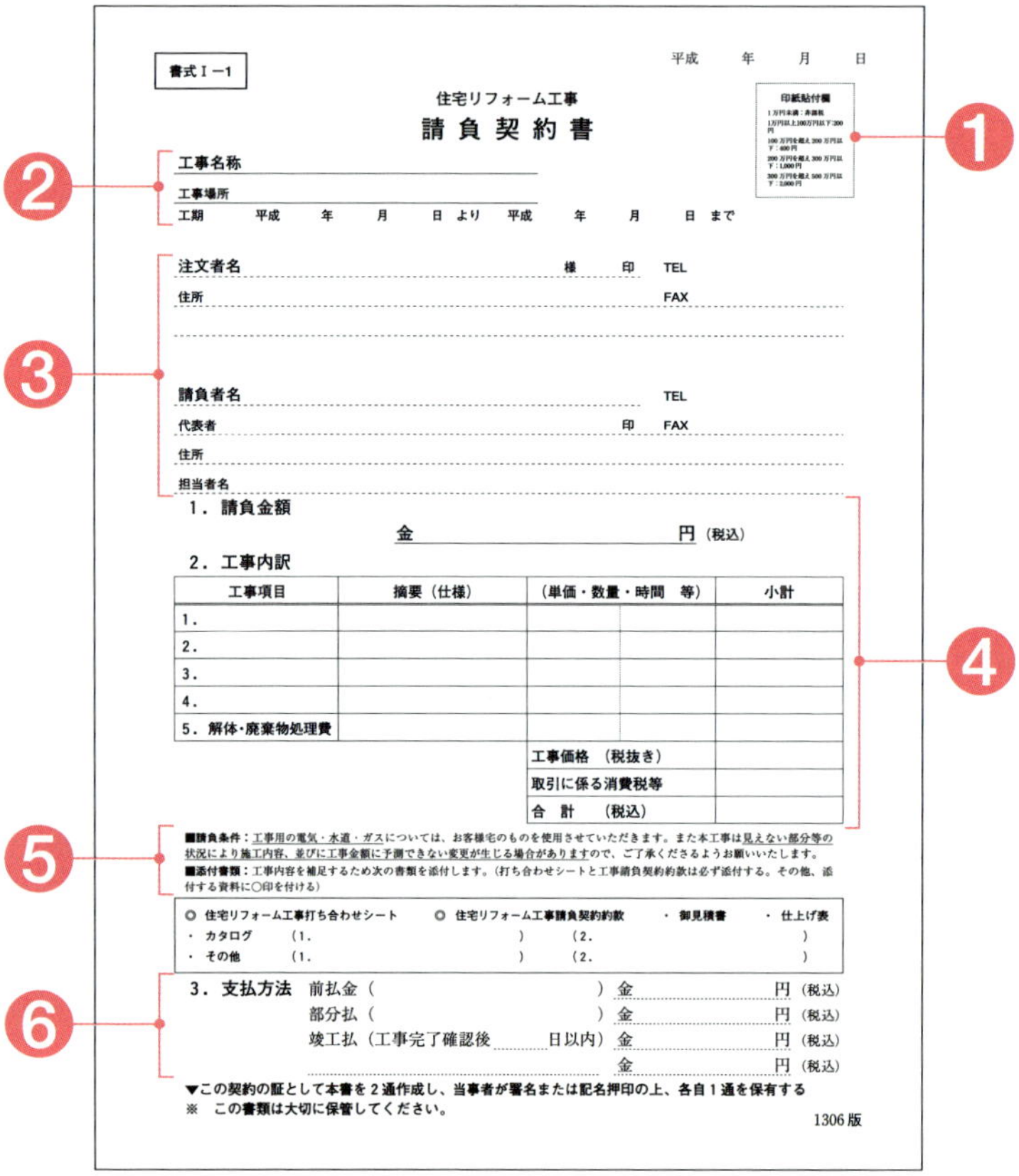

書式Ⅰ－1

平成　年　月　日

印紙貼付欄
1万円未満：非課税
1万円以上100万円以下:200円
100万円を超え200万円以下：400円
200万円を超え300万円以下：1,000円
300万円を超え500万円以下：2,000円

住宅リフォーム工事
請負契約書

工事名称

工事場所

工期　平成　年　月　日 より　平成　年　月　日 まで

注文者名　様　印　TEL

住所　FAX

請負者名　TEL

代表者　印　FAX

住所

担当者名

1．請負金額

金　円（税込）

2．工事内訳

工事項目	摘要（仕様）	（単価・数量・時間　等）	小計
1．			
2．			
3．			
4．			
5．解体・廃棄物処理費			
		工事価格　（税抜き）	
		取引に係る消費税等	
		合　計　（税込）	

■請負条件：工事用の電気・水道・ガスについては、お客様宅のものを使用させていただきます。また本工事は見えない部分等の状況により施工内容、並びに工事金額に予測できない変更が生じる場合がありますので、ご了承くださるようお願いいたします。
■添付書類：工事内容を補足するため次の書類を添付します。（打ち合わせシートと工事請負契約約款は必ず添付する。その他、添付する資料に○印を付ける）

◎ 住宅リフォーム工事打ち合わせシート　◎ 住宅リフォーム工事請負契約約款　・御見積書　・仕上げ表
・カタログ　（1.　）（2.　）
・その他　（1.　）（2.　）

3．支払方法　前払金（　）金　円（税込）
部分払（　）金　円（税込）
竣工払（工事完了確認後　日以内）金　円（税込）
金　円（税込）

▼この契約の証として本書を2通作成し、当事者が署名または記名押印の上、各自1通を保有する
※　この書類は大切に保管してください。

1306版

※住宅リフォーム推進協議会作成の書式

小規模リフォームでも書面を残して

契約は口頭でも可能です。単なる口約束でも契約として有効なのです。しかし口約束では書面による記録が残らず、後でトラブルがあったときの証拠書類がないために不都合が生じないとも限りません。約束の期日が来ても工事が始まらない、やってくれるといっていたことをやってくれていない……。後でこれらが判明しても、証拠がなければクレームもつけられません。

リフォームは単に商品を購入するように、物に対して代金を支払うものではありません。契約はこれから行われる工事に対しての対価の支払いを決めるもの。

確認する内容は？

1
印紙を貼ることで、
契約にともなって
発生する税金を支払う。

2
工期は着工日と
竣工日を必ず
明記してもらう。

3
注文者名（施主）と
請負者名(リフォーム会社)
の住所や連絡先を記載。

4
工事費の合計金額と
簡単な内訳。
詳細は見積書で確認。

5
請負条件の内容を確認、
添付書類もすべて
揃っているか確認。

6
工事費の支払い時期と
支払い金額、
回数を確認。

つまり設計図や見積書に書かれていることが契約内容のすべてとして後々まで残るのです。契約を取り交わすということは、それまでに打ち合わせを重ねて作成してきた設計図と見積書の内容に承諾することになります。

　したがって契約までに、それらの書類にしっかり目を通しておかなくてはなりません。工事の内容が違っていたときなどはその設計図が、費用に関しては見積書が証拠書類となるのです。

　契約書の体裁は会社によって多少違う場合もありますが、おおむね154ページ上記のようなものです。ここには、請負代金や支払い期日など最も重要な事項を記載し、請負会社、施主の双方が署名捺印《なついん》をします。契約書には契約約款《やっかん》という書類が付属し、工期が延びたときや、工事に瑕疵《かし》（欠陥）があったときの取り決めなど重要な事項が記載されていますので、よく読んでおきましょう。

　大規模リフォームはもちろんですが、小規模なリフォームでも契約書は交わすようにしたほうがよいでしょう。

4

トラブル

あいまいな契約②
打ち合わせや変更時は書類で「いった」「いわない」を避けて。

打ち合わせの書面例をチェック

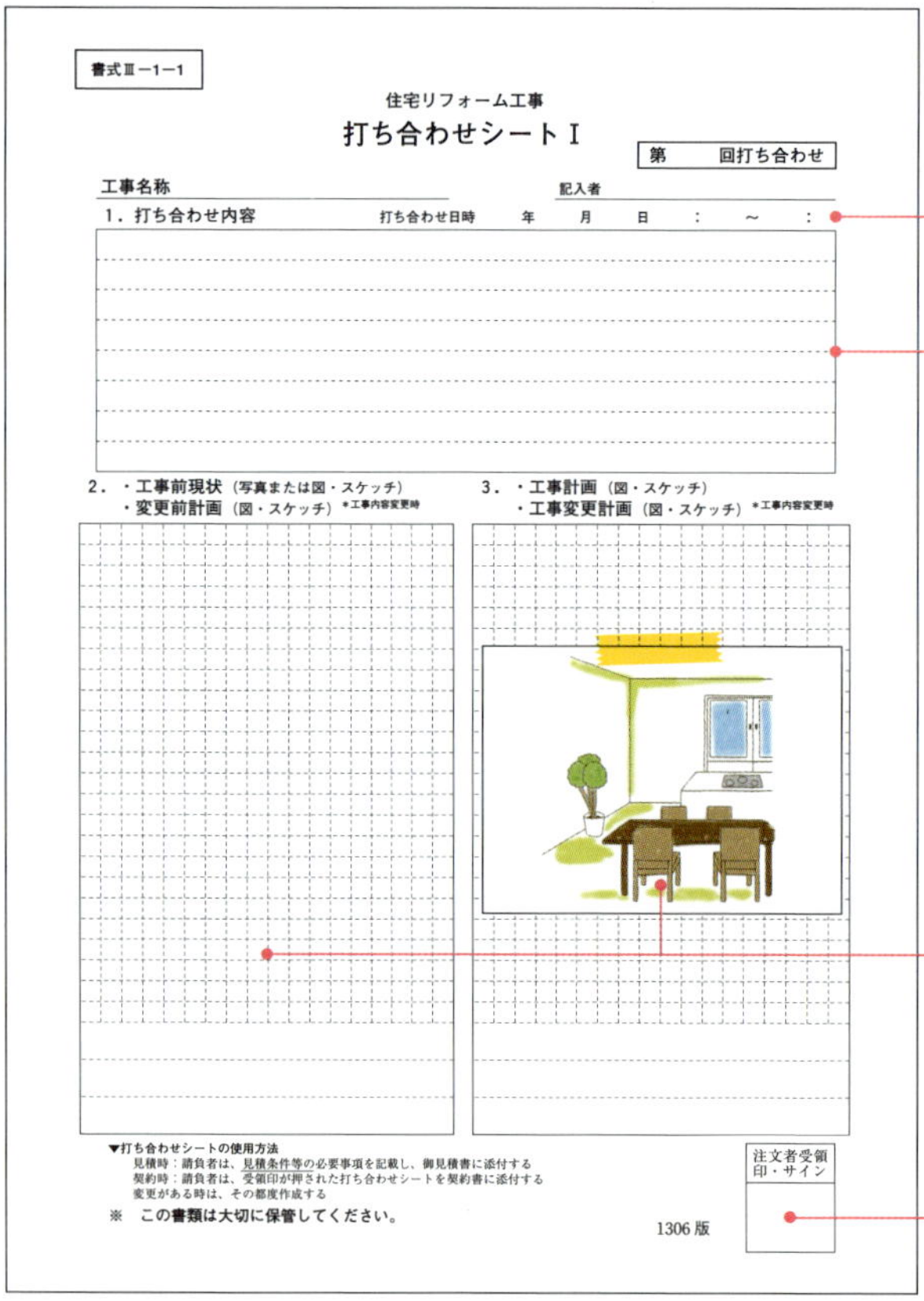
書式Ⅲ－1－1

住宅リフォーム工事

打ち合わせシートⅠ

第　　回打ち合わせ

工事名称　　　　記入者

1．打ち合わせ内容　　打ち合わせ日時　年　月　日　：　～　：

2．・工事前現状（写真または図・スケッチ）
・変更前計画（図・スケッチ）＊工事内容変更時

3．・工事計画（図・スケッチ）
・工事変更計画（図・スケッチ）＊工事内容変更時

▼打ち合わせシートの使用方法
見積時：請負者は、見積条件等の必要事項を記載し、御見積書に添付する
契約時：請負者は、受領印が押された打ち合わせシートを契約書に添付する
変更がある時は、その都度作成する

※　この書類は大切に保管してください。

1306版

注文者受領
印・サイン

日時は必ず明記。

打ち合わせた内容を記録。

現況の写真やプランのスケッチで具体的に図示。

注文者（施主）が受領したら印、サインで証明。

※住宅リフォーム推進協議会作成の書式

契約後の変更は金額の修正に注意する

リフォームは当初のプランどおりに進むことは少なく、工事が始まるまでにさまざまな変更を重ねることが多いものです。その際に変更点を書面に残しておかないと、トラブルの元になります。「直してほしいといったはず」「設備はこっちに変えたいといったはず」といくら主張をしても、相手が「聞いていません」ということになれば、証拠がないのでどうしようもありません。

こうしたトラブルを避けるためには、打ち合わせ内容をそのつど記録しておくのがよいでしょう。上記は住宅リフォーム推進協議会が提案している打ち合わせ

工事内容変更合意書の書面例をチェック

書式Ⅵ－1

平成　　年　　月　　日

印紙貼付欄
減額・金額記載なし：200円
増額1万円未満：非課税
増額1万円を超え100万円以下：200円
増額100万円を超え200万円以下：400円
増額200万円を超え300万円以下：1,000円
増額300万円を超え500万円以下：2,000円

住宅リフォーム工事
工事内容変更合意書

工事名称

工事場所

工期　平成　年　月　日　より　平成　年　月　日　まで

注文者名　　様　印　TEL

住所　　FAX

請負者名　　TEL

代表者　　印　FAX

住所

担当者名

平成　年　月　日に締結した上記の工事内容について、下記のとおり内容変更することに合意します（以下の該当する変更内容の□に✓をつける）

□　工期変更
変更前：　平成　年　月　日　より　平成　年　月　日　まで
変更後：　平成　年　月　日　より　平成　年　月　日　まで

工事内容を変更することで、工期が延びる場合は、日付を明記。

□　工事内容変更

No.	変更箇所	変更前仕様	変更後仕様	（単価・数量・時間　等）	金額 変更前	金額 増減額	金額 変更後
1							
2							
3							
4							
				変更金額　（税抜き）			
				取引に係る消費税等			
				変更金額合計（税込）			

工事の変更内容を具体的に明記。それによって発生する費用も必須。

□　請負金額変更
変更前：総額　金　　　円（税込）→　変更後：総額　金　　　円（税込）

□　その他

■添付書類：工事変更内容を補足するため次の書類を添付します。（打ち合わせシートは必ず添付する。その他添付する資料には○印を付ける）

◎　住宅リフォーム工事打ち合わせシート　・御見積書　・仕上げ表
・カタログ　（1.　　）（2.　　）
　　　　　　（3.　　）（4.　　）
・その他　　（1.　　）（2.　　）

※　この書類は大切に保管してください。　1306版

※住宅リフォーム推進協議会作成の書式

シートで、インターネットからダウンロードして使うことができます。会社によっては、こうした書式を用意している場合もあります。記録した内容は必ずコピーをとって、双方で保管しましょう。

また、契約してから、ときには工事が始まってから変更する場合もあります。契約をしてからの変更は、請負金額も含めて契約内容を変えることになりますから、上記のような工事内容変更合意書を作成しておくのがよいでしょう。これを作成しないまま進めてしまうと、後で追加工事の請求書が届いて慌てることになります。

変更箇所をきちんと明記し、金額の増減も明らかにしたうえで、変更合意書にサインをすることです。とくに工事中の変更は、慌ただしいので金額を聞かないままに進めてしまいがちです。しかし金額を聞かないで工事変更を依頼するのは問題です。きちんと見積もりをもらって、金額を了承してから依頼しましょう。そうすればお互い納得のうえですから、後でトラブルが起こることもありません。

5

トラブル

工期の遅れ

工事の流れや進捗状況は積極的に聞いてみましょう。

違約金の取り決めをしておく

工事請負者側の理由で
契約期間内に
工事ができない場合

↓

遅滞日数１日につき
工事が残っている部分の
金額に年14.6％の割合を
乗じた額の違約金を請求できる

住宅リフォーム推進協議会作成の契約約款より

工程表を必ずもらって現場への顔出しも

工期が遅れると、仮住まい期間が長引いて家賃が予定よりも多くかかったり、引っ越し日が延びて生活に不都合が生じたりと、さまざまな迷惑をこうむります。工期についても必ず書類で取り決めておきましょう。

まずは契約書に着工日と竣工日を明記することが鉄則。そのうえで、遅れた場合の違約金の取り決めを行っておきましょう。その内容は、契約約款《やっかん》に明記する必要があります。住宅リフォーム推進協議会が作成した契約約款の標準書式には次のように書かれています。

「遅滞日数１日につき、請負代金から工

工程表は完成までの工事スケジュール

工程表と照らし合わせて、スケジュールどおりに進んでいるか現場に行った際に確認する。

工程表の例

	3月											
	10 月	11 火	12 水	13 木	14 金	15 土	16 日	17 月	18 火	19 水	20 木	21 金
解体工事												
木工事												
内装工事												
設備工事												

事済部分と搬入工事材料に対する請負代金相当額を控除した額に年14・6％の割合を乗じた額の違約金を請求できる」

つまり、工事が終わった分と搬入した材料費を引いた額に一定の割合をかけた金額を賠償するということです。なお、施主が支払いを延ばしたときも同じ条件で違約金が取り決められています。

着工後の工事のスケジュールは「工程表」にすべて記載されます。上記の見本のように、工事の項目ごとに日程が記載され、その中でも解体工事はいつからいつまで、キッチンなど設備は……といったように、具体的に工事の日程がわかるようになっています。

いつどのような工事が行われるのかがわかれば、工事の進捗を確認しに現場に行くことができます。着工前に必ずもらっておいて、自分が現場に出かける日程はそれをもとに調整しましょう。スケジュールどおりに行われているのか確認するとともに、工事の内容もチェックします。とくに関心のある工事は見逃さないようにしたいものです。

6

トラブル

イメージとの違い①

写真を使えば、口頭よりも正確であっという間に伝わります。

その会社のテイストを知ることも大切

リフォームのトラブルで多いのが「できあがりがイメージと違う！」というものです。イメージの要望は、なかなか具体的に伝えづらい面があります。口頭でうまく伝えたつもりになっていたが、相手の頭の中には別のイメージがあったというパターンが多く、お互いのイメージが食い違ったまま工事がなされることになりがちです。それを避けるために、どうしたらイメージを正確にリフォーム会社に伝えられるのでしょうか。

　一番よいのは写真を使う方法です。雑誌やカタログを見て、好みのテイストがあれば切り取ってスクラップブックをつ

イメージを共有する主な方法

スクラップブックを見せる

雑誌やカタログを見て、自分のイメージに近い写真を切り抜いて、スクラップ。それを設計担当者に見せるとイメージが伝わりやすい。

施工事例を見る

リフォーム会社が手がけた、自分のイメージに近い施工例を見せてもらって参考にする。

パースを描いてもらう

プランは設計図だけでなく、パースで見せてもらうとわかりやすい。最近はCGを使って提案してくれるケースもある。

くります。それを見てもらえばすぐに伝わるでしょう。

しかし、元々その会社が自分の好みとは異なるテイストをもつ場合は、難しいと思います。依頼先を選ぶ段階で、望むテイストに合うかどうかの確認をしっかりする必要があります。そのためにはその会社の施工事例をカタログなどでよく見ておくことです。また、リフォーム事例見学会を利用して、施工事例を見ておくのも参考になるでしょう。その段階で自分のイメージと違ったら、好みのテイストで仕上げてもらうことは期待できないかもしれません。

そして、こちらが伝えたイメージがちゃんと伝わったかどうかも確認しなければなりません。設計図を見ただけではイメージまではなかなかわからないため、できるならパースやCGで見せてもらいましょう。テイストは使用する内装材にもかなり影響を受けるので、使う予定の材料をショールームなどで見せてもらいます。カタログではなく実物を見るのが一番です。

7

トラブル

イメージとの違い②

設備機器は必ず実物を見て触れてみてから、選びましょう。

サイズ・色・形を組み合わせてイージーオーダーも

実物を見ないまま設備機器や建材を選んでしまうのはとても危険。搬入されてから「こんなものだった？」と後悔しても、いったん発注した設備類は交換ができないことが多いものです。事前に実物を見るためにショールームを活用することをおすすめします。

ショールームはメーカーが自社の最新商品を展示している場所。そこに行けばたいていの商品を見ることができます。まずは訪れて、商品を見てみましょう。見るだけでなく触れることもできるのがショールームのよいところです。

次に係員の説明を聞きます。行く前に

ショールームを活用する流れ

1 見て、触れる

まずはじっくり見学する。使うイメージで見て、触れてみる。

2 相談する

気になる商品があったら係員に説明を聞いたり、自分の希望により近づけられないか相談したりする。

3 プランをもらう

リフォームする寸法に合う設備機器をプランニングしてもらい、見積もりを出してもらう。

予約をしておけば、ゆっくり話をする時間をとってもらえるでしょう。カタログを読んでもわからなかったことなどを聞いて明らかにすることができます。

そこで気に入った商品があったら、プランと見積もりをもらいましょう。システムキッチンやシステムバスのような商品は、いわばイージーオーダーです。サイズ、色、形などをさまざまに組み合わせることができますから、その場で係員に相談しながら、一つのセットをつくりあげていきます。その選び方で価格が変わってきます。

ショールームは直接、消費者に販売する場ではないこと、見積もりはメーカー希望小売価格で提案されることを知っておくことです。すでに交渉しているリフォーム会社があれば、プランと見積もりがその会社に提案されます。リフォーム会社が決まっていれば、担当者とともにショールームに行って、商品選びに協力してもらうのもよいでしょう。結果的にはリフォーム会社を通して商品を購入することができます。

8

トラブル

施主支給の問題点

安くできそうな施主支給。かえって高くつくこともあります。

一般的な設備支給の流れ

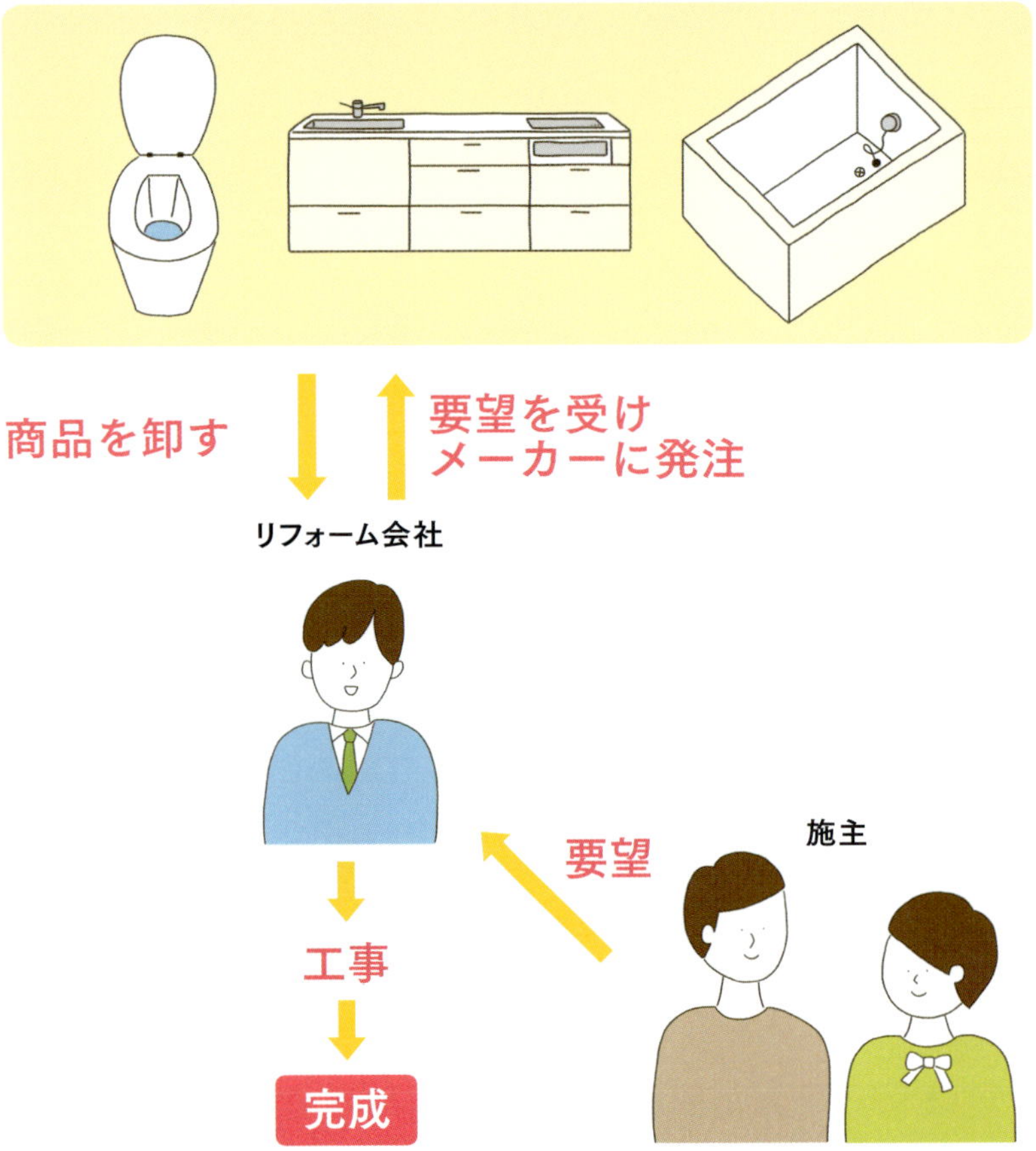

リフォーム会社に可能かどうか相談を

一般的なリフォームでは設備機器などの商品は、施主が選んでリフォーム会社からメーカーなどに発注、リフォーム現場に届けられ設置される、というプロセスをたどります。

ところが施主支給は、施主自らがインターネットなどで商品を購入し、リフォーム会社にそれを支給、リフォーム会社が設置するというプロセスになります。最後は同じですが、発注段階をリフォーム会社が行うのか、施主が行うのかという大きな違いがあります。当然、支払いも後者は施主が直接販売者に対して行います。

施主による設備支給の流れ

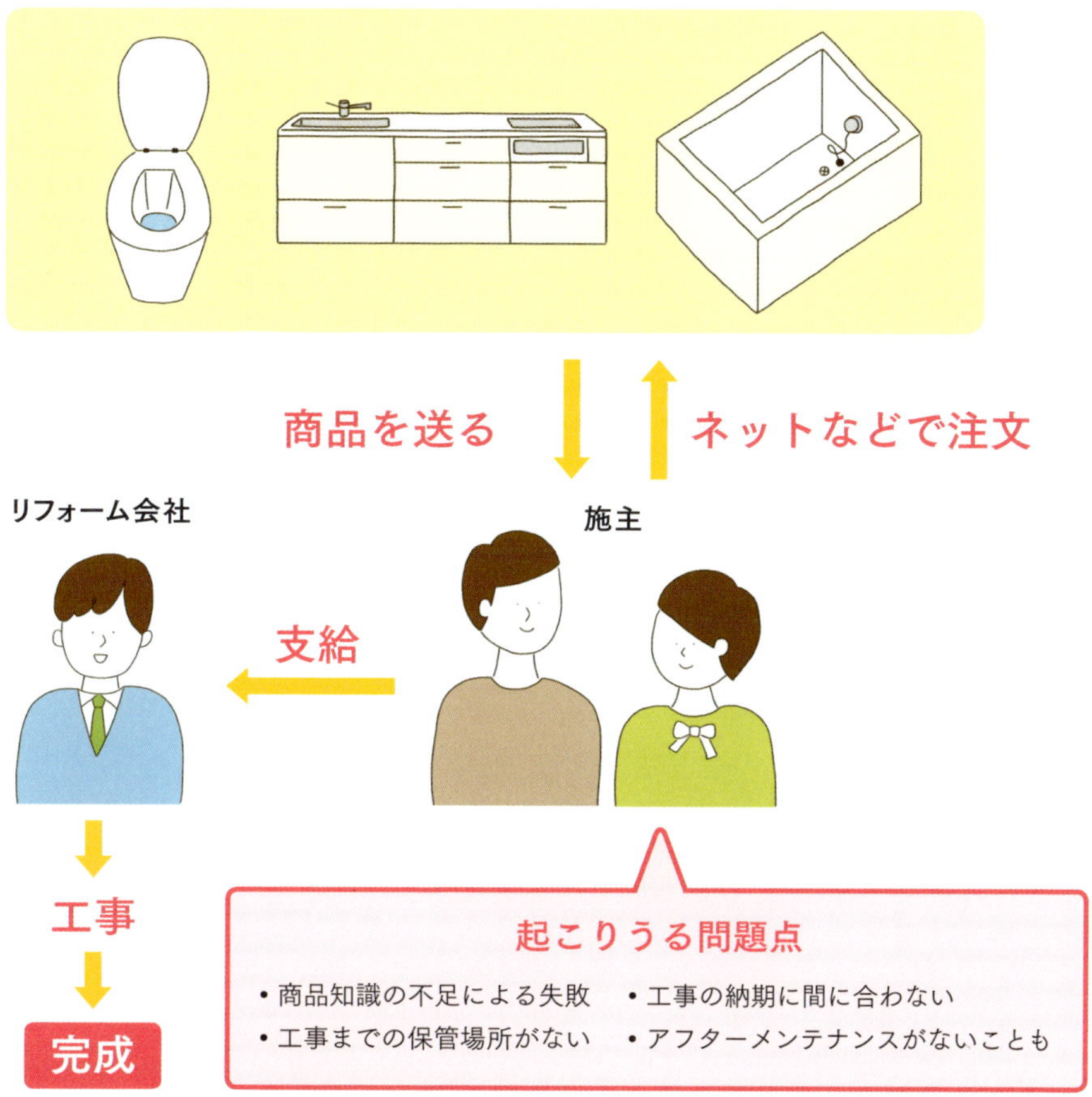
商品を送る
ネットなどで注文
リフォーム会社
施主
支給
工事
完成
起こりうる問題点
・商品知識の不足による失敗
・工事の納期に間に合わない
・工事までの保管場所がない
・アフターメンテナンスがないことも

施主支給の商品はインターネットや店舗で購入することになるでしょうが、一番気をつけたいのは、購入する前に施主支給したい旨をリフォーム会社に伝えることです。そうでないと工程が大きく狂います。会社によっては施主支給を認めない場合もあります。

施主支給にはリフォーム会社が扱っていないものを使えたり、より安い価格で入手できたりというメリットもあります。しかし照明器具程度ならさほど問題はありませんが、キッチンなど大型商品になると問題点もあります。まず施主がきちんと商品知識をもち、的確に質のよい商品を選ぶことができているか。また、納期を工程に合わせることができるのか、保管場所に困ることはないのかといったことです。

そして何よりもリフォーム会社を通さずに購入した場合に、会社がアフターメンテナンスの責任をもってくれるかどうかを確認しなければなりません。もし、対応してくれるようなら施主支給も選択肢の一つとしてありでしょう。

9

トラブル

職人との付き合い

要求や質問に対応できるのは職人でなく現場監督です。

元請け会社から工事を発注するイメージ

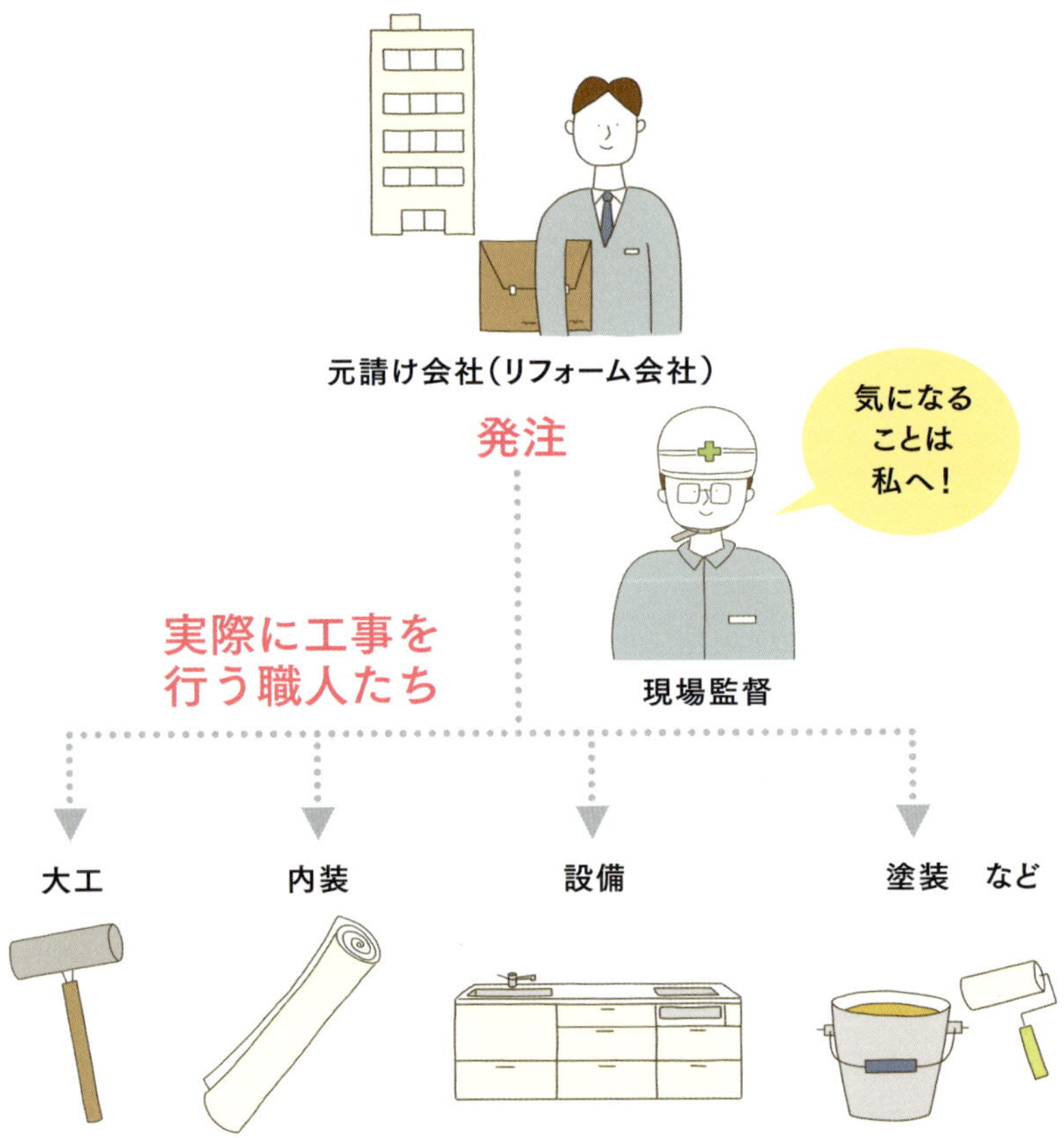

元請け会社（リフォーム会社）
発注
気になることは私へ！
現場監督
実際に工事を行う職人たち
大工
内装
設備
塗装　など

たくさんの職種が関わる大規模リフォーム

リフォームに限らず建築の世界では、元請け会社から各種の専門工事会社やフリーの職人に仕事を発注するのが一般的です。それを元請け会社が現場管理を行いながら工事を進めていきます。この二重構造を理解しておきましょう。

現場で顔を合わせるのは、この専門職の人々が多いです。大規模リフォームとなると、大工から塗装、設備、内装とさまざまな職種が関わります。現場に入れ替わり立ち替わり、さまざまな職種の人が出入りします。ほんの数日しかやってこない人もいるので、工事の内容や変更依頼については、必ず元請け会社の現場

職人に気持ちよく働いてもらうには

たまにお茶やお菓子、果物などを持参し、労をねぎらう。

職人が困らないよう、作業の邪魔になるものは工事の前に片付けておく。

家を離れる場合、鍵は職人に預けず、リフォーム会社の担当者に渡す。

監督に伝えるようにしましょう。

というのも現場で働いている職人には、工事の変更について話を聞いたり、判断したりする権限はありません。工事内容の変更や追加については、あくまで元請け会社でなければ話を聞くことができないのです。気になることがあれば、現場監督あるいは営業や設計を担当してくれた人に直接確認しましょう。早急に連絡を取りたいときもあるでしょうから、現場監督など元請け会社の人の携帯電話番号をあらかじめ聞いておくことも大切です。

とはいえ、実際に現場にいて工事をしてくれるのは職人です。現場での無用なトラブルを避けて、気持ちよく働いてもらいましょう。そのためには工事が始まる前に工事の邪魔になるような物は片付けておく、工事が始まったら貴重品や割れやすい物を現場に置かない、家の鍵は職人に預けないといった注意も必要です。

また、ときどき休憩時間に職人へお茶などを出し、軽くコミュニケーションをとったりすることも大切です。

Column

コスト管理とコミュニケーション

リフォームを手がけてくれる会社といかにコミュニケーションをとるかが、
リフォーム成功の鍵。コミュニケーション不足から起こる失敗例を見てみましょう。

コストに関する コミュニケーション不足は危険

　ある工務店に一戸建ての改修工事の依頼がきました。予算が2000万円以内でスタートしましたが、工事内容や仕様も決まって実際に見積もりをしたところ600万円オーバーしていました。その後何度かコストを下げるための打ち合わせをしましたが、施主は「もともと2000万円という予算を提示しているのだから、もっとコストに関するアドバイスをはじめから欲しかった」といいました。

　一方工務店は何とかなるだろうと、ついコストの話を後まわしにしてしまっていました。また、これまで小さな改修工事が多く、この案件のような大規模な改修工事はあまり手がけたことがなかったためにコスト管理が甘くなってしまったようです。

　数回打ち合わせをしてもコストの落とし方のアイデアはあまり出ず、ただ単にすべてグレードを下げる提案だったのが施主はとても気になったようです。結局その工務店と施主は物別れになってしまいました。

予算内に おさめてください！
グレードを下げないと できないんです…

Chapter 8

ライフスタイル別こだわりリフォーム

ここではアイデアを多数紹介しています。
自分の生活に合うものをぜひ取り入れて、
ワンランク上のリフォームにしてみませんか。

こだわり 1

バリアフリーリフォーム 今すぐ必要でなくても準備をしておきませんか。

バリアフリーにするのはココ

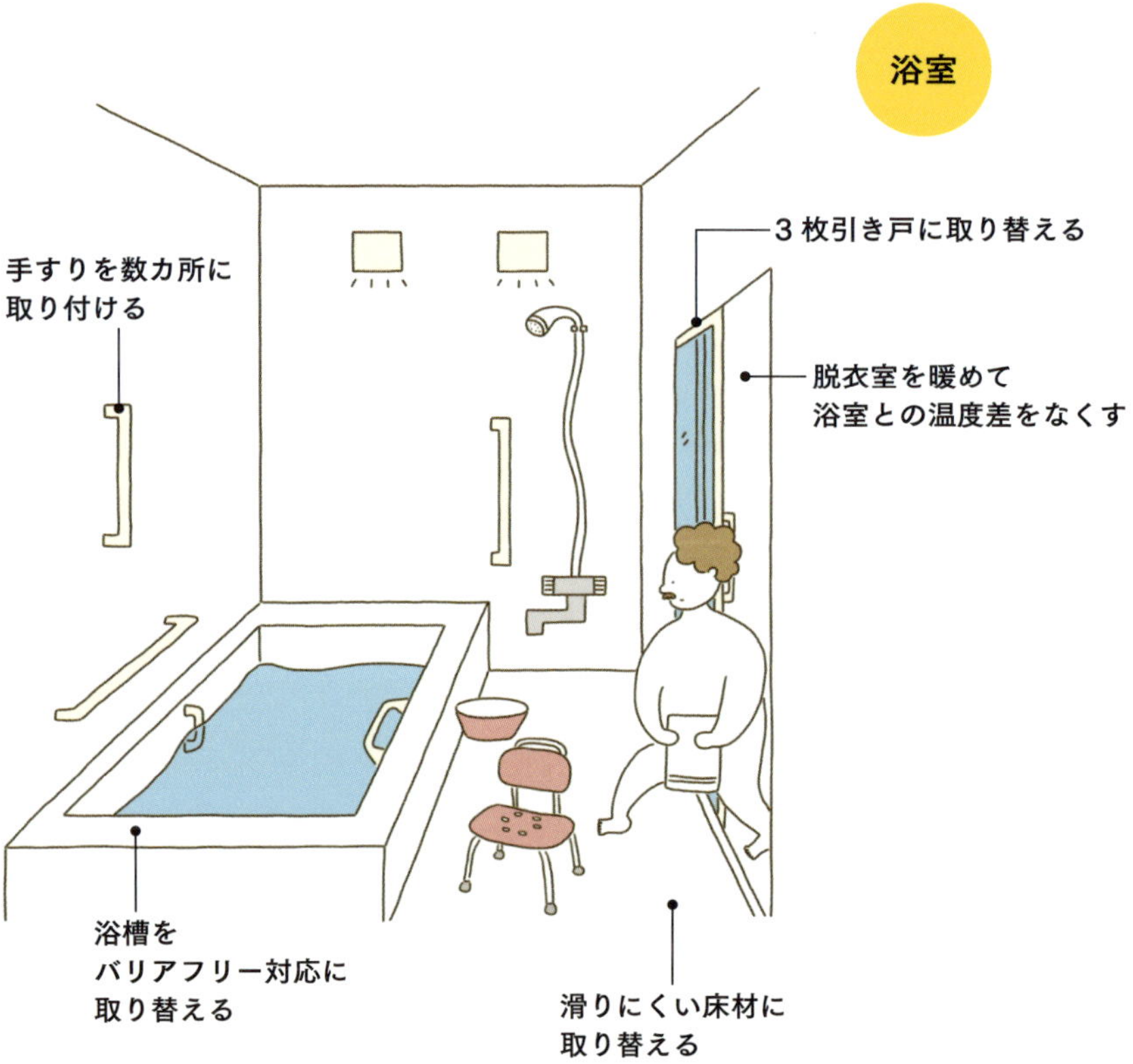
浴室
手すりを数カ所に取り付ける
3枚引き戸に取り替える
脱衣室を暖めて浴室との温度差をなくす
浴槽をバリアフリー対応に取り替える
滑りにくい床材に取り替える

将来のことを考えて早めの準備を

歳をとると、ちょっとした段差でつまずきやすくなったり、階段で滑ったりと家の中での事故が増えてきます。年齢にふさわしいリフォームを行って、将来も安心して暮らせるようにしましょう。

住まいのバリアフリー化の基本は、床の段差をなくすこと。和室は通常、一段高くなりますが、和室の床を落とし込むことで、洋室と高さを揃えることができます。マンションでは薄い畳で段差を抑える方法もありますが、和室そのものをなくすのも手です。ベッドのほうが寝起きしやすいということもあります。

次に廊下や階段に手すりを適宜設けま

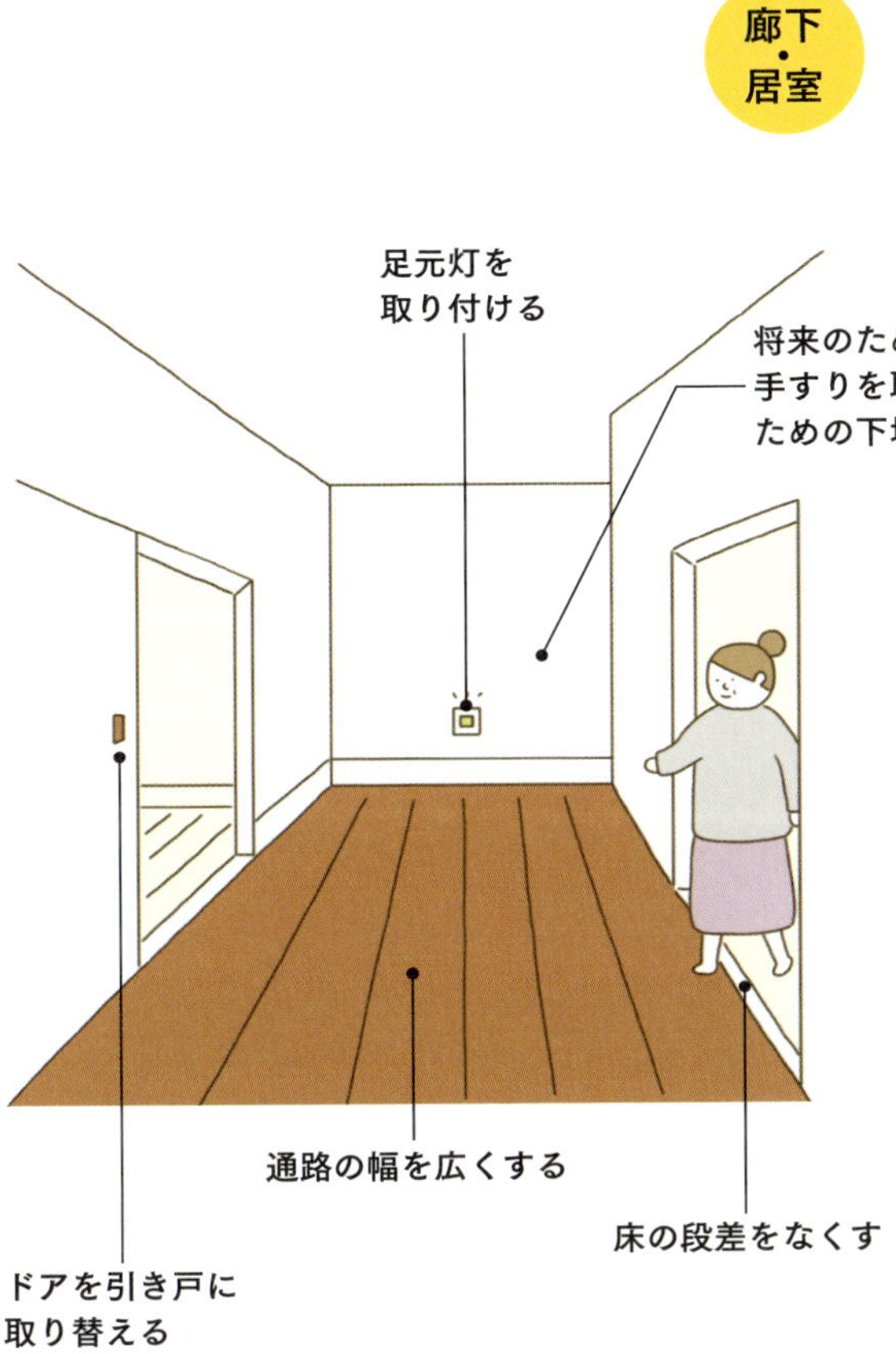
廊下・居室
足元灯を取り付ける
将来のために手すりを取り付けるための下地を入れる
通路の幅を広くする
床の段差をなくす
ドアを引き戸に取り替える

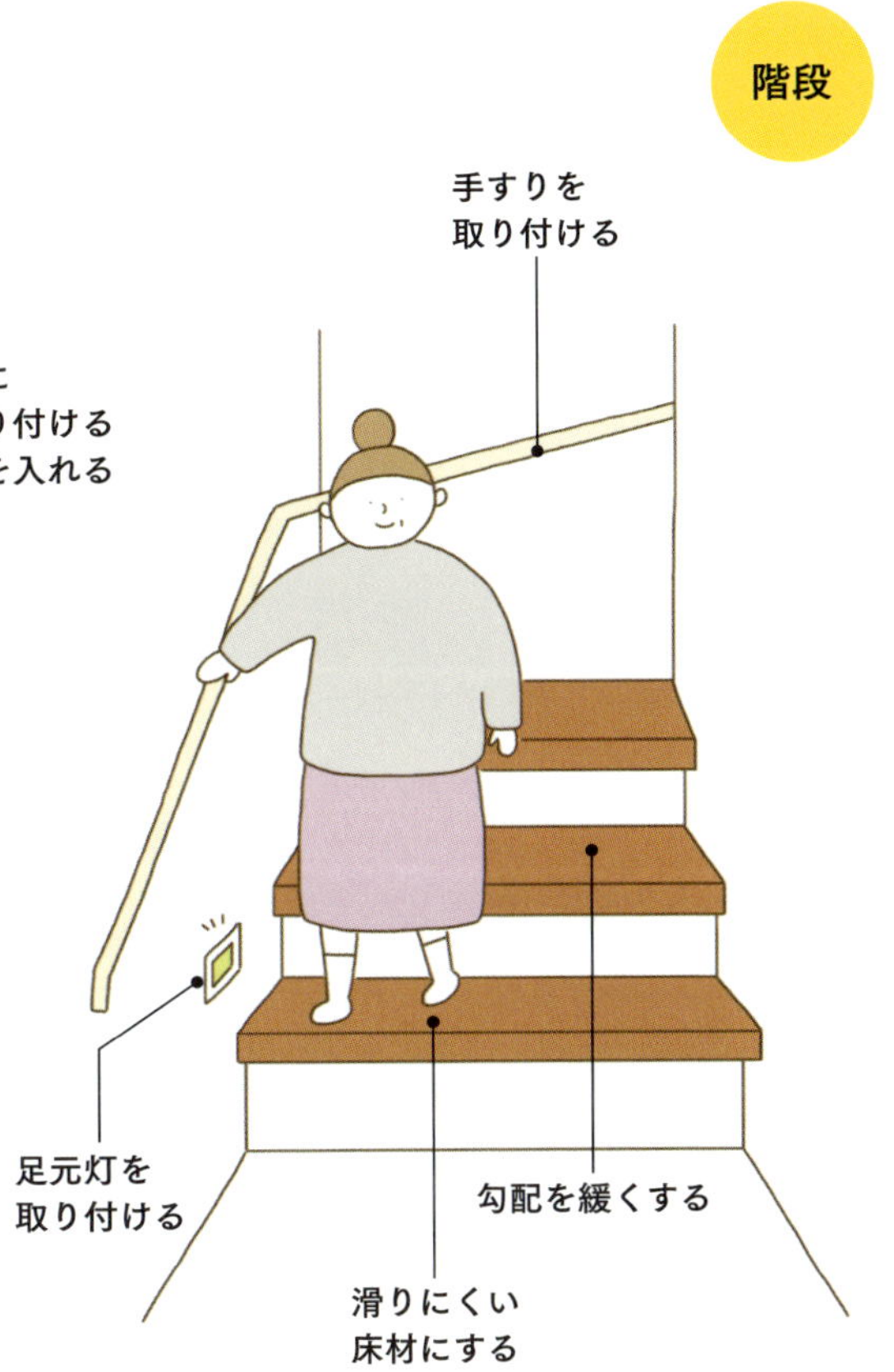
階段
手すりを取り付ける
足元灯を取り付ける
勾配を緩くする
滑りにくい床材にする

す。まだ手すりは必要ないという場合は、いつでも取り付けられるように下地の補強だけでもしておきましょう。浴室、トイレにも手すりは必要です。手すりの高さは、使う人の体形によっても違ってくるので、設計する人に配慮してもらいましょう。

浴槽をまたぎやすい高さに抑えることも大事です。設備メーカーからバリアフリー対応のシステムバスも出ているので、一度見てみては。また、浴室暖房乾燥機を設けておくと、冬の寒さに悩まされずにすみます。ヒートショック予防に脱衣室にもパネルヒーターなどを置けるスペースを用意しましょう。

浴室やトイレは将来介護が必要になったときのために、できるだけスペースを広くしたいものです。浴室の出入り口は車椅子に対応できるよう3枚引き戸にして広く開けられるようにするとよいでしょう。また、トイレを寝室近くに移動できれば、夜中でもラクに使用できます。その際、足元灯用のコンセントを付けておくと重宝します。

こだわり

2

エコリフォーム

「使わない」ことがエコ？設備を上手に使えば我慢いらず。

エコリフォームの基本

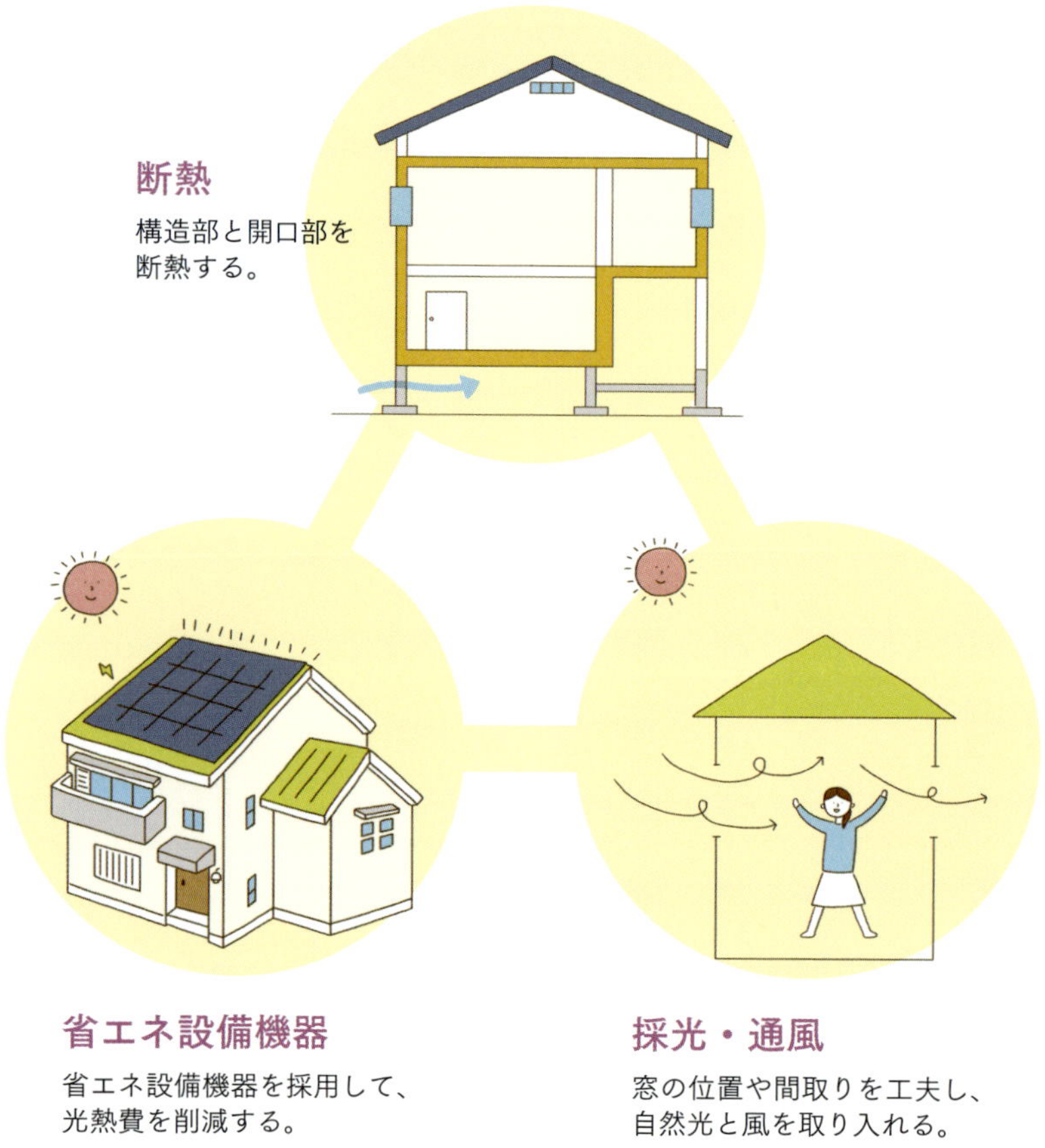

断熱
構造部と開口部を断熱する。
省エネ設備機器
省エネ設備機器を採用して、光熱費を削減する。
採光・通風
窓の位置や間取りを工夫し、自然光と風を取り入れる。

大がかりなものから手軽に導入できるものまで

省エネで環境に優しく、経済的。そんなエコな住まいにするためには、断熱をしっかり行い、採光・通風をよくすることが基本です。さらに省エネ住宅になる設備機器が多く出ているので、こちらの採用も検討してみましょう。

省エネ設備機器には、エネルギーを生み出すもの、効率よく使うものなどがあります。大がかりなものでは、「太陽光発電システム」や「家庭用燃料電池」があり、いずれも光熱費を削減するのには最適な設備です。しかし導入費用が高く、予算と合わせた検討が必要です。また、太陽光発電システムは屋根に搭載するの

さまざまな省エネ設備機器

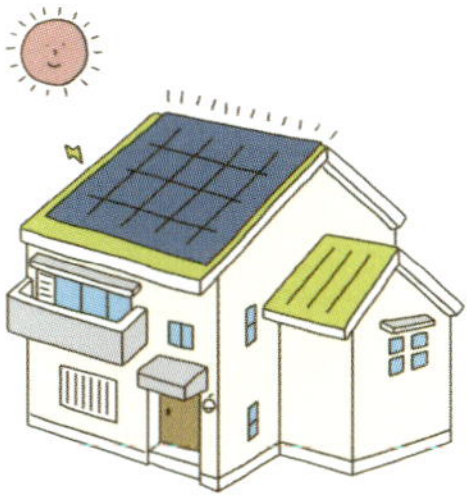

太陽光発電システム

太陽光で発電し、自宅の電力の一部をまかなう。

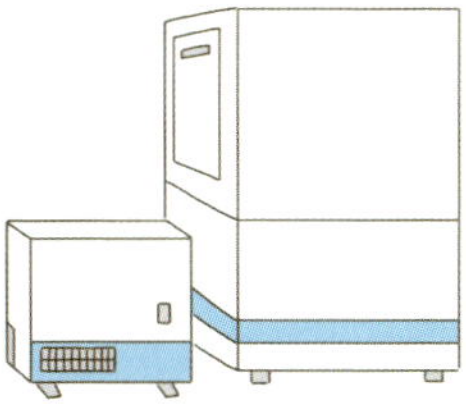

家庭用燃料電池

水素と酸素を反応させて発電し、そのときに出る排熱を給湯に活用する機器。

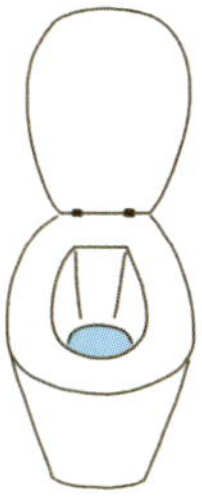

節水トイレ

節水化が進んだ最近のトイレ。1回の洗浄水量が従来品に比べ約3分の1になることも。

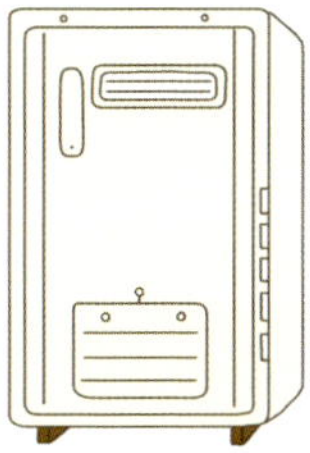

エコジョーズ

熱効率を上げ､省エネルギーとランニングコストの削減を実現したガス給湯器。

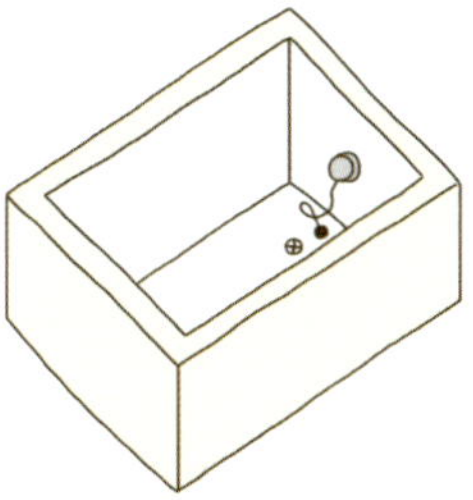

保温浴槽

断熱材入りで湯が冷めにくい浴槽。

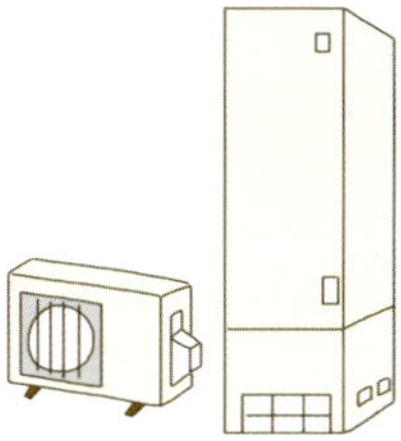

エコキュート

ヒートポンプを活用し、主に深夜電力を使って湯を沸かす電気給湯器。

で、その荷重に建物が耐え、耐震性も確保できるか、構造の点検が必要です。

　比較的手軽に導入できるのが、熱効率のよいガス給湯器である「エコジョーズ」や主に深夜電力を活用してお湯を沸かす「エコキュート」。とくにエコジョーズは、一般的なガス給湯器とサイズもほとんど変わらず、価格も10万円程度のアップですみます。ガス給湯器の交換時期に来ている場合は、ぜひ検討したいものです。エコキュートも設置場所さえあれば導入は難しくありません。従来から電気温水器を利用している場合は、かんたんに取り替えができます。電気温水器と比べて価格はやや高いですが、省エネ効果が3倍程度になります。

　トイレの節水化や保温浴槽などは今では、新しい設備に交換すれば標準的に付いている機能になっています。

　こうした設備の導入で、暮らしを変えずに光熱費を削減できます。我慢せずにエコな暮らしをできるのが、省エネな住まいや省エネ設備のよいところといえるでしょう。

3

こだわり

家事ラクリフォーム

家事の効率化はゆとりの時間を増やしてくれます。

家事ラクリフォームの基本

家事動線の短縮

水まわりの動線が短縮されると、作業がスムーズになる。

いらないものを捨てる

忘れていたものや使っていないものを捨てて家の中をすっきりさせる。

効率のよい収納方法

しまいやすく取り出しやすいように、分散収納と集中収納を使い分けて。

水まわりに清掃性のよい設備機器が増えている

最近は家事ラクを目的とした設備機器がいろいろ出ています。しかし、エコリフォームと同様に、まずは間取りや収納の面から家事の効率性を追求するのが先といえるでしょう。家事動線の短縮や収納の効率化、さらに不要なものを減らして家内をすっきりさせれば、よりスムーズに家事がこなせるようになり、家族との団らんやゆとりの時間も増えます。

そして家事ラク設備機器の採用を考えます。代表的なのが「食器洗い乾燥機」で、キッチン交換を行う際に新しいキッチンにビルトインする人が増えています。幅45㎝程度が一般的ですが、より多くの

さまざまな家事ラク設備機器

フィルターレスレンジフード
フィルターの掃除が不要。自動で内部洗浄する機能も。

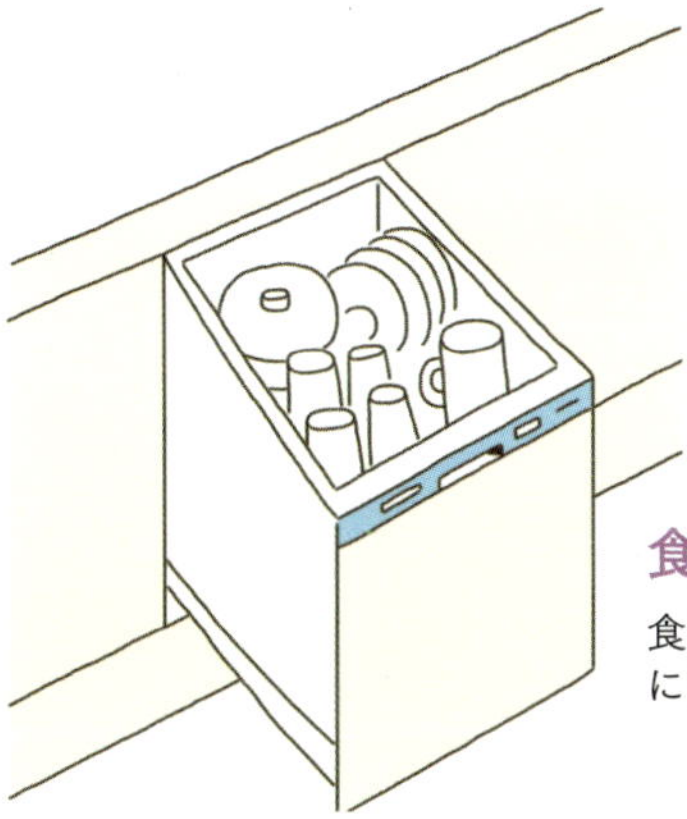

食器洗い乾燥機
食器洗いの手間を大幅に削減してくれる。

自動昇降吊り戸棚
ボタン一つで吊り戸棚が目の前に下りてくる。

自動洗浄バス
浴槽が自動で洗浄される。風呂洗いの手間がない。

浴室換気暖房乾燥機
雨の日でも浴室内で洗濯物を干せるので便利。

量を一度に洗いたい場合や、鍋なども一緒に洗いたいという場合には、幅60㎝程度の大型がよいでしょう。

キッチン関連では「フィルターレスレンジフード」が登場し、レンジフードの汚れ落としがずいぶんラクにできるようになっています。自動でフィルターを洗ってくれる便利なレンジフードも出ています。また、通常は使いにくい吊り戸棚ですが、「自動昇降吊り戸棚」なら、出し入れをスムーズにしてくれるでしょう。汚れを落としやすい隙間のないシンクなども人気です。

毎日の風呂掃除も大変ですが、全自動で清掃できるタイプが登場しています。洗浄から湯張りまで自動なので手間いらずです。トイレであれば、汚れが付きにくい加工が便器に施されていたり、便器まわりの清掃がしやすい形状になっていたりするようになりました。流すときの水流も工夫されているので、少ない水量できれいになるのが嬉しいところです。

こうした設備機器は、カタログやショールームで確認してみましょう。

4

こだわり

ペットとの暮らし

ペットが快適に暮らせる工夫で私たちも楽しく暮らせます。

飼い主がラクな内装

日当たりのよいインナーテラス

タイルを使用したインナーテラスをつくれば、ペットスペースや室内干しに使える多機能空間となる。

傷に強い腰壁

傷に強い腰壁材やビニールクロスを腰高まで張る。消臭効果のある壁材も。

傷に強い床材

表面を傷に強く、滑りにくくしたフローリングやコーティング材を採用する。

内装や造作を工夫してラクで楽しい空間に

ペットと飼い主が同じ室内で快適に同居するため、さまざまな工夫を施した空間づくりをしていきましょう。

まず気をつけたいのは、内装材の選び方です。ペットを飼っていると、床や壁が汚れたり、傷が付いたりしやすいものです。床は傷に強く、ペットが滑りにくい材料を選ぶことです。表面にそうした加工を施したフローリングもあります。また、一般のフローリングに特殊なコーティングを施すことで、傷付きにくく、滑りにくくする方法もとれます。床材は一度施工すると、かんたんには取り替えられないので、施工事例を見せてもらう

ペットが喜ぶ建具《たてぐ》と造作

ペットドア・くぐり戸

ドアの下部や壁の一部に、ペットが自由に出入りできるスペースをつくってみては。

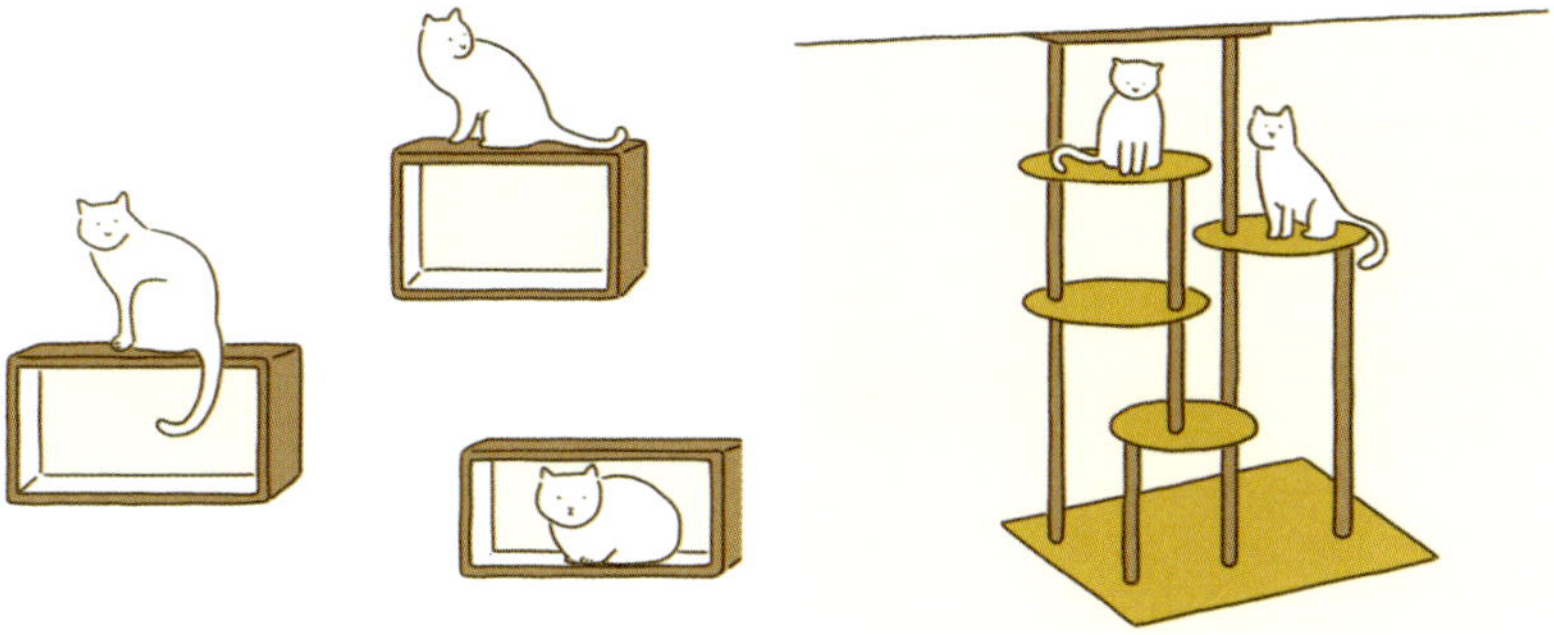

キャットウォーク

造作によりさまざまなタイプのキャットウォークができる。リフォーム会社と相談し、わが家のペットに最適なものを。

などして、その効果を確認してから選ぶとよいでしょう。

壁材も床に近い部分は傷が付きやすいものです。ビニールクロスや腰壁材で傷付きにくさを売りにした商品が出ているので、ショールームで確認しましょう。

建具《たてぐ》では、ペットが自分でくぐり抜けられるように、くぐり戸を付けたドアがあります。また、壁をくり抜いて、くぐり戸を取り付けることもできます。

猫が家の中で自由に動き回れるようにキャットウォークを設けると、猫も見ている飼い主も楽しくすごせます。自分でパーツを買って取り付けることもできますが、インテリアとの調和などを考えて、リフォーム会社に造作をしてもらうのもよいでしょう。自分のペットに最適なオリジナルのキャットウォークができます。マンションでも、ペット可なら設けることができます。

一戸建てなら掃き出し窓に近い庭にシャワーが使える水栓を設けておくと、散歩で汚れた犬をさっと洗え、きれいにしてから屋内に入れられて便利です。

5

こだわり

夫婦だけのリフォーム

「共有」「独立」2つのスペースが夫婦円満の秘訣です。

夫婦のリフォームで大切なこと

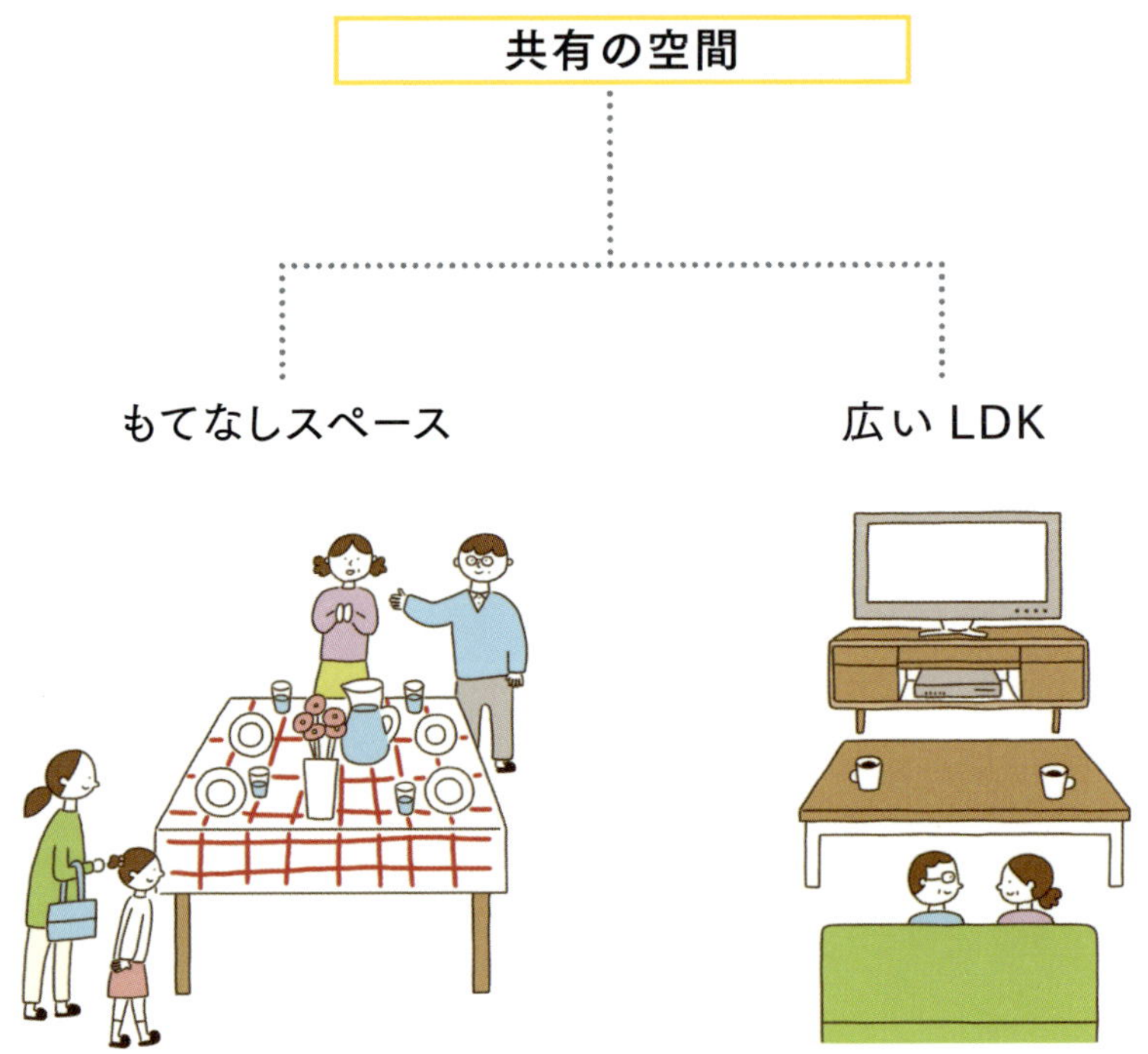

共有空間と個の空間のバランスをとって

子どもが独立して夫婦だけの暮らしになった場合のリフォームは、今後の二人の暮らしを想定してプランニングしましょう。定年が大きなターニングポイントになります。

例えば、妻が家にいて夫が働いている場合、定年まではリビングルームなどを妻がある程度自由に使えます。しかし定年後には共用しなければなりません。そうすると、お互いが個でいられる場所が必要になるでしょう。これは共働きの場合も同じで、いつかは家で長い時間を二人ですごすようになります。

リビングルームは、ともにすごし、子

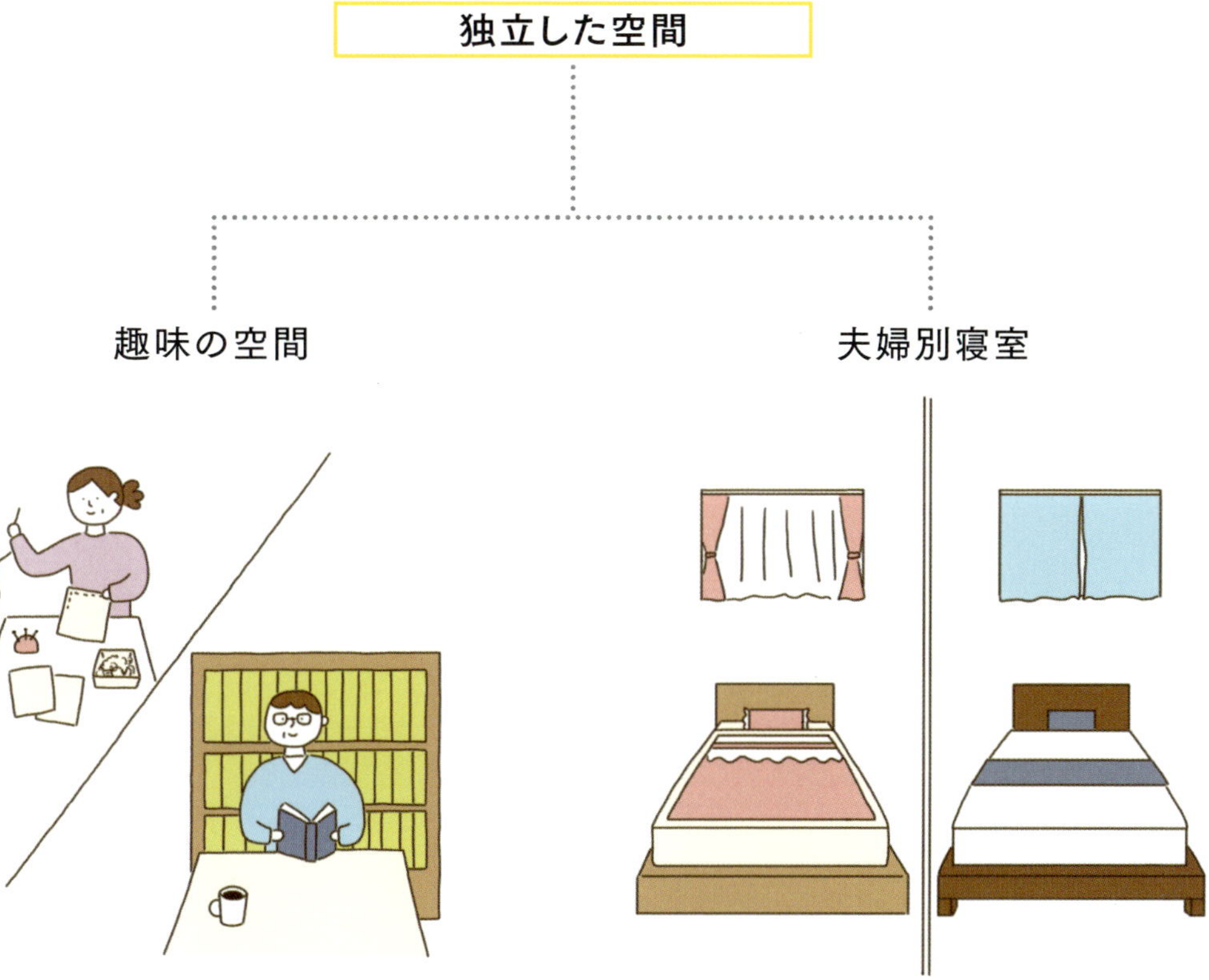

どもや孫など人が訪れるときのことも考えて、ある程度の広さを確保しておくことです。余裕があれば、夫婦それぞれのコーナーのようなものもあるとよいでしょう。お互いが距離をとっていても、見守られている安心感があれば快適にすごせます。

キッチンはオープンスタイルにするのがおすすめ。二人のコミュニケーションがとりやすく、客が来たときもみんなでワイワイ料理をしたり、片付けたり、パーティーのように楽しめます。自分たちだけでなく、誰にとっても魅力のある空間であれば、訪れる人が多くなり、老後の寂しさをまぎらわしてくれます。

また、これまで共用していた寝室を別寝室に検討してみては。夫婦でも眠る時間は案外異なるものです。別寝室なら、好きな時間帯に眠ったり、起きて読書をしたり、と相手に気を遣わずに自由にすごすことができます。完全に壁で仕切ることで気配がわからなくなり不安になる場合は、引き戸や折れ戸で仕切り、開けられるようにしておくと安心です。

6

こだわり

二世帯同居リフォーム
「同居」といってもさまざまな形があります。

二世帯住宅の基本的な分け方

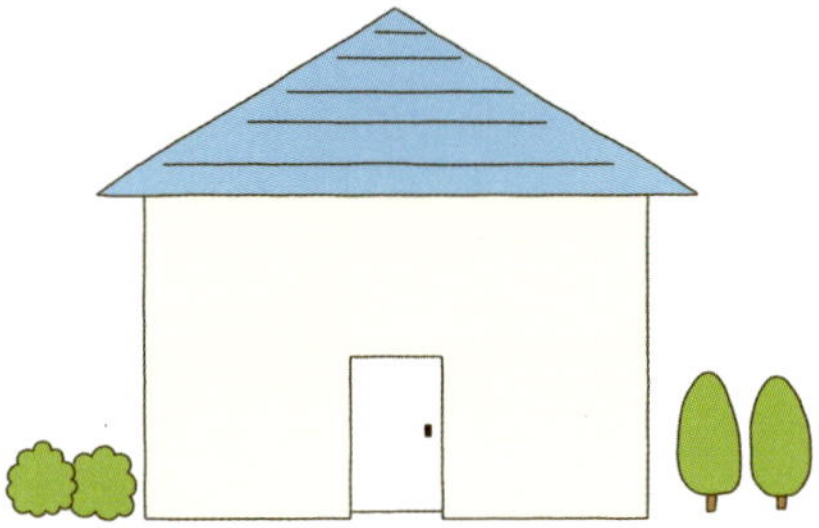

共用タイプ

親世帯、子世帯それぞれに居室はあるが、玄関やキッチン、浴室といった水まわりなどすべてを共用するタイプ。

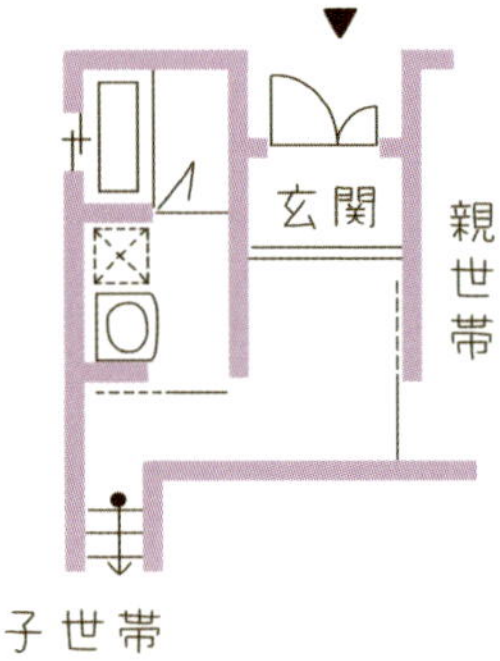

共用のアイデア

浴室・洗面所など

水まわりが共用だとコストダウンできるが、生活のズレや人数で問題が出ることも。しっかり話し合い、使いやすい形に。

双方がよく話し合って決めることが大事

二世帯で住むためにリフォームをする場合は、それぞれの空間をどのように分けるかがポイントになります。

二世帯同居は上記のように、大きく3つのタイプに分かれます。

まず「共用タイプ」は、玄関が一つで、キッチン、浴室などの水まわり設備を二世帯で共用します。住宅があまり広くない場合には、このタイプが向いています。共用タイプの場合、食事や食後のひとときも一緒にすごすことも多いでしょうから、ダイニングは広めのスペースを確保しましょう。また、プライベートな時間はそれぞれの個室でとることになるので、

独立タイプ

親子世帯を左右で分けたり、上下階で分けたりして、玄関からキッチン、浴室などすべてを別にしたタイプ。プライバシーが高く保たれる。

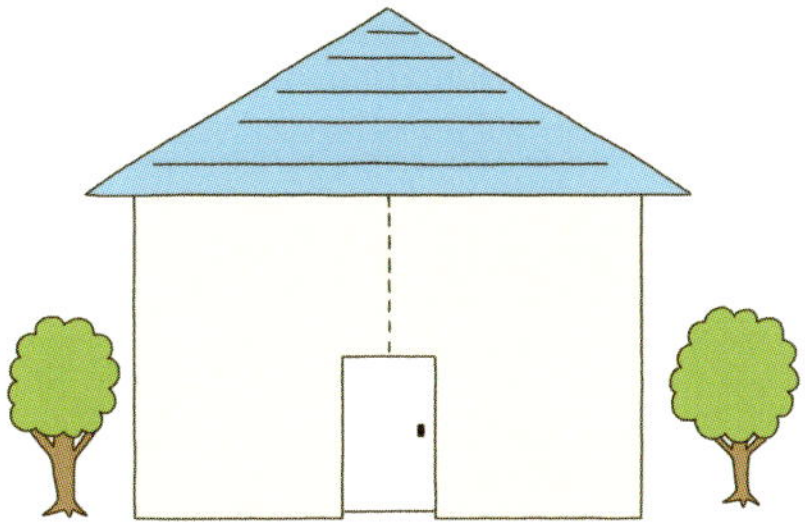

半共用タイプ

玄関は親子世帯で共用するが、キッチンや浴室といった水まわりはそれぞれに設けているタイプ。複合タイプとも。

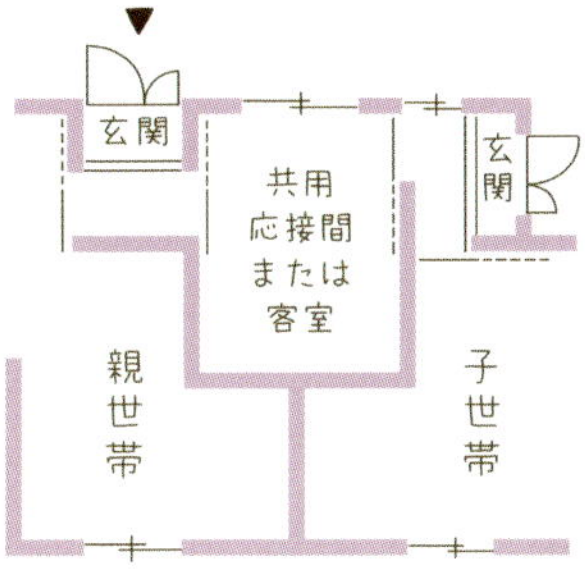

共用のアイデア

応接間など

応接間や客間、子どものプレイルームなど、完全に独立せずに交流の場となるスペースを設けては。

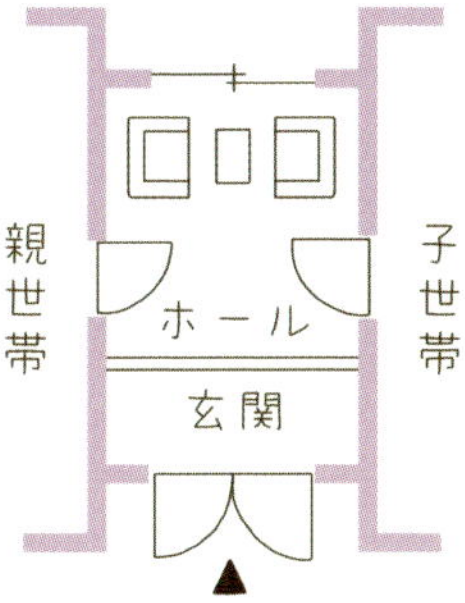

共用のアイデア

玄関ホール

玄関ホールに椅子を置くなどして、親子世帯のちょっとした交流の場にしても。

主寝室にはテレビが置ける程度のスペースを確保し、各室の収納も十分に設けておきます。もし家族内で生活のズレなどがあるようなら、それも考慮します。

　次に「半共用タイプ」です。玄関は共用しますが、水まわりなどをそれぞれに設けます。上下階で分ける、または左右に分けるケースもあります。共用タイプに比べて、プライバシーが確保しやすいのが特長です。

　最後の「独立タイプ」は、玄関もそれぞれに設け、水まわりの設備もそれぞれに設けます。玄関が別なので、帰宅時間の違いも気になりません。プライバシーを最も保ちやすいタイプです。ただし、応接間や子どものプレイルームなど、交流できる場を設けてはどうでしょうか。

　どのタイプかは、家の大きさ、家族の関係によって違ってきます。せっかく同居しても家族が心理的に苦痛を味わうようでは意味がありません。家族でよく話し合い、一番よい方法を探す必要があります。二世帯同居している知人の話を聞いてみるのもよいでしょう。

7

こだわり

思い出リフォーム

思い出を残して「古美《こび》る」空間を楽しんで。

新しい空間にどうなじませるかがポイント

リフォームは大規模になっても、既存の建物をすべて壊さなければいけないわけではありません。とくに思い出深いものを残すことができます。昔ながらの素材は時間が経つほど美しくなるもの。思い出の素材を残すことは単に古びたものを残すということではなく「古美《こび》る」空間をつくることにもなります。とはいえ、構造を支えている柱や梁《はり》などは劣化していると残せない場合もあります。現場調査のときにリフォーム会社や建築家によく相談してみましょう。

何が残せるかがわかったら、それをプランニングに活かしてもらいましょう。

既存の物を残す流れ

1 残したいものを伝える

現場調査時に、残したいものが何かを伝え、それが残せるかどうか確認する。

こちらで いかがですか？
どれどれ…

2 プランを提案してもらう

残せるようであれば、それを反映したプランニングをしてもらう。

これを 残して ください
はい！

3 最終確認をする

工事担当者と一緒に残すものにテープを貼るなどしながら、着工前の最終確認を行う。

こんな物を残してみては

和室の造作

塗装したり、畳を替えたりして、そのまま活かして味を出す。

古い建具《たてぐ》

ガラス戸やドアなど、古い建具でレトロな雰囲気が出せる。

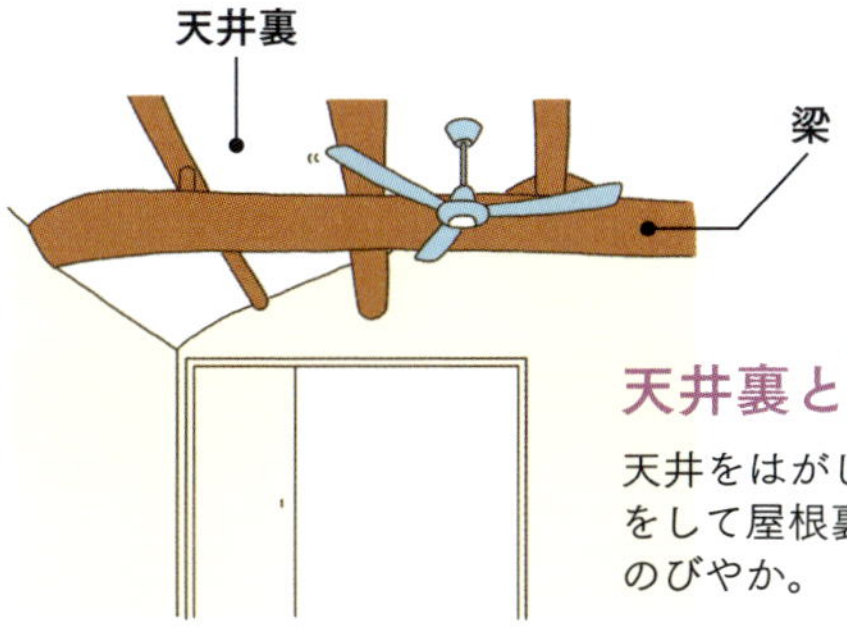

天井裏と梁《はり》

天井をはがし、梁に塗装をして屋根裏を見せるとのびやか。

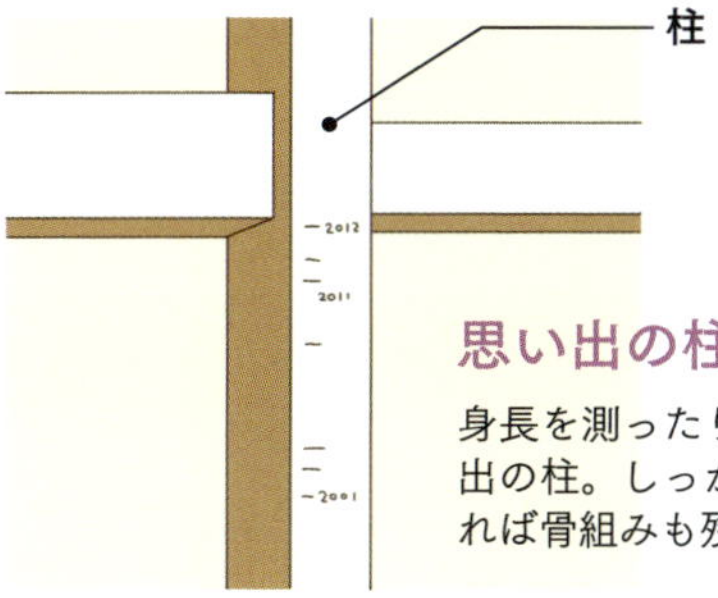

思い出の柱

身長を測ったりした思い出の柱。しっかりしていれば骨組みも残せる。

例えば築20～30年ぐらいだと、床材や収納、建具《たてぐ》などは十分に活かせることが多いものです。もっと古くても構造に関係がない建具などは、かえってレトロな味があり、新しい空間にもよい雰囲気を添えてくれます。

構造材であっても、例えば天井をはがして天井裏を外に現し、古民家風の住空間をつくることも可能です。古い柱や梁は磨き、新たに塗装をすることで見た目もよみがえります。

プランニングの際に気をつけたいのは、新しい空間にどのようになじませるのかということ。例えば古い建具を活かすには、それがしっくりくる空間にすることが必要です。これらになじみやすいのは、むく材の床や塗り壁といった自然素材です。新しくても自然素材であれば長年受け継がれてきた素材なので、それが古いものともマッチするのです。

古いものを活かすことは、コストを抑えることにもなります。その分、ほかへお金をかけられるわけで、リフォームならではのコスト調整といえます。

リフォーム用語

リフォームを進める際、よく耳にすることのある用語を五十音順で説明しています。

あ

相見積《あいみつ》もり

複数の業者に同じ条件で見積もりを提出してもらい、比較すること。

アスファルトルーフィング

アスファルトを染み込ませ、防水性を高くした防水シート。屋根に使用される。

雨水桝《うすいます》

雨樋《あまどい》を通ってきた雨を集め、地中に浸透させるもの。庭などに埋めて設置される。

エクステリア

建物の外壁や玄関まわり、庭に設置する設備などを指す。建物内だと「インテリア」。

エコキュート

ヒートポンプ技術により、電気の力でくみ上げた空気中の熱で湯を沸かす給湯器。冷媒《れいばい》はCO_2。

FF暖房

暖房機に外部へつながる給排気管を設置し、強制的に給排気する暖房機器。室内の空気が汚れない。

か

瑕疵保険《かしほけん》

構造・耐力上主要な部分や、雨水の浸入を防ぐ部分の基本的な性能を満たさない欠陥（瑕疵）を無償で補修できる保険。

家事ラク設備

家事効率を上げる設備機器のこと。清掃性のよいトイレやたっぷりの収納、食器洗い乾燥機など。

壁材《かべざい》

壁の仕上げ材料や材質のこと。塗り壁材は珪藻土《けいそうど》や漆喰《しっくい》が人気。ビニールクロスは安価でデザイン性に富む。

壁式構造《かべしきこうぞう》

柱を使わず、壁と床で支える箱型の構造。5階建て以下の中低層マンションに多い。

管理規約

マンションのような区分所有の建物において、管理組合が定めるルールのこと。

北側斜線制限

北側隣地境界線上の一定の高さから引いた斜線内に建物の高さを抑えなければならないという制限。

共用部分

マンションのような区分所有の建物において、所有者全員で共用する部分のこと。

契約約款《けいやくやっかん》

契約書よりも詳細な契約条項のこと。工事によるトラブルの解決法などを記す。

建材

建築材料の略。建築物に必要な材料すべて。機能や部位や素材によって、「壁材」「床材」などと分類される。

建築確認申請

一定以上の増築や新築では建築を始める際に、その計画が法に基づいているか必ず確認される。これを申請すること。

建築基準法

建物の敷地や構造、設備、用途などの最低基準を定めた法律。

現場調査

リフォームする前に、実際に現場へ行って状況を知ること。建物の状態や寸法などを確認する。

建ぺい率

敷地面積に対する建築面積の割合のこと。地域によって建築可能な限度が異なる。

工事請負契約書

施工会社と契約を結ぶ書類。依頼者と施工会社双方が署名捺印《なついん》する。

工事完了確認書

工事の完了を確認する書類。依頼者がこれに署名捺印することで、工事請負契約が終わる。

合《ごう》板《はん》

薄く切った木の板を木目が互い違いになるように重ね合わせた木材。ベニヤ板とも呼ばれる。

さ

サイディング

建物の外壁材の一種で、金属やセメントなどを使って工場生産されたもの。価格が比較的安く。和洋問わず使用されている。

在来工法

日本に古くからある木造の工法。柱や梁《はり》を軸にして組み立てる。木造軸組み工法とも。

仕上げ表

内装や外装の仕上げをまとめた表。内装は内部仕上げ表、外装は外部仕上げ表と呼ぶ。

シーリング

防水性、気密性を高めるために充填材（シーリング材）を使って目地を埋めること。コーキングともいう。

システムキッチン

調理台や流し台、調理機器などを、1枚の天板で一体化したキッチン。

システムバス

壁や床、天井、浴槽などをあらかじめ工場でつくり、現場で組み立てた浴室。ユニットバスともいう。

シックハウス

建築材料に含まれる化学物質により、室内の空気が汚染されて起こる健康障害。

集《しゅう》成《せい》材《ざい》

板状の製材を接着したもの。柱や梁のほか、家具などに用いたりすることも。

スケルトン

骨組みのこと。また、これだけを残した状態。内装や設備をすべて取り換えるなど、大規模な改装が可能になる。

施《せ》主《しゅ》支《し》給《きゅう》

施主（工事の依頼主）が住宅設備を自身で購入すること。施工は施工会社が行う。

設計図面

建築を設計する段階で、外観や間取り、大きさなどを記した図面。続いて施工図面をつくる。

せん断補強工法

地震などで構造がずれて切れることを「せん断」といい、これを防ぐための鉄筋などを使った耐震補強方法。

専有部分

マンションのような区分所有の建物において、所有者が個人で専有する部分のこと。

造作《ぞうさく》工事

天井や床、階段、収納といった、内部の仕上げ工事のこと。和室では敷居や鴨居《かもい》なども含める。

た

太陽光発電システム

太陽電池から吸収した太陽エネルギーをもとに発電するシステム。ソーラー発電システムとも。

高さ制限

建築基準法に基づいて、建築物の高さを制限すること。地域によって異なる。

建具《たてぐ》

出入り口や窓など開口部分に取り付ける、開閉機能をもったドアやサッシなどを指す。

2×4《ツーバイフォー》工法

2×4インチの木材に板を打ち付けた、壁や床を組み立てる工法。枠組み壁工法とも。

抵当権《ていとうけん》

ローンを利用する際、支払いが滞ってしまった際に、返済の保証に当てる担保権。

鉄筋コンクリート造

コンクリートに鉄筋を埋め込むことで補強した造り。略称はRC（Reinforced Concrete）造。

鉄骨造

骨組みに鉄骨を用いた造り。主に鋼材を用いるため、略称はS（Steel）造。

動線

人の移動経路。食事やトイレに移動する際の「生活動線」、調理や洗濯、掃除で移動する際の「家事動線」がある。

胴縁《どうぶち》

壁を板張りしたりボードを貼り付けたりするための下地部材。

道路斜線制限

道路の向こう側の境界線から一定の角度で引いた斜線内に建物の高さを抑えなければならないという制限。

な

ニッチ

壁の厚みを利用した、埋め込み型の飾り棚。小物や花などを飾ってワンポイントに。

は

パイプスペース

水道管やガス管などを配管するスペースのこと。パイプシャフトともいう。図面ではPSと記す。

バリアフリー

障害者や高齢者などが生活を営むうえで、バリア（障壁）となるものを取り除くこと。

パントリー

キッチンに隣接する収納スペース。主に食料品の貯蔵室として利用される。

ビルトイン

家具や設備があらかじめ組み込まれていること。ビルトインコンロなど。

プレハブ

建築材料をあらかじめ工場でつくり、加工まで施してから現場で組み立てた建築のこと。

変更同意書

着工後に計画が変更されたことを承認する書類。工期の延長や費用の増加などを確認する。

防火地域

耐火建築物または準耐火建築物以外建てられないなど、火災を防ぐための制約がある地域。

保証書

工事完了後に不具合が生じた際は、施工会社が無償で修理・交換するという証明書のこと。

ま

見積書

工事にかかる費用の内訳や総額を記した書類。設計図や仕上げ表とともに提出される。

木造軸組工法

日本に古くからある木造の工法。柱や梁《はり》を軸にして組み立てる。在来工法とも。

モルタル

セメント、水、砂を混ぜてつくったもので、外壁などに使用される。

や

床材

床の材料や材質のこと。仕上げ材とも。フローリングやカーペット、畳などがある。

床暖房

床を暖めるための暖房。室内の温度差がほぼ均一になることが特長。電気式と温水式がある。

容積率

敷地面積に対する延べ床面積（床面積の合計）の割合。

用途地域

都市計画法により住居・商業・工業など、用途別に区分された地域。建物の用途や大きさなどが制限される。

ら

ラーメン構造

鉄骨造（S造）や鉄筋コンクリート造（RC造）のように、柱や梁を一体化して接合した構造。ラーメンはドイツ語で「額縁」。

ロフト

屋根直下の空間を活用して設ける部屋。ロフトのある階の床面積の2分の1までなどの制限を守れば、延べ床面積に算入されない。高さは1・4m以下。

わ

枠組み壁工法

2×4インチの木材に板を打ち付けた、壁や床を組み立てる工法。2×《ツーバイ》4《フォー》工法とも。

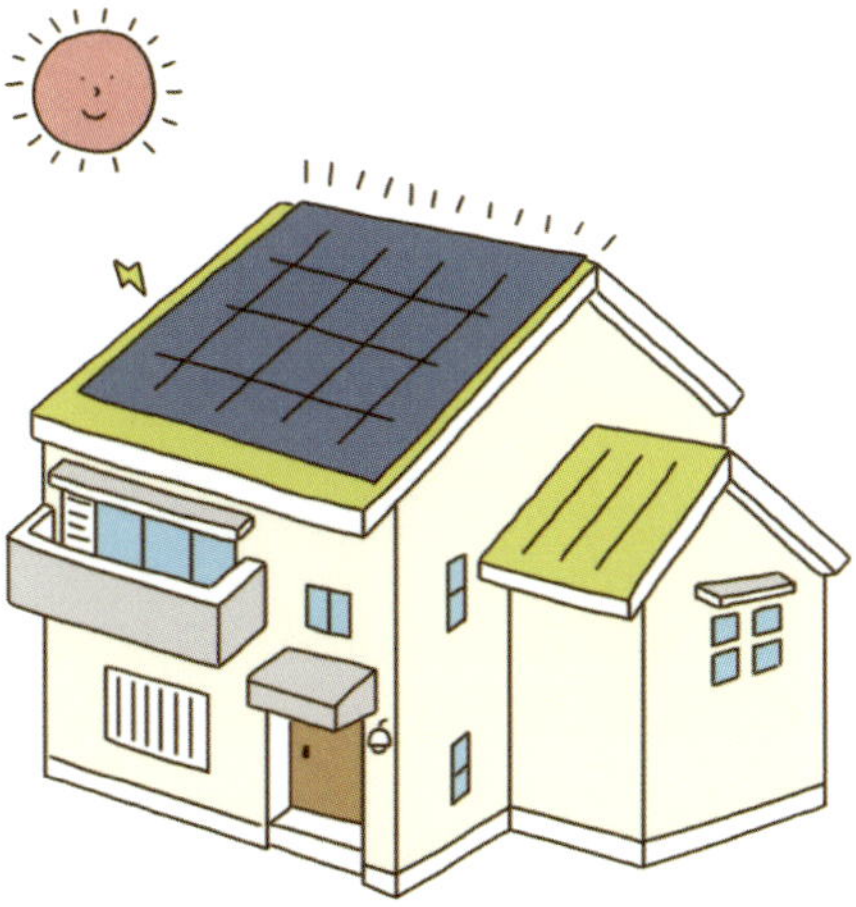

直したい場所別インデックス

各部屋やスペースごとに、関係する内容があるページを挙げています。

外まわり

内まわり

おわりに

フロー型社会からストック型社会への転換

近年、リフォーム工事が年々増える傾向にあります。一戸建て住宅においては大規模修繕・模様替え工事が全体の3割弱、修繕・模様替えを中心とした改修工事が2割強、増築工事が1割弱です。その工事目的は上位から次の5項目にまとめることができます。

①住宅・設備の老朽化
②使い勝手の改善・好みへの変更
③省エネルギー対策
④老後への備え、高齢対応
⑤安全性の向上

この中で①と②はこの先も変わることはないと思われます。ただ、環境への配慮の高まりによる③の省エネルギー対策や、④⑤の老後への備え、安全性の向上など、長寿命で安全な家づくりは昨今とくに求められており、これに応えるリフォームが課題でもあります。

リフォーム工事が増える傾向にあるのは、これまでの大量に消費する「フロー型社会」から蓄積に価値を見出す「ストック型社会」、つまり成熟社会への始まりとも考えられるでしょう。

「住足りて礼節を知る」

「衣食足りて礼節を知る」ということわざがあります。人は生活に余裕ができて初めて、礼儀や節度をわきまえられるようになるという意味です。残念ながら「住足りて礼節を知る」ということわざはありません。

建築物に関する環境負荷が国全体の4割前後に達している状況を見ると、これからの社会は長寿命の家づくりを基本とし、リフォームをしながら長く住み続けることになっていくでしょう。すると同時に、耐久性ばかりでなく生活的・心理的寿命も長く保つことを求められてきます。そう考えると「経年美」をつくりだすような住まいのあり方を模索することにつながっていくかもしれません。

経年美はやがて「住足りて礼節を知る」という言葉にたどりついて生活を豊かにしてくれることはもちろん、街の財産になってくれることも期待したいものです。

この本がその役割を少しでも果たすのであれば望外の喜びです。

最後になりましたが、協力していただいた林直樹氏、そして事務所のスタッフに感謝申し上げます。

佐川　旭

●編著者

佐川　旭（さがわ　あきら）

一級建築士／女子美術大学非常勤講師／株式会社 佐川 旭建築研究所代表
1951年、福島県生まれ。日本大学工学部建築学科卒業。「つたえる」「つなぐ」をテーマに、個人住宅から公共建築まで幅広い実績をもつ。生活総合情報サイト All About の「家を建てる」ナビゲータとしても活躍。設計監理をした岩手県紫波町立星山小学校が、2010年第13回木材活用コンクール特別賞と、うるおいのある教育施設賞（文部科学省）を受賞。著書に『最高の住まいをつくる「間取り」の教科書』（PHP研究所）、『家庭が崩壊しない間取り』（マガジンハウス）、『一戸建てはこうしてつくりなさい』（ダイヤモンド社）など。
http://www.ie-o-tateru.com

●著者

林　直樹（はやし　なおき）

住宅ジャーナリスト
建築・リフォーム・不動産分野を中心に雑誌、ウェブなどで執筆および編集に携わる。著書に『リフォームにかかるお金がわかる本』『マンションは絶対「中古」を買いなさい！』（以上、成美堂出版）、『図解　欠陥住宅の見抜き方』『図解　住宅購入チェックリスト』（以上、東洋経済新報社・共著）など。

PHP ビジュアル実用BOOKS

最高の住まいをつくる「リフォーム」の教科書

2014年7月4日　第1版第1刷発行
2016年3月25日　第1版第2刷発行

編著者　佐川　旭
著　者　林　直樹
発行者　安藤　卓
発行所　株式会社 PHP研究所
京都本部　〒601-8411　京都市南区西九条北ノ内町 11
文芸教養出版部
生活文化課　☎075-681-9149（編集）
東京本部　〒135-8137　江東区豊洲 5-6-52
普及一部　☎03-3520-9630（販売）
PHP INTERFACE　http://www.php.co.jp/
印刷・製本所　凸版印刷株式会社

ISBN978-4-569-81902-0

写真提供
株式会社 佐川 旭建築研究所
ケイミュー株式会社（P49、P53）
共栄塗装店（P49）
株式会社 LIXIL（P64、P81）
YKK AP株式会社（P65）
三協立山株式会社（P65）
TOTO株式会社（P119）
河淳株式会社（P119）
神保電器株式会社（P119）

装幀……………………………近江デザイン事務所
装幀イラスト……………石村ともこ
ロゴ制作……………………藤田大督
本文デザイン・DTP……株式会社セルト　平野晶
柳本正喜
DTP…………………………有限会社 天龍社
本文イラスト……………石村ともこ
岡部晴菜
（株式会社 佐川 旭建築研究所）
編集制作……………………株式会社 童夢